名古屋と明治維新

編著＝羽賀祥二＋名古屋市蓬左庫文庫

風媒社

はじめに

尾張徳川家とその家臣たち、そして領民たちは、明治維新という大きな社会変革にそれぞれどのような役割を果たしたのでしょうか。

尾張藩の始まりは、慶長十二年（一六〇七）、徳川家康の九男、義直が名古屋城を居城にしたことにあります。そしてその後、二六〇年の長きにわたって、尾張一国を中心としておよそ六二万石を支配した大藩です。また徳川将軍家ともっとも家柄の近い御三家の筆頭の名家でもありました。

この禄高と家格に秀でた大藩は幕末の政治の中で、大きな影響力をもったことは間違いありません。幕末維新期に尾張藩主となった二人、徳川慶勝《よしかつ》と茂徳《もちなが》は幕府や多くの藩と交渉をもちながら、急速な時代の流れの中で、自らの政治的な立場を貫こうとしました。それを支える藩士たちの活動も激しいものがありました。兄弟でもあった二人は、お互いに対抗し合いながら、徳川家と朝廷の行く末に考えをめぐらせました。その様相をしっかりと描くことが、本書の目標の一つです。

この時代には、大量の情報が行きかい、蓄積され、そうした情報が身分を問わず、ひろく共有される時代が始まりました。また、宿場や城下、祭礼、書物文化など、この時代には社会のいろいろな場面で、大きな変化が現れました。この様子を多面的に描くことも、本書がめざしたもう一つの目標です。

慶応三年十二月の明治新政権の出発に当たって、尾張藩は薩長など有力な諸藩とともに名を連ねました。御三家の筆頭であったにもかかわらず、徳川慶勝とそのもとで活動していた藩士たちは、結局は将軍家を倒す側に立ちました。そこに至るまでに、藩内に激しいあつれきと葛藤があったに違いありません。こうした点は近年の研究でしだいに明らかになりつつあり、新しい史料も発見されてきています。しかしまだまだ解き明かさなければならない課題も多くあります。

近世の尾張名古屋は、文化豊かな地でした。多くの優れた文人たちが生まれ、彼らの仕事は全国的に見ても、けっして内容の劣らない、洗練された高い水準にあります。本書にもたびたび引用されている『尾張名所図会』も、近世名古屋で培われた文化や歴史考証が集約された一書です。このほかにも特筆すべき文化遺産は数多くあり、こうした近世尾張で生まれ、あるいは蓄積されてきた文化遺産を、名古屋市蓬左文庫は受けついできました。本書は歴史資料が豊かに所蔵されている蓬左文庫の資料を紹介していくという一面ももっています。

本書の論考が、読者の皆さんを蓬左文庫への導きの糸になることを願っています。同時に、これからの尾張藩や名古屋研究の一助になれば幸いです。

二〇一八年十月

編者を代表して

羽賀祥二

名古屋と明治維新　目次

尾張徳川家関係系図

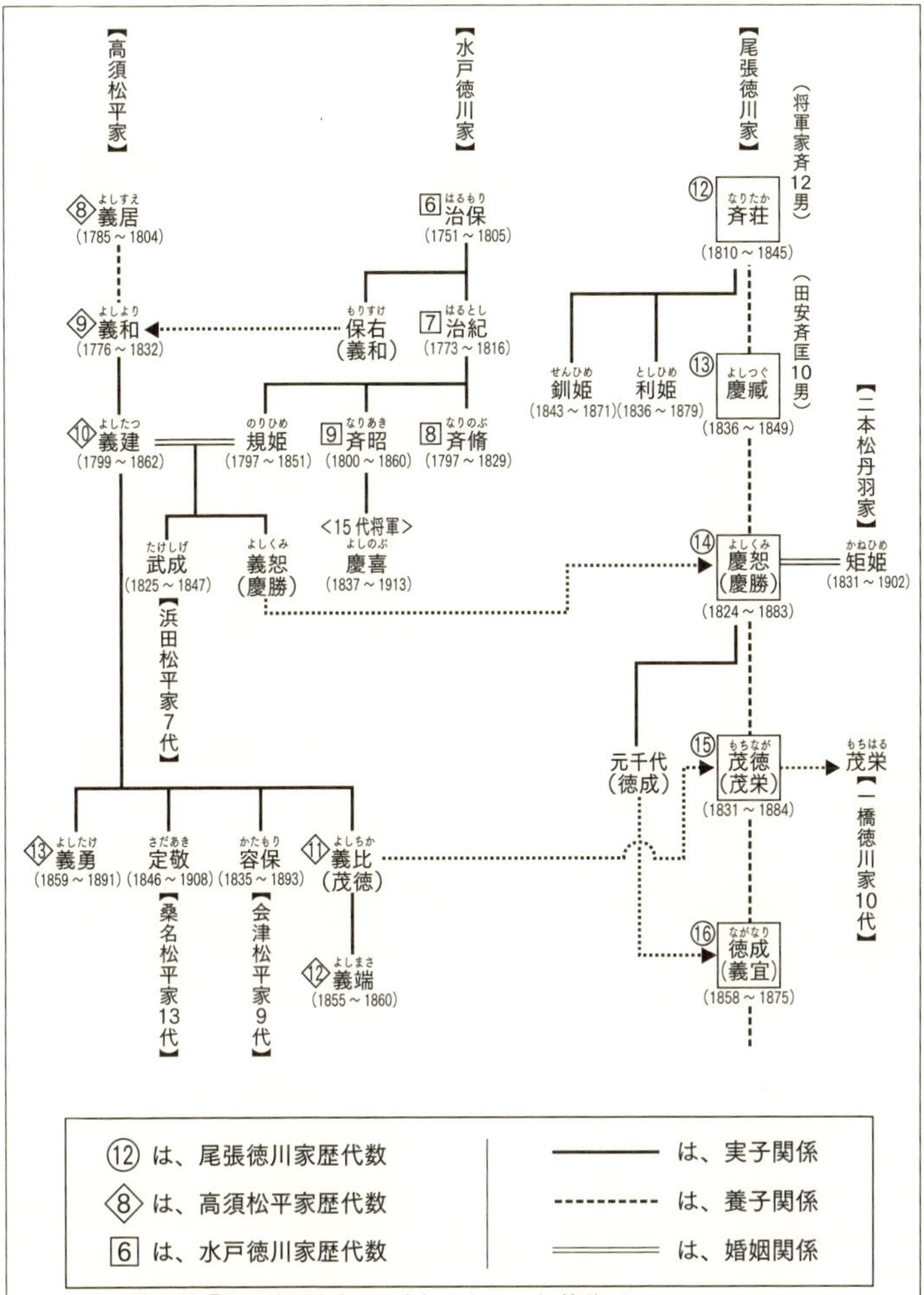

徳川美術館『徳川慶勝』（2013年）をもとに加筆修正。

文久三年諸藩京都屋敷図（『東西紀聞』一より作成）

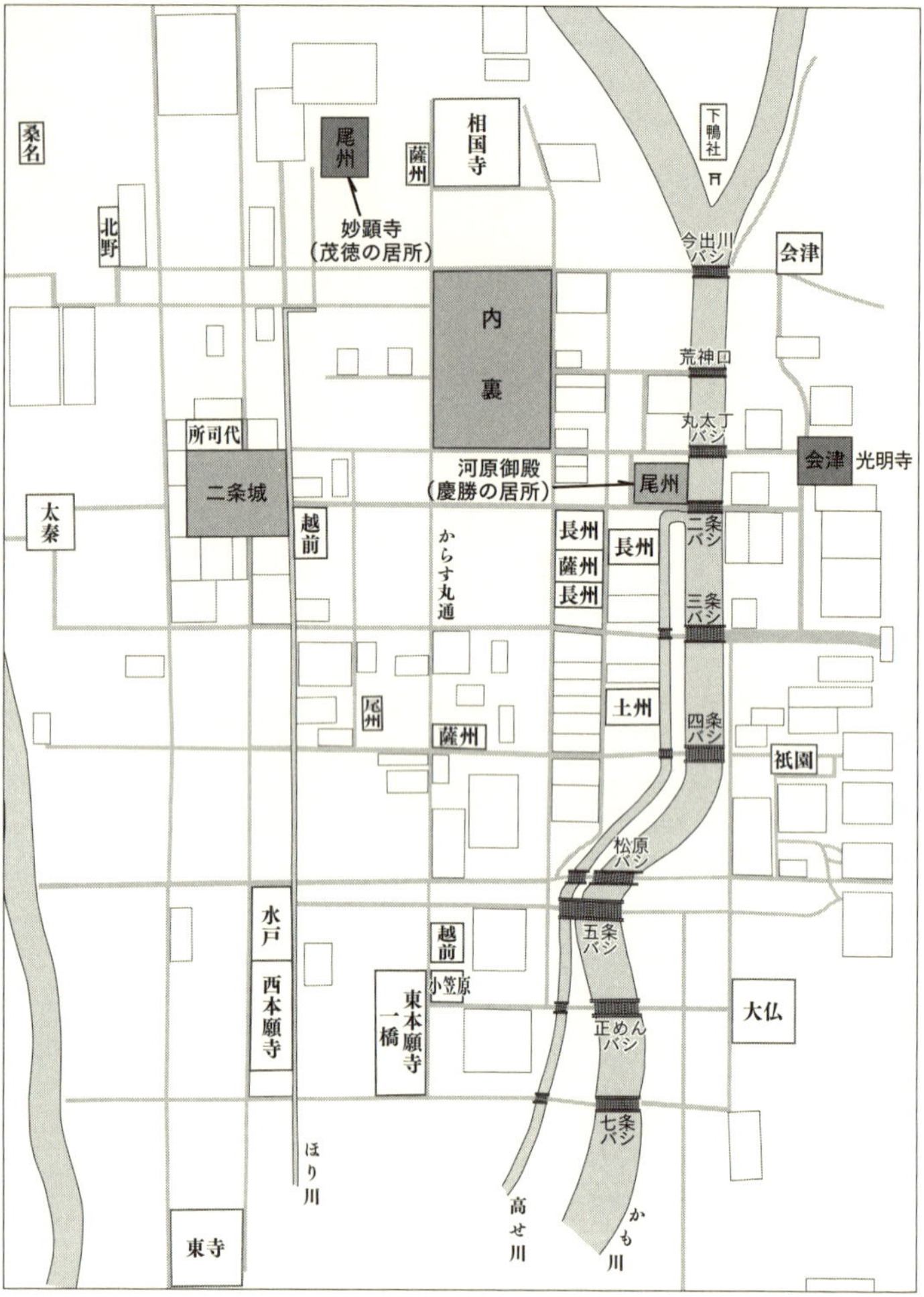

尾張の主要街道図

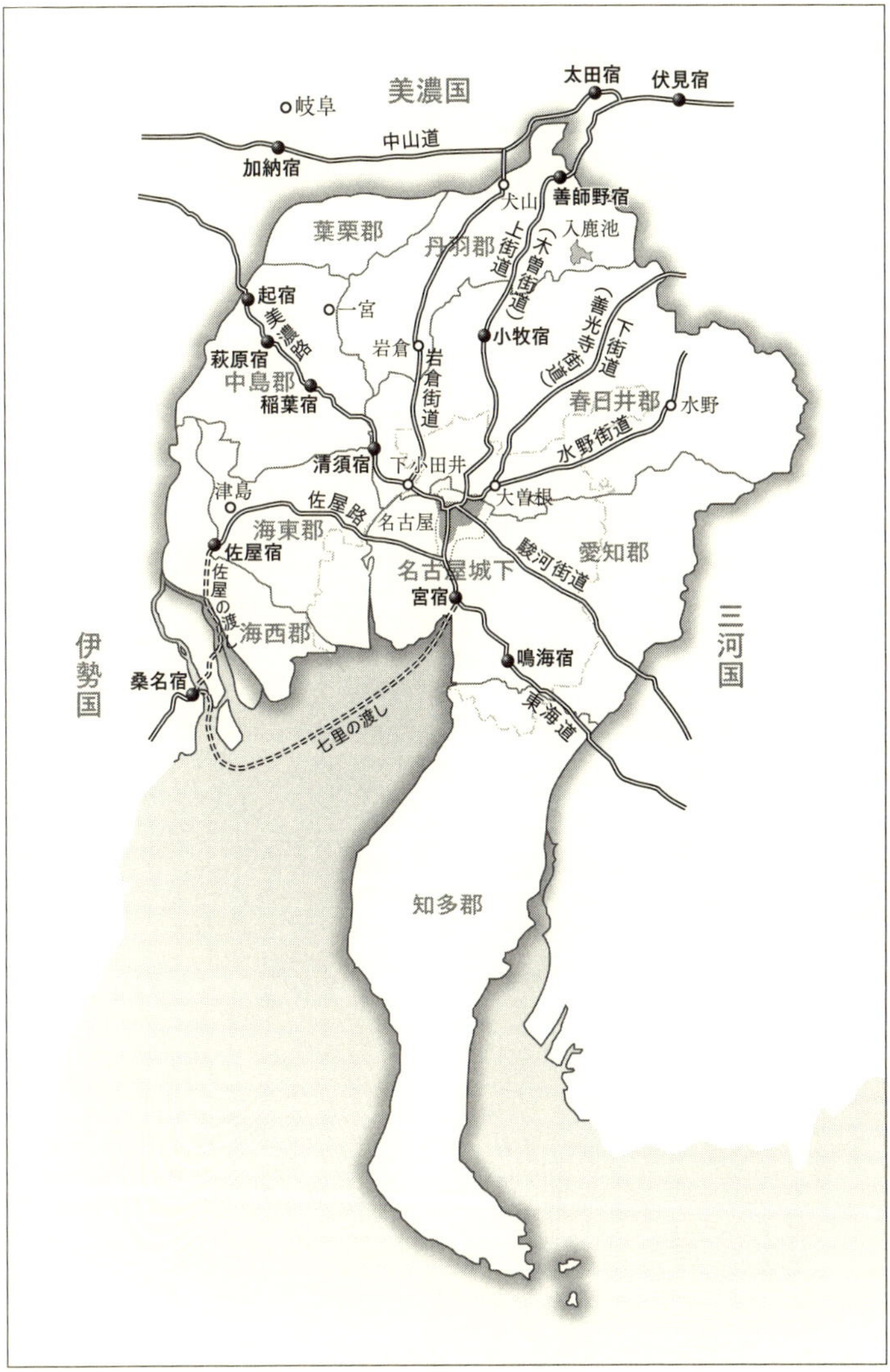
美濃国
岐阜
太田宿
伏見宿
中山道
加納宿
犬山
善師野宿
入鹿池
葉栗郡
丹羽郡
上街道（木曽街道）
起宿
一宮
美濃路
萩原宿
岩倉
岩倉街道
小牧宿
下街道（善光寺街道）
中島郡
稲葉宿
春日井郡
水野
水野街道
清須宿
下小田井
津島
佐屋路
名古屋
大曽根
海東郡
佐屋宿
愛知郡
名古屋城下
駿河街道
佐屋の渡し
宮宿
海西郡
伊勢国
三河国
桑名宿
鳴海宿
七里の渡し
東海道
知多郡

慶勝と茂徳の居所と滞在期間

年	慶勝	茂徳	（西暦）
文政7年	3月15日生〜　江戸		1824
天保2年		5月2日生〜　江戸	1831
嘉永2年	（6月4日　徳川家継承）	（12月16日　高須家継承）	1849
3			1850
4	3月13日〜　名古屋		1851
5	3月11日〜　江戸		1852
6	3月11日〜　名古屋		1853
安政1（嘉永7）	3月13日〜　江戸		1854
2	3月13日〜　名古屋		1855
3			1856
4	1月21日〜　江戸		1857
	4月11日〜　名古屋		
5	3月11日〜　江戸		1858
	（7月5日　隠居謹慎）	（7月6日　徳川家継承）	
6		10月11日〜　名古屋	1859
万延1（安政7）	（9月4日　謹慎解除）		1860
文久1（万延2）		？〜　江戸	1861
2	（4月25日　通常交際許可）		1862
	12月28日〜　名古屋	10月25日〜　名古屋	
3	1月8日〜　京都	1月25日〜　京都	1863
		2月16日〜　名古屋	
		2月晦日〜　江戸	
		5月18日〜　名古屋	
	6月24日〜　名古屋		
	8月晦日〜　京都	（9月3日　隠居）	
	10月13日〜　名古屋		
元治1（文久4）	2月26日〜　京都		1864
	5月4日〜　名古屋		
	9月22日〜　京都		
	10月15日〜　大坂		
	11月16日〜　広島		
慶応1（元治2）	1月16日〜　大坂		1865
	1月24日〜　京都		
	3月29日〜　名古屋	閏5月19日〜　京都	
		6月2日〜　大坂	
		9月29日〜　京都	
		11月7日〜　大坂	
2		1月11日〜　京都	1866
		1月16日〜　名古屋	
		2月10日〜　江戸	
		（12月27日一橋家相続）	
3	10月27日〜　京都		1867
明治1（慶応4）	1月20日〜　名古屋		1868
2	2月27日〜　京都		1869
	5月26日〜　名古屋		
3	4月8日〜　東京		1870
	5月16日〜　名古屋		
4	4月10日〜　東京		1871
16		3月6日　東京にて死去	1883
17	8月1日　東京にて死去		1884

＊「三世紀事略」「尾藩世記」による。なお、表示した月日は滞在を開始した月日である。

第1部

激動の幕末尾張藩

徳川慶勝
徳川林政史研究所蔵

徳川茂徳
徳川林政史研究所蔵

第1章　嘉永・安政期の尾張藩

木村慎平

1　慶恕の尾張徳川家襲封

本章では嘉永から安政年間にかけての尾張藩の政治動向をみていく。改めて述べるまでもなく、この時期は嘉永六年（一八五三）六月三日のペリー来航を機に、幕末の政治動乱が本格的に幕を開け、外交問題と将軍継嗣問題が絡まり、大きな政変につながっていく時代である。

この時期の尾張徳川家にとって、何といっても重要な転機は、嘉永二年に分家の高須《たかす》松平家から慶恕《よしくみ》（のち慶勝《よしかつ》・一八二四―八三）が養子に入り、十四代当主として家督を継いだことである。慶恕は安政五年（一八五八）から文久二年（一八六二）にかけて幕府から隠居謹慎を命じられて江戸の戸山《とやま》屋敷に引籠った時期を除き、明治初年にいたるまで藩政に多大な影響を与え続けた。したがって慶恕をどう評価するかは、幕末維新期における尾張藩政をめぐる最大の焦

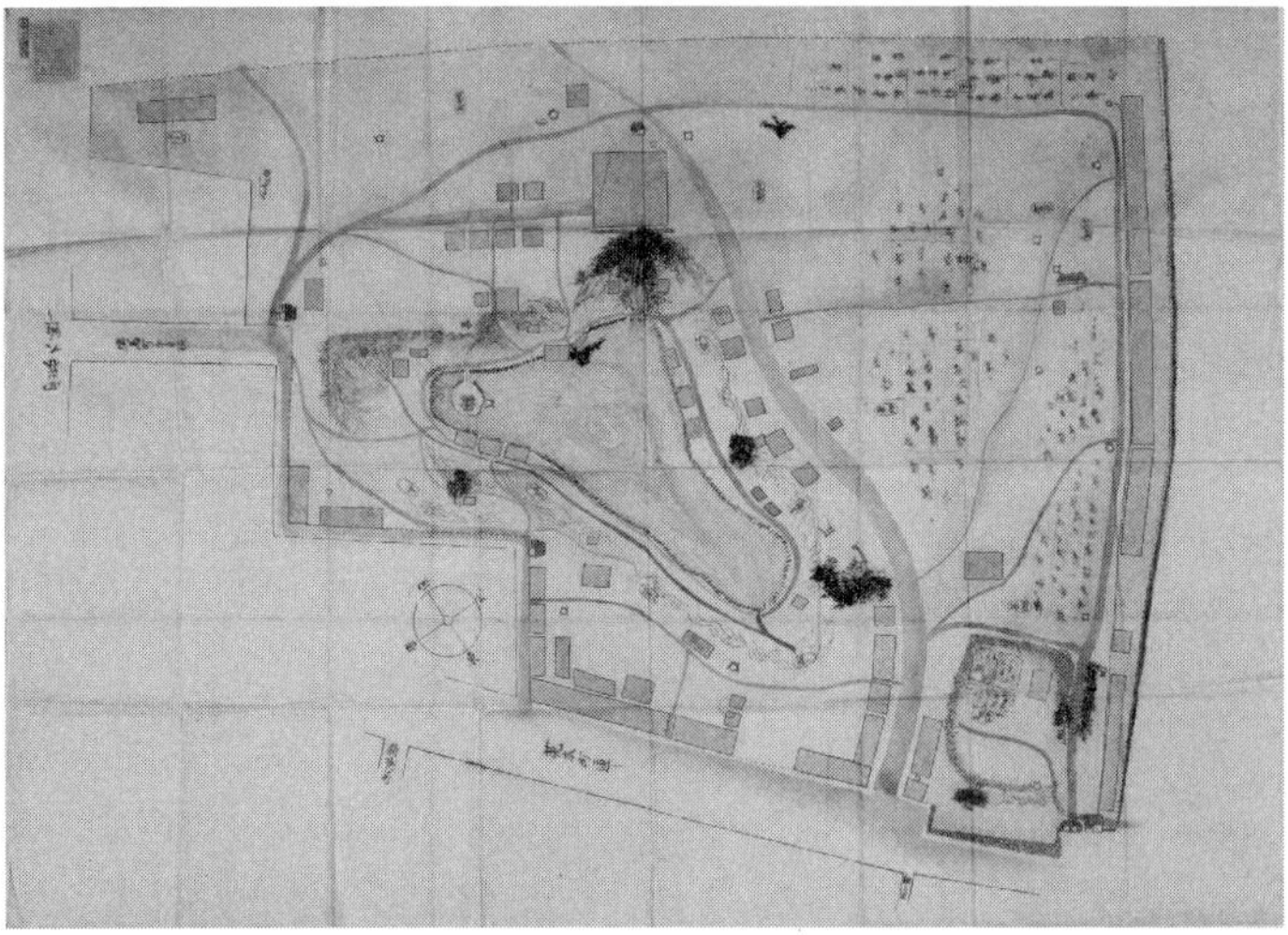

図1　高須松平家四谷上屋敷全図　名古屋市蓬左文庫蔵

点であるといってよい。

よって本章の叙述も、慶恕の誕生と尾張徳川家相続にいたるいきさつからはじめる必要がある。とくに天保十年（一八三九）に生じた尾張徳川家の家督相続問題は、慶恕襲封後のさまざまな問題の起点になっている。このため少し時代をさかのぼり、その経緯を詳しく見ておきたい。

慶恕の誕生と当時の尾張徳川家

慶恕は高須松平家十代義建《よしたつ》の二男（長男は早世）として、文政七年（一八二四）三月十五日、江戸の高須藩邸（現新宿区荒木町・図1）で誕生した。幼名を秀之助《ひでのすけ》といった。高須松平家は尾張徳川家二代光友《みつとも》が二男・義行《よしゆき》につくらせた分家である。だが義建の父義和《よしなり》は水戸徳川家六代治保《はるもり》の二男であり、秀之助の母で義建の正室・規姫《のりひめ》（一七九七－一八五二）も、水戸家七代治紀《はるとし》の娘であった。したがって秀之助は尾張徳川家の分家に生まれたとはいえ、実際の血筋は水戸徳川家とつながっていた。ペリー来航前後の幕政に大きな影響を与えた水戸家九代斉昭《なりあき》は、秀之助にとって叔父にあたる（系図参照）。

一方、この時期の尾張徳川家に目を向けると、九代宗睦《むねちか》（一七三二－九九）が没したのち、初代義直《よしなお》から続く血統が断絶していた。十代斉朝《なりとも》（一七九三－一八五〇）は十一代将軍家斉《いえなり》（一七七三－一八四一）の弟・一橋治国《はるくに》の息子であり、続く十一代斉温《なりはる》（一八一九－三九）、十二代斉荘《なりたか》（一八一〇－四五）はいずれも家斉の息子であった。十三代慶臧《よしつぐ》（一八三六－四九）は、家斉の実父・一橋治済《はるさだ》の五男・田安斉匡《たやすなりまさ》の息子である。慶恕襲封以前の尾張徳川家は、約五十年間、四代続けて将軍家の系統からの養子が当主となっていたのである。彼らが藩政に積極的に関与した形跡は乏しく、とくに一度も尾張に入園しなかった斉温の時代には、藩政の実権は成瀬《なるせ》・竹腰《たけのこし》の両家を中心とする年寄《としより》衆にほぼ任せきりであった。

こうした状況は、広く見れば十一代将軍家斉によって引き起こされていた（久住　二〇〇九）。家斉がもうけた五十人以上の子女は、御三卿《ごさんきょう》、御三家、親藩だけでなく外様の有力大名にまで養子や嫁に入り、家斉の血筋が諸大名を席巻したのである。その強引な婚姻政策はしばしば摩擦を引き起こした。とくに水戸徳川家では、八代斉脩《なりのぶ》（一七九七－一八二九）の後継として家斉の男子を養子にする動きが露わになったことで摩擦が表面化した。水戸家の血筋を重視する下級藩士らが強く反発し、斉脩の弟敬三郎《けいざぶろう》（斉昭）を擁立する運動を展開したのである。この運動は功を奏し、文政十二年（一八二九）、敬三郎の襲封が実現した。

天保十年の家督相続問題

それからちょうど十年後の天保十年（一八三九）、尾張徳川家でもよく似た構図の騒動が発生した。きっかけは同年三月に十一代斉温が死去し、即日家斉の息子田安斉荘が継嗣に定められたことであった。長年の「押し付け養子」によって成瀬・竹腰らの専横を招いたとして、大番組や馬廻組など、国元の中堅藩士らの不満が噴出したのである。

同年四月、馬廻組の大橋善之丞《ぜんのじょう》が提出した上書に、彼らの不満が集約されている。大橋は、水戸家の先例を引きながら、尾張家が押し付け養子を受け入れれば家中の「武威」が失われると嘆いた。さらに田安家から「付人」が多く尾張家に入れば家中の出費が嵩み財政に悪影響を及ぼすとしたのである（名古屋市　一九一五）。

こうした不満の受け皿になったのが秀之助であった。尾張家二代光友が設けた分家である高須家嫡子の秀之助には、尾張家相続の正統性があると考えられた。また、水戸家の騒動において押し付け養子を退けた斉昭の甥にあたることも、秀之助への期待を高めたことだろう。とはいえすでに斉荘の襲封は確定していたため、彼らは秀之助を斉荘の養子とするよう求めたのである。

この運動は支持を広げ、同年六月十四日には四十七名連署で竹腰正富《まさとみ》に上書が提出された。

図2　成瀬正住肖像画　白林寺蔵（犬山城白帝文庫画像提供）

上書に名を連ねた一人に、藩校明倫堂《めいりんどう》に出仕し、藩内に多くの門弟を抱える国学者・植松茂岳《うえまつしげおか》（庄左衛門《しょうざえもん》・一七九四―一八七六）がいた。植松は六月二十二日、秀之助擁立を周旋するため江戸へ出立した。同志を自任する人々は植松の行動を「家を忘れ、身を忘れ」「義士従軍の先蹤《せんしょう》」「これこそ実の大和魂、まことの精忠」などと褒めたたえており、運動の高揚感がうかがえる。（「植松文書」、植松　一九八五）。

　このときの秀之助擁立派を「金鉄」と呼ぶ事例が史料のなかに見いだされる。国学者・山田千疇《ちうね》（鉄五郎）の七月四日付書簡（植松宛）には、「金鉄之梶原氏」ということばが見える。「金鉄」の意味は、別の書簡に「養君の件が真の目的なので、火中までも願い出るべきだと金鉄に心懸けている人もおります」とあるように、信念や決意を曲げない意志の固さを表したものであろう。丹羽啓二（御日記所留書格）も植松宛書簡で「金鉄連中五十人余会合致し候」と記している（「植松文書」）。

　だが、秀之助擁立の運動は、まもなく急速にしぼんでいった。七月四日付の植松宛書簡で丹羽啓二は、秀之助擁立について「この件は考え違いをしていて、今更ながら後悔しています」と、運動からの離脱を宣言している。斉荘継嗣を老中とともに主導した成瀬正住《まさずみ》の蟄居《ちっきょ》が確実になり「御国之面目」も保たれたので、これ以上幕府と事を構えるのは好ましくないというのである（図2）。

八月二十日、竹腰正富は秀之助擁立派の上申に対して返書を発し、十一代斉温に血筋が近い斉荘こそが継嗣にふさわしいと反駁した。そもそも将軍家との血縁による威光の強化を重視して一橋家から斉朝を継嗣に定めたのは、尾張家直系の九代宗睦のときであった（白根　二〇〇九）。竹腰としては当然の主張であったかもしれない。

こののち、かつて幕府による謹慎処分を受けたまま没した尾張家七代宗春《むねはる》が赦免され、秀之助擁立派の処罰が不問に付されるなどの宥和策がとられ、騒動は沈静化した。水戸家とは対照的に、尾張家の騒動は竹腰ら門閥勢力と幕閣の勝利に終わったのである。

とはいえ、秀之助擁立派は地位を保ち、成瀬正住は蟄居を余儀なくされたことも事実である。成瀬家中への批判は激しく、正住は厳しい家政改革をおこなう必要に迫られたほどであった（犬山城白帝文庫歴史文化館　二〇一〇年）。これについて、先に見た書簡に、丹羽啓二は成瀬蟄居によって「政事」への「言路」が開け、以後は「末永く思いのたけを上表する覚悟である」と記している（藤田　二〇一六a）。この問題の火種は、なおもくすぶり続けたのである。

慶恕の尾張徳川家襲封

以上のような騒動を経て尾張徳川家を継いだ十二代斉荘は、財政の立て直しと領国支配の改善に努める姿勢を見せたが、嫡子のないまま弘化二年（一八四五）に没した（白根　二〇一六）。年寄衆は老中らと協議し、田安斉匡の七男で十歳の慶臧が継嗣となった。だが慶臧は襲封から四年足らずの嘉永二年（一八四九）四月、一度も名古屋に赴くことのないまま十四歳で没した。もちろん慶臧に子女はなく、またも誰が跡を継ぐかが問題になり、最終的に義恕（襲封後改名して慶恕）が継嗣に確定したのである。

これを『名古屋市史』政治編 第一は、義恕継嗣を求める「痛切なる藩論」を容れた結果だとしている（二〇六－二〇七頁）。確かに巷間には義恕待望論がみられた（「青窓紀聞」巻三十六）が、これはあくまで風説にとどまる。成瀬正住が義恕を推挙したとする説もあるが裏づける一次史料はなく、かつての仇敵成瀬が義恕を推したと考えるのは不可解である（藤田　二〇一六a）。

そこで、ここでは『愛知県史』資料編21（一一七－一二二頁）で初めて紹介された「尾張藩重臣文書」（名古屋大学文学部蔵）に含まれる江戸詰め年寄衆から尾張の年寄衆に宛てて記された一連の書簡によって、この間の経緯を復元してみたい。

嘉永二年四月、江戸の年寄衆は継嗣決定のため幕閣との協議をすすめた。年寄衆は「御威光」を維持するため将軍家近親から跡継を探そうとした。だが、十二代将軍家慶《いえよし》の子息は早世がつづいており、将軍家周辺も継嗣候補が手薄になっていた。そのため年寄衆は十二代斉荘の息女利姫《としひめ》か釧姫《せんひめ》と、高須松平義建の五男鎮三郎《やすさぶろう》との縁組を考えた。鎮三郎は「庶流」だが、斉荘の息女と縁組すれば将軍家の血筋を維持できるからである。それは斉荘の正室貞慎院《ていしんいん》の意向でもあった。このとき高須家嫡子の義恕（秀之助から改名）は二本松丹羽家の矩姫《かねひめ》との婚礼が決まっていたため候補にならなかった。また、利姫は慶臧との縁組が決まっていたが、慶臧の急病によって離縁した点が難となり、鎮三郎の配偶者候補は釧姫に絞られた。

一方、隠居の十代斉朝は、一橋慶喜《よしのぶ》（斉昭七男）か水戸慶篤《よしあつ》の弟を利姫・釧姫に配偶させることを望み、そうでなければ義恕を望んだ。年寄衆とは異なる候補を挙げた斉朝も、斉荘息女を継嗣者に嫁がせることを第一に望んだ点は共通していた。

だがその場合、いずれにしても継嗣者は十三代慶臧の養子となり、続き柄でいえば伯母にあたる釧姫と婚姻することになってしまう。そのため、年寄衆は享保年間の津山《つやま》松平家において、松平浅五郎の末期養子《まつごようし》又三郎が、浅五郎の姉妹と婚姻する前提で跡を継いだ前例を引き合いに出した。だが、このとき津山松平家は末期養子の罰として十万石の所領を収公され、新たに五万石が又三郎に下されていた。かなり特殊な前例であり、尾張家の事例に見合っていなかったのである。このため年寄衆は釧姫を一旦田安慶頼《よしより》の養女にしたうえで鎮三郎と縁組しようと企てたが、これも認められなかった。

改めて考えると、将軍家と御三卿に人材が乏しく、御三家同士の養子嗣は前例がなく、釧姫の婿として鎮三郎を迎える線も難しいとなれば、高須家当主義建か嫡子義恕が尾張家を継ぐしかない。実際、こうした事情を理解していた徳川斉昭は義建が最有力とみていた（『徳川斉昭・

伊達宗城往復書翰集』二〇五－二〇七頁)。一方、義恕は矩姫との婚礼が決まっていたため、釧姫と縁組する前提であれば継嗣候補になりえなかったが、その前提が失われればこちらも有力な候補といえる。

結局、閏四月二十三日朝、老中阿部正弘に呼び出された成瀬と竹腰は、義恕継嗣という幕府の内意を伝えられた。義建でなく義恕が選ばれた理由は定かでないが、義建が五十一歳と高齢であったことが影響したかもしれない。実際、斉昭によれば、義建はすでに隠居を内願していたという(同前)。いずれにしても、将軍家の血統維持にこだわった年寄衆にとって、この結果は「甚残念」であり、貞慎院も「御歎息」した。

その経緯はともかく、かつて秀之助擁立運動を展開した国元の藩士たちにとって、義恕襲封は「多年之宿望」であった。義恕への期待は否が応でも高まり、義恕がそれに応えようと意気込んだのも無理はあるまい(藤田　二〇一六a)。義恕継嗣を「残念」に思った門閥勢力と義恕の対立は、襲封以前から織り込み済みであったともいえよう。

2　慶恕入国と政治改革の開始

両家年寄と尾張藩の政治構造

尾張家を継いだ義恕は、将軍家慶から一字拝領して「慶恕」と名乗った。慶恕が初めて尾張に入国したのは嘉永四年（一八五一）三月であり、それまで二年ほど江戸にとどまっていた。この間、慶恕は叔父の徳川斉昭から藩政運営のための助言を得ていた。

水戸家を相続した斉昭は藩政改革を積極的に推し進め、異国船に対する海防の必要性などを訴えて幕政にもたびたび意見した。だが天保十五年五月、斉昭は突如幕府から隠居謹慎を命じられた。これは斉昭の改革政治に抵抗する藩内の門閥勢力などが幕府を動かした結果であった。斉昭の藩政関与が許されたのは嘉永二年三月、慶恕が尾張家を相続する直前であった。

その斉昭が慶恕に特に注意を促したのが付家老《つけがろう》との関係であった。斉昭は御三家の付家老五家（水戸の中山、尾張の成瀬・竹腰、紀伊の安藤・水野）が結託して、御三家からの自立を図っていることを警戒していた。そのため尾張でも国元から味方になる有志を呼び寄せ、要路の役に就けて対抗する必要があると指南したのである（『愛知県史』資料編21、八一四―八一五頁）。

斉昭が指摘したように、「付家老」とも呼ばれる両家年寄《りょうけどしより》（成瀬・竹腰）の権威は絶大であった。両家はそれぞれ尾張犬山《いぬやま》（三万五千石）と美濃今尾《いまを》（三万石）に知行地をもち、将軍家から尾張家に目付け役として付属された「付家老」として、高い独立意識を持っていた。

嘉永四年二月、竹腰正富は藩政運営の要点を伝える長文の上書を慶恕に進呈した。その内容は尾張家直系の血筋を引かない慶恕が家督を継いだのは大変な幸運であり、年寄をはじめ家中の意見をよく聞いて藩政を取り仕切るように求めるものであった。家臣が主君に上呈したとは思えない高圧的な文面である（岸野　二〇一四）。竹腰正富の曽祖父勝起《かつおき》は尾張徳川家九代宗睦の九男であり、正富には自分こそが尾張家正統の血筋であるという自負もあったと思われる。

　これに加えて、国元（尾張）と江戸表の懸隔も大きな問題であった。とくに十一代斉温以降には当主が江戸に住む期間が長くなり、江戸詰め藩士の比重は重くなっていた。なかでも中西筑前守《ちくぜんのかみ》、佐枝将監《さえぐさしょうげん》（種茂）、鈴木主殿《とのも》（重到）らは長い江戸詰めのあいだに幕閣と結びついて権勢を誇っており、国元の藩士たちから専横を批判されていた。彼らの人事をめぐる問題が大きな課題となったのである。

年寄人事の刷新

　斉昭の指南もあって、慶恕は「有志」の登用を進めた。なかでも重要なのが、長谷川惣蔵《そうぞう》と田宮弥太郎《やたろう》（如雲《じょうん》）の二人である。長谷川は高須家時代から慶恕の側に仕え、学問の指南役として慶恕の信頼を得ており、慶恕の尾張家襲封を受けて同家の御小納戸《おこなんど》に異動した。一方、田宮の父半兵衛は長年にわたって名古屋町奉行を勤め、自身も弘化二年から町奉行並、嘉永二年一月から町奉行本役を勤めるなど、国元の行政に通じていた。慶恕が国入りした後、嘉永四年九月に御小納戸頭取《とうどり》、安政二年正月には側用人《そばようにん》に取り立てられた。

　そして嘉永四年十一月、慶恕は江戸定詰の年寄、中西筑前守と佐枝将監の罷免を筆頭老中阿部正弘に訴えた（『愛知県史』資料編21、八一九－八二二頁）。二人はそれぞれ文政四年（一八二一）と同八年に江戸定詰《じょうづめ》となり、天保十年と弘化元年（一八四四）に年寄となって以後、長きにわたって江戸詰の年寄として権勢をふるっていた。慶恕の訴えによれば、二人は斉荘の茶の湯好きに付け込んで高価な茶器を買わせるなど、厳しい財政状況を顧みない振る舞いが見られたという。そして二人が長期にわたって江戸で専権を振るったため、江戸と尾張、両地の年寄に不和が生じ、藩内の意思が分裂してしまったという。

この結果、佐枝は嘉永五年二月に、中西は同年八月にそれぞれ定詰を解かれた。また、彼らの同類とみなされた定詰の用人松村新兵衛と津田縫殿《ぬい》も、同年五月と七月にそれぞれ定詰を解かれた。この間慶恕は、成瀬をはじめとする年寄衆の同意を得るなど、周到な配慮をめぐらしながら、彼らを後見していた竹腰の抵抗を押し切って人事刷新を断行した（藤田　二〇一六a）。

とはいえ、すべてが慶恕の思い通りに進んだわけではなかった。例えば、慶恕が中西らの同類とみなしていた江戸詰めの側用人鈴木主殿は解任されず、嘉永五年七月には年寄加判に昇進している。鈴木は老中阿部正弘や久世広周《くぜひろちか》と姻戚関係にあったため、容易に排除できなかったのである。また、慶恕が千村十郎右衛門《ちむらじゅうろうえもん》を年寄に登用しようとした際には、幕閣の許可を得られずに失敗した。この背後には竹腰による幕閣への働きかけがあった（名古屋市　一九一五）。

このように、慶恕の藩政運営における最大の抵抗勢力は竹腰正富であったが、両家年寄のもう一人である成瀬正住との関係も、常に平穏というわけではなかった。嘉永六年（一八五三）七月、慶恕は隠居していた山澄造酒之允《やまずみみきのじょう》と高木八郎左衛門《はちろうざえもん》の二人を年寄列に取り立てた。このとき慶恕は江戸詰めであった正住の同意を得ないまま、竹腰の同意のみでこの人事を進めてしまった。これに対して正住は、このような人事は江戸と尾張両地の年寄に諮るべきであり、今回の処置は「大御不出来」であると詰ったのである（「文公自書類纂」三）。

竹腰正富と成瀬正住は慶恕より十歳以上年長で豊富な政治経験をもち、慶恕に厳しく諫言することをいとわなかった。慶恕は自身の意思と両家を中心とする年寄衆の意向との調和に腐心していたのである。

3　軍事改革の試み

武芸奨励と稽古「御覧」

以上のような年寄人事の刷新に加えて、嘉永・安政期の藩政における重要な課題の一つは、異国船来航に備えた軍備の強化であった。

嘉永四年三月に尾張に入国した慶恕は、武芸の奨励を通じた士風の引き締めを重視し、藩士たちによる武芸稽古を連日のように「御覧」になった（表1「椋園雑記」一）。このような姿勢は嘉永六年に尾張に再入国したときにも変わらなかった（「青窓紀聞」巻四十四上）。

こうした武芸稽古や調練の中心を担ったのは、大番組をはじめとする番方の藩士たちであった。山田千疇によれば、慶恕は初入国後、大番組の稽古を一組ずつ「御覧」になった。これは文化九年（一八一二）以来、実に四十年ぶりのことであったという（「椋園雑記」一）。

すでに見たように、在国の番方藩士たちは長年にわたる「押し付け養子」と両家年寄による専横に不満を抱いており、秀之助擁立の中核となっていた。彼らこそが、慶恕による稽古「御覧」の主役だったのである。慶恕による武芸稽古「御覧」は、長年表舞台で活躍の場を与えられず、不満を抱いていた番方の在国藩士たちに、武芸鍛錬の成果を主君の面前で披露する晴れの場を与える意味を持ったと考えられる。

また、慶恕は和流の武芸と同様に、西洋流による調練も「御覧」になっていた。嘉永四年九月十五日には矢田河原《やだがわら》で「阿蘭陀《おらんだ》流炮術」を年寄衆が一覧し、同年十一月十九日には山田河原《やまだがわら》で「西洋流火術」を慶恕みずから「御覧」になった。

そもそも海防整備や武備強化は、江戸で慶恕の指南役となっていた斉昭が主唱したものであった。武芸奨励による士風の引き

表1　嘉永四年における慶恕の武芸「御覧」

月日	場所	内容
9月25日	向屋敷	武芸御覧
9月29日	矢田河原	炮術御覧
10月4日	熱田海上	船軍術・火業・新御番始水練御覧
10月6日	下屋敷広場	大番頭中村又蔵組甲冑調練御覧
10月9日	矢田河原	大筒方炮術御覧
10月13日		鎗術福沢門人御覧
10月17日		大番組七番寺尾左馬助一組の釼鎗御覧
10月23日	向屋敷	武芸御覧
10月24日	下屋敷広場	出張調練御覧
10月24日	御城	弓術芝前御透見
10月26日		河野氏門弟武芸御覧
11月5日		空玄流近藤氏鎗術御覧
11月13日		厚見氏門弟馬術御覧
11月17日	向屋敷	星野氏弓術御覧
11月19日	山田河原	西洋流火術御覧
11月23日	御屋形脇	甲冑騎射など御覧
11月26日		梶原氏柔術御覧

＊「椋園雑記」一（名古屋市鶴舞中央図書館蔵）により作成

締めと、西洋砲術をも取り入れた沿岸部での実質的な海防強化とは、この時期の慶恕にとって必ずしも矛盾するものではなく、同時に追求すべき課題として認識されていたと考えるべきだろう。

知多半島における海防整備と大砲鋳造の試み

これよりやや遡った嘉永三年二月、秀之助擁立運動にも加わった大番組の伊藤三十郎は、成瀬正住に「防禦一巻《ぼうぎょいっかん》」と題した海防意見書を提出した。その内容は知多半島における台場と烽火《のろし》台の設置、西洋砲術の導入、塩硝《えんしょう》生産の奨励、農兵の活用など、のちに慶恕がおこなった軍事改革と対応した事項が多く見られる。慶恕はこの意見書を嘉永四年六月に自ら筆写しており、改革の参考にした可能性がある（岩下　二〇〇八）。

もっとも、慶恕が入国する以前の嘉永三年、すでに知多郡師崎《もろざき》に屋敷を構える船奉行千賀与《せんがよ》八郎《はちろう》らが知多半島で異国船防御のための検分をおこない、同年十月には砲台築造のための調査報告を提出していた。嘉永五年十一月におこなわれた砲台建設に向けた実地検分には、西洋砲術家として知られる本丸詰物頭《ほんまるづめものがしら》の上田帯刀《うえだたてわき》（仲敏《なかとし》）と、砲術家の辻弥平《つじやへい》らが派遣された。最終的にはペリー来航の翌年、安政元年（嘉永七・一八五四）中頃に知多半島の師崎・林崎《はやしざき》と内海《うつみ》・東端《ひがしばた》の二カ所に台場が建設された（愛知県教育委員会　一九九八）。

こうした海防整備とも関連して西洋砲の製造も試みられた。嘉永四年五月二十三日、慶恕は初めて尾張に入国したとき、城代の肥田孫左衛門《ひだまござえもん》が造らせた「西藩流の大筒」二挺を見ている（「青窓紀聞」巻四十）。また、嘉永六年一月二十五日に大筒を拝見した奥村徳義《かつよし》によれば、そのなかに一昨年ごろ製造された「カノン」が含まれていた（「松濤棹筆」『名古屋叢書』三編　巻十、二二一頁）。奥村が鉄砲玉薬奉行から聞いた話では、これらは「鍋かね」を使って鋳造され、渡辺新左衛門《しんざえもん》（年寄列）・成瀬織部《おりべ》（同上）・肥田孫左衛門（城代）が造らせたものだという。「鍋かね」による鋳造という製法から考えると、肥田はおそらく名古屋の鋳物師《いもじ》水野太郎左衛《たろうざえ》門《もん》家に発注して、この大筒を製造したと考えられる。水野家の記録には嘉永四年以前の記事はないものの、嘉永五年九月に提出した「西洋伝」野戦砲の見積りが記されており、以後も西洋砲の鋳造を依頼されているからである（「御鉄砲御用留〔嘉永・安政〕」）。

一方、この時期の西洋砲製造について、『名古屋市史』人物編は、蘭方医・洋学者として著名な伊藤圭介《けいすけ》が、嘉永五年に三百目カノン砲を鋳造し、丹心報国と命名して藩主に献上したとする。だが、同時代の史料では山田千疇が嘉永六年九月一日に「蘭法医師伊東桂助《ママ》より西洋流鉄砲、丹心報国」と記しており、事実であればペリー来航後、嘉永六年夏ごろであろう（「涼園雑記」四）。

そこで水野太郎左衛門家の記録をみると、嘉永六年七月、水野家は三百目カノン砲を一挺鋳造するよう上田帯刀から命じられ、同年八月に完成して上田に納めている。その名称は「円心報国」であった。上田帯刀は伊藤圭介ら在野の洋学者とも親しく、圭介の協力を得て西洋砲の鋳造を試みたことは十分に考えられる。身分や役職からみても西洋砲鋳造の中心は上田であったと考えた方が自然であろう。

だが、奥村徳義によれば、城代らが造らせた大砲のほとんどは、何発か打つうちに砕けてしまったという。また、安政三年にも鋳造砲の発射実験が矢田河原でおこなわれたものの、「西流古流無遁両様破裂」、すなわち西洋砲も和砲もともに破裂してしまった（「世続一世記」『新修名古屋市史』資料編 近世三）。「鍋かね」の鋳造を応用した大砲は技術的に未熟であり、実用に耐える大砲を製造することは困難だったのである。

西洋砲術の伝習計画

同時に、藩士たちに対して西洋砲術の伝習も試みられた。たとえば嘉永四年十月二十三日、天野忠順（寄合組）は「西洋砲術」の稽古を受ける願いを提出して認められ、城代、御用人、そして上田帯刀のもとを訪れた（「諸用留」）。ここでも城代と上田が西洋砲術を扱っていることに注意したい。

この時期、すでに江戸では長崎で西洋砲術を学んだ高島秋帆《しゅうはん》が開いた高島流の伝習が盛んになっていた。天保十二年（一八四一）、幕府が武州徳丸ヶ原《とくまるがはら》で秋帆を招いて大規模な軍事演習をおこなったのを機に、多くの幕臣や諸藩士が、秋帆やその直弟子の門をくぐったのである。

そこで嘉永三年九月、上田は砲術家辻弥平の嫡子辻仲《つじなか》を、江戸に砲術修行のため留学生として派遣するよう城代に上申した（「諸願達留・御触書込」）。辻家はもともと南蛮渡来の大筒「子母砲《しもほう》」を扱う家で、仲の父弥平は西洋砲術にも関心を抱いていた。派遣先は松代真田家《まつしろさなだけ》家臣の佐久間象山《しょうざん》を想定していた。

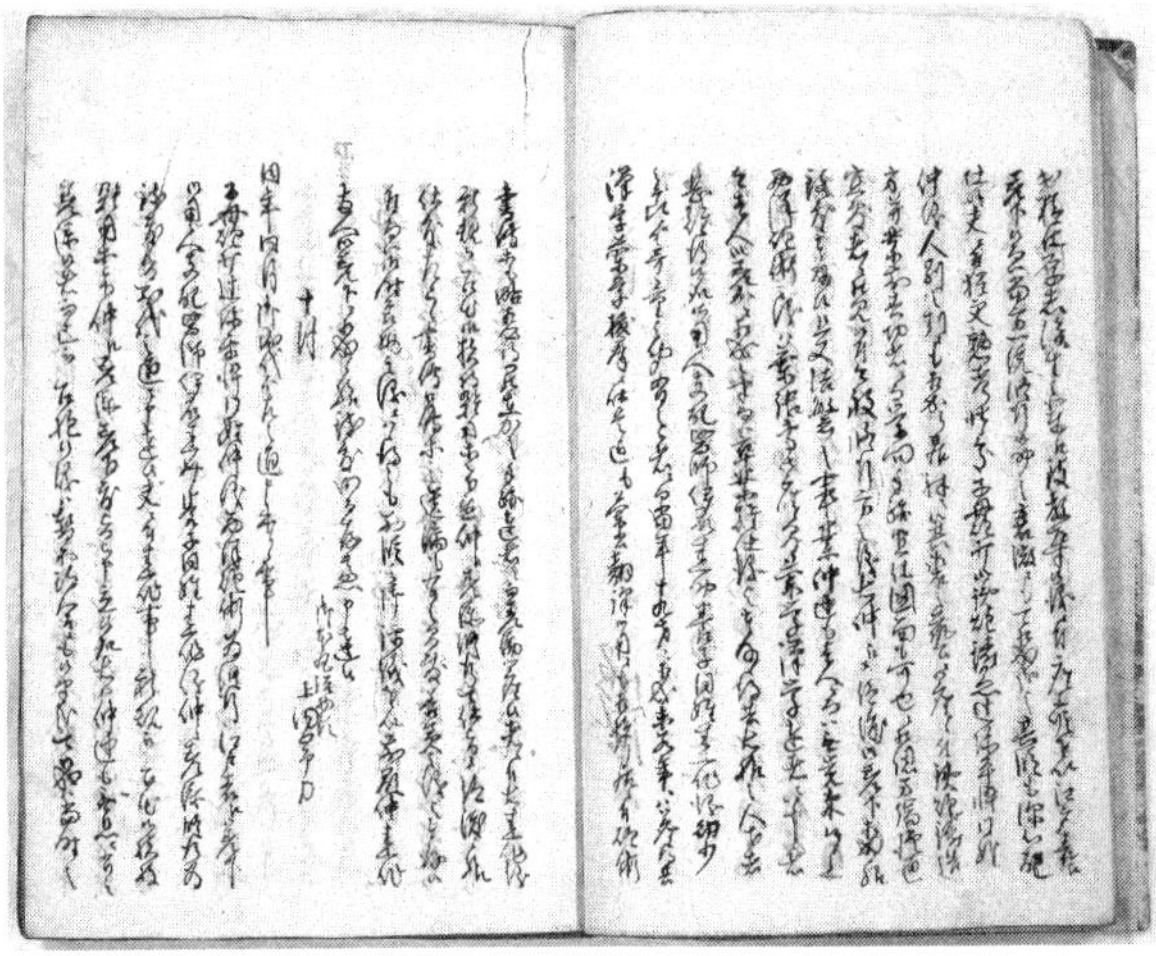
図3　諸願達留・御触書込　名古屋市鶴舞中央図書館蔵

この辻仲への付き添いとして、上田は伊藤圭介の養子圭作《けいさく》を推挙した。実はこの圭作とは、のちに幕府開成所《かいせいじょ》に出仕する柳河春三《やながわしゅんさん》のことである（木村　二〇一七）。圭作は語学に優れた才能を発揮し、上田や圭介を助けて洋書の翻訳にも携わっていた。上田は圭作を江戸での西洋砲術修行に推挙し、藩士として取り立てようとしたのである（図3）。

だが、城代は辻仲が未だ正式に出仕していないのを差し置いて、付添人の圭作のみを召し抱えるのは釣り合いを欠くと指摘した。また、二人を陪臣に過ぎない佐久間に弟子入りさせることも問題視した。

結局、圭作が病を患って江戸行きを断念し、仲の父弥平が息子とともに遊学することになった。また、入門先は幕臣の下曽根金三郎《しもそねきんさぶろう》に変更された。こうしたやり取りを経た結果、辻父子の留学は嘉永六年五月まで遅れてしまった（「青窓紀聞」巻四十四上）。

そして二人が江戸に着いて間もない六月三日、思わぬ事態が発生した。浦賀《うらが》沖にアメリカ合衆国のペリー艦隊が来航し、幕府に国書の受け取りを迫ったのである。翌四日の晩、ともに異国船来航を伝え聞いた二人は、六日に江戸を発って七日には浦賀に着き、停泊する四艘の異国船の威容を目にした。道中では江戸湾防備を務める川越《かわごえ》藩と彦根《ひこね》藩の兵員と武器が、おびただしく行きかっていたという（「青窓紀聞」巻四十四下）。

4　ペリー来航後の尾張藩の対応

ペリー来航への対応と西洋砲術導入の是非

ペリー来航を受けて、嘉永六年七月二十九日、尾張藩では「砲術の儀は一般に修行しているわけではないようだが、異国への備えとして特に必要なので、以後は格別に修行」をするよう藩士たちに達せられた（「諸用留」）。砲術修業が全藩的に奨励されたのである。

一方、急激に普及しつつある西洋砲術への嫌悪感を隠さない人々も少なからず存在した。国学者山田千疇は同年九月一日、西洋砲術の普及が進む状況を「西洋流繁昌、諸人歎息の事」と嘆いた（「涼園雑記」四）。明倫堂教授で嘉永七年から奥向学問教授、御儒者となった儒学者・秦寿太郎《はたじゅたろう》も「鉄砲は間に合わず、なかでも大砲は利益が少ない」「弓はその人の精心で射るものだから、実地に用いるには弓に及ぶ武器はない」などと主張していた。（「嘉永録」一）。山田の師である植松茂岳を中心に、洋学を毛嫌いする国学者らの典型的な見解といえる。

植松らは慶恕に学問を進講する立場にあったが、慶恕自身は必ずしも和流兵法一辺倒ではなかった。嘉永六年七月、慶恕は斉昭に宛てた書簡に、西洋砲術に関する見解を記している。それによれば、家臣にも「西洋術信仰之向」が多く、彼らは和流砲術を甚だ不便だと主張している。一方、「西洋術」を嫌う者は、むしろ熟練した古流の砲術で対抗すべきだと反論している。だが、そもそも砲術は異国渡来で日本古来のものではなく、軍備増強の一助にすることは問題ないとも考えられる。とはいえ、（西洋砲術の普及は）欧米諸国が日本の「太平の弊風」を察知して、あえて無益な術を授けて国費を使わせる計略の可能性もある（『愛知県史』資料編21、八三五―八三六頁）。西洋砲術受容の是非をめぐり、慶恕は迷っていたのである。

これに対して斉昭は、神発流《しんぱつりゅう》砲術を創始し、それぞれの優れた点を取り入れたみずからの経験を伝えた。斉昭は、砲術においては「敵陣を打破する」という本質に立ち返り、「空疎を捨て実用に帰る」ことが大事だとして、まずは「洋砲の術」を取り入れるべきだとしたのである（「焚余書翰」一）。では、その後の尾張藩は、実際にはどのような軍制をとったのだろうか。

軍法の改正

嘉永六年九月十四日、慶恕は軍法の統一と改正について年寄に達した。それによれば、「寛政度御規定」、すなわち九代宗睦の時代に定められた軍制は「軍法の定格」として崇めるべきものであるが、隊列の運用などについては補うべき部分があるとする。そのため「円覚院様《えんがくいん》（四代吉通《よしみち》）御相伝」の主意に基づいて、長沼流《ながぬまりゅう》の兵法家・近松矩弘《ちかまつのりひろ》（彦之進《ひこのしん》）を取り立て、長沼流によって不足を補わせることとした（「文公自書類纂」三）。

要するに、寛政度の軍制を基本にしながら、長沼流を取り入れて隊列の運用を改めるということである。九月二十日には、表においては近松が長沼流の調練を取り仕切り、奥においては長谷川惣蔵がこれを取り仕切るよう達せられた（「尾州御小納戸日記」「江戸御小納戸日記」）。これ以後、尾張では長沼流に基づいた調練が、矢田河原や御下屋敷で盛んにおこなわれるようになった。

ただし、長沼流以外の「諸兵家」を廃するわけではなく、油断なく励むようにとも命じられた。また、大砲についても別途組み入れるとしており、西洋砲術が排除されたわけではないようにも読める。

実際、同年十月末には上田帯刀に対して「西洋砲術研究方骨折」を理由に普請役が免除され、大津助之丞《おおつすけのじょう》（寄合組大津八右衛門惣領）に対しても「西洋伝砲術格別出精」を理由に銀三枚が下賜された（「青窓紀聞」巻五十三）。

また、江戸屋敷では辻父子を中心に砲台の築造や西洋砲製造の準備が進められた。浦賀から舞い戻った二人は、江戸湾に面する築地《つきじ》屋敷に砲台を築造するため、図面等の提出を命じられた（「諸願達留・御触書込」）。同年十月と十一月には、下曽根が築地屋敷を訪れた。おそらく砲台築造に関する助言を求められたのであろう。さらに二人は帰国すると知多半島の台場整備にも駆り出された。

しかしながら、安政二年十月には、上田が「御台場砲術研究方」を解任された（「安政録」二）。さらに安政三年十一月には、辻弥平・仲らも「御台場砲術製器并打前玉薬製作」を解任された。同時に、「西洋伝砲術」の立ち入り研究が差し止めとなった（「諸願達留・御触書込」）。これは西洋砲術を禁じる趣旨ではなかったが、「砲術師家であれば必ず西洋砲術を研究しなくてはならない」というように心得ては「気辺」になるので、有志で研究するのが妥当だとされた。「気辺」とは、和流砲術家らによる西洋砲術への反感を意味していると思われる。

慶恕の支持勢力でもあった植松を中心とする国学者や、かれらの影響を受けた藩士らの間では、洋学に対する嫌悪感が根強かった。彼らの影響力はやはり大きかったと考えられる（植松一九八五、岸野一九九八）。

問題はそれだけではなかった。慶恕による軍法改定の理念を、斉昭みずから神発流を創始して導入した水戸家と比較すると、「由緒」重視の保守的な性格が際立つ。慶恕は長沼流の導入に際して「円覚院様」（四代吉通）以来の由緒を押し出し、九代宗睦が定めた軍制をも「定格」

として重んじる文言を残した。軍制に限らず、安政二年に慶恕が発した藩政改革の理念も「寛政度復古」であり、宗睦に範をとる姿勢を前面に出していた。尾張家の血筋を引いていない慶恕だからこそ、なおさらこのような「由緒」を押し出す必要に迫られたのであろう。

ペリー来航直後における慶恕の建白書

以上のような藩内における軍事的な対応とは別に、慶恕には有力な大名の一人として、外交問題をめぐる意見が各方面から求められた。嘉永六年六月のペリー来航からまもなく、斉昭へ宛てた書簡では、慶恕は異国船の即時打ち払いを主張した（藤田　二〇一六a）。だが同年七月、幕府の諮問に応じて慶恕が提出した建白書の論調は、これとはやや異なる。

建白書のなかで慶恕は、米国の要求は鎖国という「御祖法《ごそほう》」に触れ、容易に受け入れられるものではなく、一時しのぎのために受け入れれば、相手方の「貪欲」は限りなくなるだろうと指摘する。とはいえ、あまり手荒な対応は避け、信義を正してほどよく断るべきであり、そうすれば理不尽に「無名の師」を派遣したりはしないだろうとする。だが、万一相手が承服せず攻め寄せる場合には、是非に及ばず、国力を尽くして一戦を交えることも致し方ないとしている。また、慶恕は「ご決着」は「天朝」へ奏達したうえでなされるべきとも主張している。

建白書別紙には、諸大名に対して大船建造を許可し、オランダからの奢侈品輸入をやめて戦艦・大砲を輸入すること、そして沿海の諸大名に対して海防強化を求める見返りに「役」を緩和することなど、外国に対抗する武備を強化するための具体策が記されている。

これを岩下哲典氏が主張するように、欧米諸国家間の国際関係における「信義」に期待したとは言い難い（岩下　二〇〇八）。むしろこの建白書は「信義」を持ち出して急場をしのぎ、「大軍を待ち受けるご用意」の必要性を訴えることに主眼があったと解釈した方が自然であろう。

とはいえ、確かにこの建白書では、斉昭への書簡にみられた過激な即時打ち払い論は影を潜めている。この点について藤田英昭氏は、文案を回覧する両家年寄らに配慮した結果、無難な内容に落ち着いたのではないかと指摘している（藤田　二〇一六a）。逆に言えば、この建白書には、たとえ年寄衆に配慮したとしても、慶恕にとって最低限譲れない一線が示されたとも考えられよう。

七月十七日、ロシア使節のプチャーチンが長崎に来航した後における斉昭と慶恕のやり取りでも、この点が確認できる。斉昭は慶恕に送った書簡に、幕閣のなかで交易を容認する意見が出ていることを危惧して「交易が許されてしまえば取り戻すことは難しく、ますます日本の弱みとなってしまうでしょう」と記した。これに対して慶恕も「交易の儀は一国だけのことではなく、（英仏など）三国、四国にも許されてしまえば、日本の膏（あぶら＝活力の意か）をしぼりつくされてしまうでしょう」と同調したのである（「焚余手翰」一）。

したがって、交渉の過程で幕府の方針が交易許容へと傾けば、幕閣との対立は鮮明にならざるを得なかった。実際、斉昭と幕閣との溝は埋めがたく、安政元年三月十日、斉昭は前年七月から務めていた海岸防禦筋御用を辞任した（麓　二〇一四）。そして直後の三月十三日、慶恕が満を持して江戸に入ったのである。

幕閣詰問事件

江戸に入った慶恕は間髪入れず四月一日に江戸城へ登城し、老中阿部正弘をはじめとする幕閣に面会して詰問状をつきつけた。幕府の外国に対する弱腰の姿勢を痛烈に批判し、斉昭の登用を強く求めたのである（「三世紀事略」『名古屋叢書』第五巻、二五〇頁）。

こうした行動の背景には、松平慶永《よしなが》（越前福井）や伊達宗城《むねなり》（伊予宇和島）など、有志大名による慶恕への激励が存在した（以下、この項は〔藤田　二〇一七a〕）。斉昭も海岸防禦筋御用を辞任するにあたり、後のことはまもなく参府する慶恕に意見を聴けばよいと幕閣に言い放っていた（麓　二〇一四）。

だが、慶恕の行動は彼らの期待と予想を超える激しさであった。慶恕は自身の意見が容れられないとみるや、同月十一日、十五日と立て続けに登城して、激しい言葉で幕閣を繰り返し詰問したのである。度を超した過激な言動は、幕閣への謁見謝絶と外様諸大名への面会遠慮を命じる幕府からの内諭で報いられた。

これに対し、慶恕と幕閣とのあいだを取り持ってきた若年寄の遠藤胤統《たねのり》（慶恕の父方の叔父遠藤胤昌《たねまさ》の養父）は、正論とはいえ「御激論」は避けるべきであり、自身が尾張家の正統（「御生へぬき」）ではないことを自覚すべきだと慶恕をたしなめた。ここでも慶恕の血筋が問題となったのである。

この事件をきっかけに、有志大名との間にも距離が生じてしまった。伊達宗城は自分が慶恕を煽った面は否めないと認めつつ、慶恕の短慮を嘆いた。また松平慶永は幕閣との間を取り持ちながらも、幕府からの嫌疑を避けるため、しばらく慶恕と直接書簡をやり取りすることを避けた。慶恕自身も、そうした嫌疑を避けるため、有志大名と一時的に距離を置いた。慶恕の直情的な性格と、頑なともいえる対外強硬論者としての立場が鮮明に表れた事件であった。

この事件がよほど堪えたのか、慶恕は同年七月、国元に戻って藩政改革に注力するため、早期の帰国を幕府に願い出た。これは認められず、定例通り翌安政二年三月に帰国したが、安政三年三月には参勤交代で参府すべきところ、領内の震災や水害による困窮を理由に参府を延期し、九月にも再び参府を延期した（「大日本維新史料稿本」安政三年二月九日条、同年九月条）。実際に慶恕は国元で藩政改革と災害への対応に尽力していたが、このような行動の深層に、幕閣詰問事件での挫折が影響していたことは否めないだろう。

5　安政五年の政変と慶恕の隠居謹慎

慶恕が江戸を去ったあと、対外問題は一層混迷を極めた。安政三年七月、日米和親条約に基づいてアメリカ総領事ハリスが下田に駐在を開始し、通商条約締結を目指した交渉のため江戸参府を盛んに求めた。同四年十月、ハリスは江戸城に登城して将軍家定に謁見し、大統領親書を上呈した。通商条約の締結をめぐって、事態は急激に展開することになる。

これと並行して、十三代将軍家定《いえさだ》の後継を誰にするのかが問題となった。松平慶永や徳川斉昭は、家定を病弱で「征夷」の任に堪えないとみなし、難局を乗り切るには英明で年長の将軍が求められると主張して、徳川斉昭七男の一橋慶喜を継嗣に推した。一方、のちに大老に就任する彦根藩主の井伊直弼《いいなおすけ》らは、血筋を重視して紀伊徳川家当主の慶福《よしとみ》（家斉の孫、家定の従弟）を推した。

将軍継嗣問題と条約問題という二つの難題に対して、慶恕はどのように対処したのだろうか。

将軍継嗣問題と慶恕

安政三年十月、松平慶永（図2）は慶恕に書簡を送り、慶喜継嗣への賛同を求めた。だが慶恕は、慶喜とは一面識しかなく、よく話したこともないまま軽々に伝聞だけで「国家の大本」

を申し立てることはできないと答えた。実にそっけない反応であるが、江戸で挫折を経験して前年三月から尾張に帰国していた慶恕の素直な心情だったかもしれない。加えて慶恕は、このような活動に自身が加われば、幕府から「親族結党」とみなされる恐れがあると指摘した（『昨夢紀事』第二、二四－二六頁）。先の幕閣詰問事件の経緯を踏まえた指摘である。

翌安政四年一月、慶恕はようやく江戸に下った。慶永と志を同じくする伊達宗城は、継嗣問題に関する見解を探ろうとして慶恕と面会した。だが、慶恕は内政改革の成果を語るばかりで、継嗣問題に話が及んでも、自分の意見など聞き入れられないだろうと弱音を吐いたという。そして慶恕は年限どおり、わずか二カ月余りの江戸滞在で尾張に帰ってしまった（『昨夢紀事』第二、九八－一〇三頁）。同年十月、慶永は慶恕の賛同を得られないまま、慶喜継嗣を求めて老中堀田正睦《まさよし》に建白をおこなった。

図4　松平慶永（出典：国立国会図書館ウェブサイト「近代日本人の肖像」）

それでも慶永は慶恕の説得を諦めなかった。御三家筆頭の慶恕が慶喜継嗣を求めれば、幕閣に対する強力な圧力になるからである。安政四年十月二十四日、慶永は名古屋の慶恕に書簡を送った（『昨夢紀事』第二、二一八－二二二頁）。橋本左内《さない》から田宮弥太郎に宛てた副書には「近親である一橋慶喜公の性質くらい熟知なされないでは、宗藩の一大欠事と愚考します」と記されていた（「大日本維新史料稿本」安政四年十二月十九日とされているが正しくは十月十九日）。

これを受けて、慶恕は熟慮のすえ「全体の御本意」について異議はなく、英明な君主を立てて人望を維持することが求められていることは疑いないので、当方でも周旋したいと田宮に伝えたが、重大な問題なので具体的な進め方はこちらに委ねてほしいと付け加えた。諸大名と「御一斉」には集まり難いという趣旨であった（「大日本維新史料稿本」）。

慶恕は慶永による再三の説得によって慶喜継嗣の方針に賛意を示したが、それは必ずしも「一橋派」諸大名と歩調を合わせることを意味していなかった。幕閣詰問事件を経た慶恕は、越前松平家や水戸徳川家との「親族結党」、有志大名との「御一斉」とみられることを避けて、慎重な行動に徹していたのである。

条約問題と慶恕

次に、条約問題をめぐる慶恕の立場をみてみよう。安政四年七月二十四日、幕府はハリスの江戸参府を御三家に内達した。これに対して、水戸慶篤と慶恕はそろって反対を表明した。そしてハリスが江戸に参府したのちにも、改めて慎重に対処するよう求めた（「大日本維新史料稿本」）。

だが、幕府はハリスとの間で通商条約をめぐる談判を重ね、安政五年二月には老中堀田正睦が条約勅許を奏請するため上洛した。同時に、幕府は通商条約に関する意見を諸大名に求めた。

こうした情勢のなか、慶恕は朝廷の内情を探るため、京都に腹臣の間嶋万次郎（冬道）と尾崎八右衛門（忠征）を派遣した（『旅雁秘録』）。そして幕閣の意を汲んで名古屋に遣わされた竹腰に対して慶恕は、たとえ当初は限定的な交易にとどまるとしても、「夷狄《いてき》」は増長して徐々に「蚕食《さんしょく》」し、「姦商《かんしょう》」を手なずけて日本の国勢を傾けることは造作もないだろうとして、交易拒絶を主張した（『旅雁秘録』三一－三二頁、「三世紀事略」『名古屋叢書』第五巻、二五六－二五七頁）。慶恕の強硬論は幕閣にとって悩みの種であったに違いない。

条約問題における慶恕の説得を試みたのも、やはり松平慶永であった。慶永は横井小楠《しょうなん》や橋本左内の意見を容れて、積極開国主義に転じていたのである。

安政五年三月十六日、慶永は側近の中根雪江《せっこう》を連れて、参勤交代で参府した直後の慶恕を訪ねたが要領を得なかった。中根はよほど腹に据えかねたのか、「(慶恕は）何の条理も定かに心得ておられないようだ」「天下の形勢にも疎く、ましてや幕閣内の事情はまったく知らない」と、厳しい評価を下している（『昨夢紀事』第三、八六頁）。

続いて慶永と中根は田宮弥太郎に面会した。だが田宮は竹腰正富をひどく恐れており、中根には「笑止千万」と映った。これをみて、慶永は四月一日、竹腰のもとを訪れて慶恕を諌止するよう求めた。だが、竹腰は、田宮が難物で「鉄にて作りたる大和魂」で自説に固執して手に負えないと嘆いた（『昨夢紀事』第三、一四五－一四六頁）。竹腰は竹腰で田宮に手を焼いていたのである。

ところがこの日、その田宮が突如尾張に帰国したという情報が中根のもとに舞い込んだ。不可解に思った中根は、竹腰にその事情を問い合わせたところ、田宮の妻は「癇症持《かんしょうもち》」で「常に逆上等の気味」があり、田宮の寵遇を妬んだ者たちがこれを問題視し、これに対処するため田宮は帰国したのだという（『昨夢紀事』第三、一五二－一五三頁）。この難局において慶恕を置き去りにした事実をみると、妻の不祥事にかこつけた田宮への批判は相当なものであったのだろう。慶永はすぐに行動に移り、四月三日、再び自ら慶恕の説得に臨んだ。

だが、議論は再び平行線をたどった。慶恕は「天朝とは君臣の義があり、幕府とは父子の親がある。国家艱難のときには君臣の義に立つべきであり、幕議に従っては叡慮に反する」「徳川家が権力を失っても、また誰かが天下を治めるであろう」などと唱えた。慶永も「御三家筆頭の尾張殿は宗家の羽翼となって幕府を助けるべきなのに、天朝のみに忠を尽すというのは真の忠義ではない」「異国と戦う用意は十分といえるのか」と問い返したが、慶恕は「大和魂はある」と答えた。さらに慶永が「ならばその大和魂をもって宗家の後見となり、尊王攘夷の功業をたてればよいではないか」と切り返すと、慶恕は「不才であるのでそれはできない」と答えるのみであった（『昨夢紀事』第三、一五七－一五九頁）。

しびれを切らした慶永は竹腰を再三叱咤し、尾張家当主に考え違いがあった時のため、「東照宮の神慮」によって「御附人」とされたのではないのかと詰め寄った。そして諫止を聞き入れられないからと言って従うのは、普通の家臣ならともかく、付家老の職分にはそぐわないと指弾したのである（『昨夢紀事』第三、二四四―二四七頁）。

一方、中根は田宮排除を画策していた。妻の不祥事を理由に、竹腰によって罷免させてはどうかと考えたのである。実際、田宮は五月十三日に「差控《さしひかえ》」を命じられた（「藩士名寄」、『昨夢紀事』第三、三二五―三二七頁）。この圧力が功を奏したのか、六月十三日、田宮は慶永から直々に招かれて説諭を受け、これを受け入れた（『昨夢紀事』第四、一七〇―一七二頁）。

不時登城と隠居謹慎

だが、慶恕と慶永が激論を繰り返している間に、情勢は急変していた。条約勅許をもとめて上洛していた老中堀田は勅許獲得に失敗し、四月二十日に江戸にもどった。そして同月二十三日には彦根藩主井伊直弼が大老に就任した。慶福継嗣を支持する井伊が大老に就任したことは、一橋派にとって大きな打撃であった。そして同年六月十九日、勅許が得られないまま、幕府は日米修好通商条約に調印し、同二十二日、幕府はこの事実を諸大名に公表して事後の処置について建白を求めた。

翌二十三日、田宮は越前藩の方針を問い合わせた。慶恕は無勅許調印を激しく憤っており、登城して大老はじめ幕閣の罪を責めるつもりであった（『昨夢紀事』第四、二四六頁）。斉昭や水戸慶篤も同じ立場であった。これに対して、積極開国主義に転じていたはずの慶永は、あえて同調して幕府の無勅許調印を責める姿勢をとった（高木　二〇〇五）。朝廷の権威を利用して、将軍継嗣問題を有利に進めるためであった。ここに至ってようやく慶恕と慶永の立場が一致したわけだが、それは目前の政治情勢によって理念を棚上げにしたに過ぎなかったのである。

翌二十四日、斉昭と慶恕は水戸慶篤とともに江戸城へ向かい、将軍家定への直言を試みた。定例の登城日ではなく、異例の「不時登城《ふじとじょう》」であった。同じ日、松平慶永も登城した。だが将軍は面会を拒み、しばらくして斉昭らは大老・老中と面会した。斉昭らは無勅許調印を責めるとともに、将軍継嗣を朝廷が支持する慶喜に定め、慶永を大老に任ずるよう求めたとされる（母里　二〇〇六）。

だが、明治時代に尾張徳川家が編纂した『三世紀事略《さんせいきじりゃく》』は、継嗣問題は慶永が主張したことであり、慶恕はあくまで無勅許調印を責めただけだとしている（『名古屋叢書』第五巻、二五九頁）。継嗣問題が議論されなかったとは思えないが、慶恕があくまで条約問題を重視していたことは事実であろう。いずれにしても、ここにいたって幕閣が引き下がることはありえず、慶恕らは押し問答のすえ退出するほかなかった。さらに翌二十五日、慶福を将軍継嗣とすることが諸大名に公表された。

結果的に、この不時登城は何ら成果を上げないまま、井伊に格好の処分の口実を与えてしまった。慶恕は無勅許調印に憤るあまり、慎重に避けていた「親族結党」の嫌疑を、あえて招くような挙に出てしまったのである。その代償は大きかった。七月五日、斉昭には駒込屋敷への急度慎、慶永には隠居謹慎、一橋慶喜と水戸慶篤には当分登城停止が命じられた。そして慶恕も同日、幕府より隠居謹慎を命じられ、江戸戸山屋敷に引き籠った。

翌六日、慶恕の異母弟で高須松平家当主の義比《よしちか》が尾張徳川家を相続し、同月十日には慶恕の隠居謹慎と義比襲封が藩士に周知された。そして十三日、慶恕から藩士たちに対して、不穏な動きを見せず、義比に忠勤するよう求める旨が触れられた（「青窓紀聞」巻九十）。この義比こそ、かつて尾張家継嗣の最有力候補とされた鎮三郎のことである。義比は尾張家襲封後に茂徳《もちなが》と改名し、翌安政六年十月、尾張に入国した。

慶恕支持派の排斥

慶恕を支持する国元の藩士らは黙っていなかった。七月二十一日、明倫堂督学《とくがく》の阿部清兵衛《せいべえ》、同教授次座の植松庄左衛門（茂岳）、清須代官の茜部伊藤吾、木曽材木奉行の間嶋万次郎《まじまんじろう》らが三十七名連署で、慶恕の無事を熱田宮に祈願した（「椋園安政録」四）。

さらに八月には慶恕の謹慎解除をもとめる嘆願書が、清須宿本陣林惣兵衛《そうべえ》以下六十五名の領民連署で、清須代官の茜部に提出された（「安政五年雑記録」三・四）。その茜部は十一月には勤向御免となり、万延元年（一八六〇）六月には清須代官在勤中の不心得を理由に隠居逼塞を命じられた（「藩士名寄」。とくに注記がなければ藩士の処罰はこれに依る）。

茜部に限らず、茂徳入国を前に慶恕派とみなされた藩士が次々に排斥された。安政六年九月十四日、長谷川惣蔵（御小納戸）が差控を命じられ、同年十一月二十六日には扶持屋敷《ふちやしき》召し上げのうえ高須松平家に差し戻された。さらに同年九月十八日には田宮弥太郎（側大寄合、永蟄居）、阿部清兵衛（隠居逼塞）、植松庄左衛門（急度慎）、尾崎八右衛門《はちうえもん》（在京御用達役、隠居逼塞）、近松彦之進（矩弘・中奥寄合、差控）、間嶋万次郎（木曽材木奉行、隠居逼塞）が処分された（「青窓紀聞」巻九十六）。

長谷川と田宮は慶恕の側近中の側近である。また尾崎八右衛門は尾張徳川家から近衛基前《このえもとさき》に嫁いだ維君《つなぎみ》（宗睦息女）に付いて長く京都にいた関係から京都工作と情報収集を担っていた（『旅雁秘録』）。

阿部と植松は慶恕によって明倫堂に取り立てられた儒者と国学者であり、間嶋とともに熱田宮への祈願にも加わっていた。阿部、植松、間嶋と茜部は、安政元年から植松を中心に進められた六国史校合事業の中心メンバーでもあった（植松　一九八五）。

また、茜部と間嶋は代官や奉行として地方支配に関与していた。熱田宮への祈願に加わった人物のなかには、他にも小林八右衛門（錦織奉行兼木曽材木奉行）、本間初三郎（大代官）、松平竹蔵（小牧代官）、野村八十郎（地方添物書）、伊藤義六（勝手方吟味役）、小林八之丞（地方吟味役並）など、藩財政や地方支配に関わる役職の人物が多い。彼らは安政期における慶恕の内政改革を現場で担った者たちであろう。このうち小林八右衛門は隠居逼塞、息子の八之丞も勤向御免、本間と松平も同じく勤向御免となった。

また長沼流兵法の師範で、嘉永六年以降の軍事改革を主導した近松も差控となった。近松とともに「御備立御用《おそなえだてごよう》」を務め、熱田宮祈願に加わった中村彦左衛門も、やはり安政六年十二月に役職を解かれた。

この間、幕府は安政五年八月八日の水戸藩への「戊午《ぼご》の密勅」降下をきっかけに、攘夷派の徹底的な弾圧をおこなった。いわゆる安政の大獄である。越前藩では橋本左内が処刑され、水戸藩では斉昭が国元永蟄居になるとともに多くの刑死者を出した。尾張藩で直接これに連座した者はいなかったが、慶恕支持派の徹底的な排斥は明らかにこれと連動していた。

こうして藩政の実権は、井伊大老の威光を背にした茂徳と竹腰に握られ、慶恕と彼を支持する藩士たちは、文久二年（一八六二）四月に慶勝（慶恕から改名）が復権するまでのあいだ雌伏を余儀なくされた。ここに文久期以降における慶勝と茂徳の対立、さらには慶応四年（一八六八）のいわゆる「青松葉《あおまつば》事件」にいたる暗闘の種が撒かれたのである。

【コラム】慶勝の側近・水野彦三郎の書簡集

木村慎平

蓬左文庫に伝わる「書簡集」

幕末維新期の尾張藩政の実態を明らかにするには、慶勝やその周辺で藩政に関わった人々の手による一次史料を第一に参照すべきことは言うまでもない。そうした史料のひとつに、尾張藩士の水野彦三郎《ひこさぶろう》（忠雄）という人物のもとに伝わった書簡集がある。現在名古屋市蓬左文庫が所蔵するこの書簡集は、文久三年（一八六三）から明治三年（一八七〇）にかけて、彦三郎に宛てて記された書状や、彦三郎自身によるメモ書きなどが年代やテーマごとに整理され、十八冊の簿冊に綴じ込まれている。

その内容をみると、徳川慶勝の上京や長州征討、戊辰戦争や江戸城明け渡しといった重大事件に関する書簡が数多く含まれており、当時の政情を伝える第一級の史料であることがわかる。では水野彦三郎とは、いったいどのような人物なのだろうか。

慶勝の側近・水野彦三郎

彦三郎は文政五年（一八二二）九月に生まれた。尾張藩における履歴をみると、嘉永四年（一八五一）三月五日、学業上達が認められ初めて三人扶持を与えられている。この年の二月四日、尾張藩の御医師であった父松軒が病死しており、父の家督を継いだと考えられる。さらに彦三郎は安政六年（一八五九）に御儒者となったのを皮切りに、文久二年（一八六二）には奥御儒者、元治元年（一八六四）には明倫堂教授次座となった。その後、留書《とめがき》奉行等を経て、版籍奉還後の明治二年（一八六九）十月には名古屋藩権少参事に就任した（「藩士名寄」）。この間、加増や足高

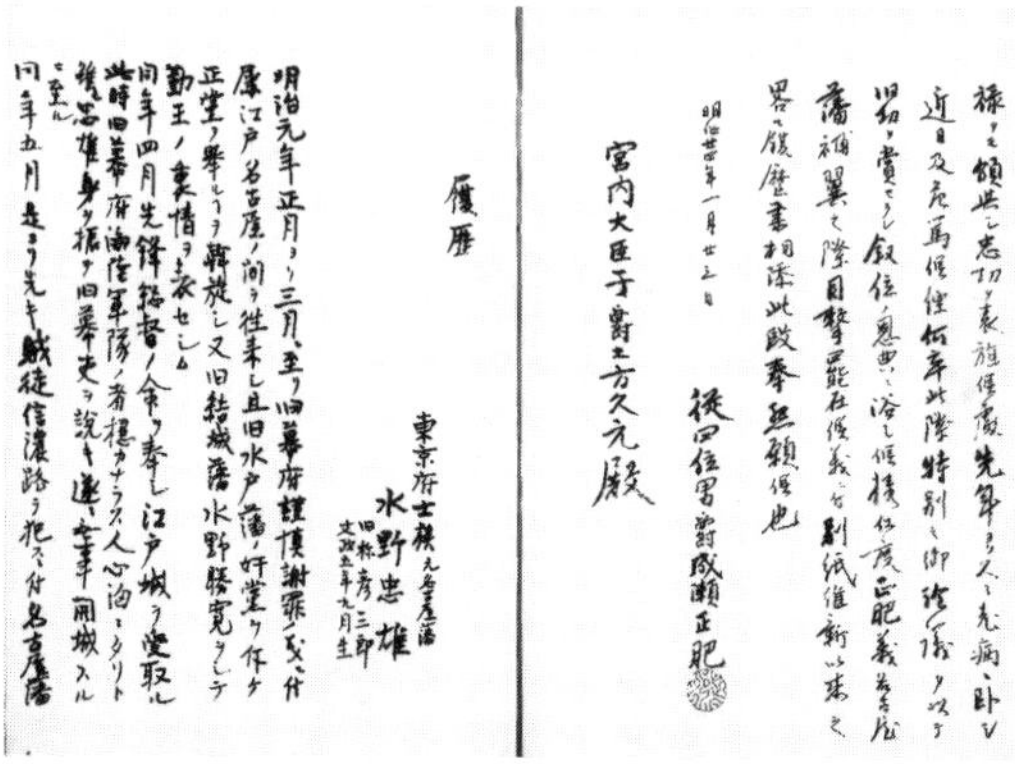

宮内大臣子爵土方久元殿

履歴

東京府士族 元名古屋藩

水野忠雄

図１　水野忠雄特旨ヲ以テ新叙ノ件　国立公文書館蔵
水野の叙位にあたり提出された履歴書と成瀬正肥による推薦文。

を積み重ね着実に出世を遂げた。維新後は東京に居を移して、文部省の官僚として活躍し、明治二十四年（一八九一）に危篤となり、これを機に従六位を贈位された（図1、名古屋市蓬左文庫　二〇一八）。

　書簡集を概観すると、彦三郎が幕末の激動期に、徳川慶勝の側近として藩政を支えていたことがうかがえる。とくに贈位の理由の一つにもなったのが、幕府から新政府に江戸城が明け渡されたときの活躍である。当時尾張藩は東海道を進軍する新政府軍の一員として、江戸城請け取りの任に当たっていた。その経緯について、彦三郎は「江城請取顛末《こうじょううけとりてんまつ》」と題した小文を書き残している。それによれば、尾張藩の軍事奉行を務めていた彦三郎は、幕府側の田安家家老平岡庄七らとの交渉に臨み、和宮《かずのみや》や天璋院《てんしょういん》

（篤姫《あつひめ》）の保護、徳川家の霊牌《れいはい》の扱いなどを取り決めたという（藤田　二〇一七b）。歴史の転換点を当事者の立場から振り返った貴重な証言であるといえる。

政府の修史事業と「江城請取顛末」

ところで、彦三郎はなぜ多くの書簡をわざわざ整理して尾張徳川家（のち蓬左文庫）のもとに残し、「江城請取顛末」を著したのだろうか。実はこれには、維新後間もなく始まった政府による修史事業と、尾張徳川家による家史の編纂が関係している。

「江城請取顛末」の序文によれば、明治六年（一八七三）、政府は正院歴史課による修史事業の一環として江戸城明け渡しの経緯を明らかにしようとしたが、思いのほか史料が乏しかったため、彦三郎に史料の提供を求めたのだという。これを受けて、彦三郎は手元にある記録をひも解き、江戸城明け渡しの顛末をまとめて「江城請取顛末」を政府に提出した。現在蓬左文庫に伝わる「江城請取顛末」は、おそらくその控えであろう。

慶勝の事績編纂と書簡集

これに限らず、政府の修史事業は旧大名家やその家臣から提供された史料に頼っていた。このため史料提供を求められた旧大名家でも、史料を整理して家史をまとめる必要に迫られた。尾張徳川家でも、政府の修史事業をきっかけとして慶勝・茂徳・義宜三代の事蹟編纂が進められ、その成果は明治二十年代〜三十年ころに『三世紀事略《さんせいきじりゃく》』としてまとめられた。

実はこの『三世紀事略』の編纂にも、彦三郎が深く関与していた形跡がみられるのである。彦三郎は慶勝側近として当時の実情をよく知っており、儒者としての教養も備えていたため、家史編纂には適任であったのだろう。こうして彦三郎は尾張徳川家の家史編纂、とくに慶勝の事績を編纂するための史料として自身の手元にあった書簡を整理し、最終的には尾張徳川家に献納したと考えられる（名古屋市蓬左文庫二〇一八）。

このように、彦三郎の書簡集は幕末における尾張藩政の動向を知る上で貴重な一次史料であるとともに、維新後に連鎖的に展開した修史事業のプロセスを物語る興味深い史料でもある。だがこの書簡集を活用した研究は必ずしも多くないのが現状である。こうした状況を改善するため、蓬左文庫ではこの書簡集の内訳目録を刊行し、ウェブサイトにも公開した（『名古屋市蓬左文庫資料目録〔1〕「青窓紀聞」目次「幕末維新書簡集」目録』）。また、閲覧室には全点の複製本を公開している。これらの史料の活用が進むことで、幕末維新期の尾張藩について新たな研究が生まれることを期待したい。

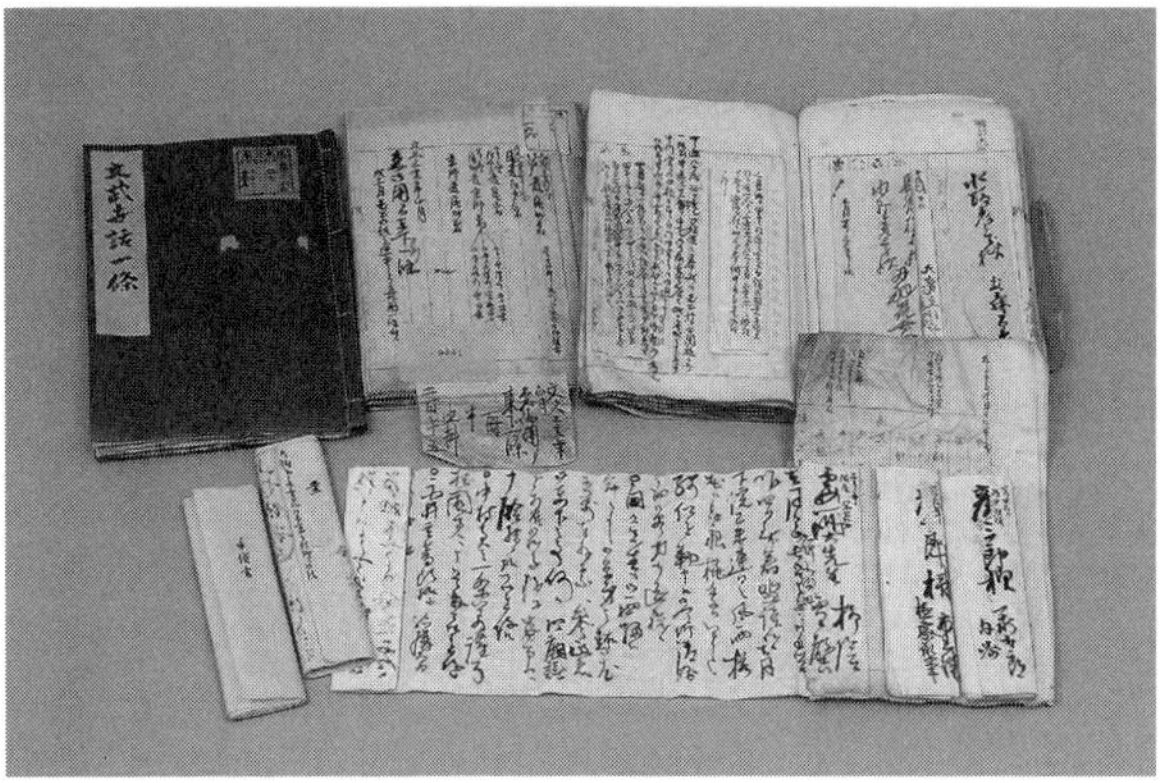
図2　水野彦三郎の書簡集　名古屋市蓬左文庫蔵

第2章　文久期の尾張藩

羽賀祥二

1　文久二年の慶勝と茂徳

慶勝の復権

安政五年（一八五八）七月五日、徳川慶勝《よしかつ》に隠居・急度慎が命じられた。この謹慎処分が解かれたのは、大老井伊直弼が暗殺された半年後の、万延元年（一八六〇）九月四日のことであった。しかし、在所への帰国、現当主の徳川茂徳《もちなが》との対面は制限され、他人との面会や文書の往復も遠慮するようにという制約が付いていた。この日には、慶勝と同じく日米修好通商条約の調印に反対して、井伊大老に処分された一橋慶喜《よしのぶ》、前越前藩主松平春嶽《しゅんがく》、前土佐藩主松平容堂の謹慎処分も解かれた。その後、文久元年（一八六一）十一月の皇女和宮《かずのみや》と将軍徳川家茂《いえもち》との婚姻、翌二年一月の老中安藤信正への襲撃事件（坂下門外の変）などによって、幕府の弱体化は明らかになっていった。

文久二年春になると、さらに時代は動いていった。薩摩藩主島津茂久《もちひさ》の父で、藩政の実権を握っていた久光が千人余の藩士を率いて、四月に京都に入った事件がきっかけとなった。久光は朝廷に幕政の改革、安政五年以来紛糾してきた朝廷と幕府の関係の修復を実現しようと試みた。この久光の行動に呼応して、攘夷の旗を挙げようとした西国の諸藩士・浪士らが大坂・京都に集まり、騒然とした状況が生まれつつあった。

久光の幕政改革案に従って、朝廷は勅使派遣を決めた。勅使には左衛門督《さえもんのかみ》大原重徳《しげとみ》が任命された。五月二十二日、大原と久光一行は京都を出発し、六月七日に江戸に到着した。朝廷が幕府へ求めたのは、将軍上洛の上天皇の意向を奉ずること、有力大名を五大老とすること、一橋慶喜・松平春嶽を幕府に登用することの三か条であった。

こうした情勢のなか、四月二十五日、慶勝に対する他人との面会と文書往復の禁止の措置が解除された。これまでの行動の制約はすべて解かれ、平常の生活に復帰することが許された。そして五月七日、慶勝は慶喜・春嶽とともに将軍家茂との対面を許された。五月十八日、幕府は大原勅使の江戸参府を公表、二十二日には兵備充実のために簡易の制度、質直の士風へ復古することを宣言した。この日には徳川茂徳（慶勝を継いだ尾張藩主）はじめ三家の当主、譜代大名、幕府役人らが登城して、将軍徳川家茂の前で改革文が読み上げられた。さらに六月一日には、寛永以来途絶えていた将軍の上洛をおこない、公武一体となった政治改革を実行する意向を示した。六月三日には、慶勝は慶喜とともに登城し、その内容はわからないが、家茂と用談している（『再夢紀事』九〇、一〇五頁）。こうして慶勝は政治活動を再開することになった。

大原勅使の登城と慶勝

六月十日、大原勅使は江戸城に登り、将軍家茂と対面し、勅命を伝達した。勅使の任務は、通商条約の調印をめぐって行き違いが生じた公武の関係を正常化し、攘夷の勅命を奉承させ、また慶喜と春嶽に幕政を担わせることであった。大原勅使と家茂との対面が終了した後、家茂のもと「御前評議」が開かれ、慶喜、慶勝、茂徳、徳川慶篤《よしあつ》（水戸藩主）、松平容保《かたもり》（会津藩主、慶勝・茂徳の弟）、老中が勅命への対応を議論した。この席上慶勝は、既に条約が履行されている以上、武備を強化して開国するほかないという意見で、これは慶喜も同意見であった（『再夢紀事』一一九－一二〇頁）。この時点で慶勝はけっして攘夷を自論としていたわけではなかった。七月一日幕府は、勅命の趣旨を受け入れることを大原に伝達した。そして六日、家茂は慶喜を将軍後見職に命じ、一橋家を再相続させ、九日には春嶽を政事総裁職に任じた。この人事は老中の上位に朝廷と大名の意向に沿った新たな職を置いたもので、彼らと老中との合議によって幕政が運営されることになった。

当時の朝廷の慶勝への期待は高いものがあった。八月三十日、慶勝を従二位権大納言へ推任する朝廷の沙汰書（八月二十五日付）が老中水野忠精《ただきよ》のもとに届いた。慶喜と春嶽が登用され

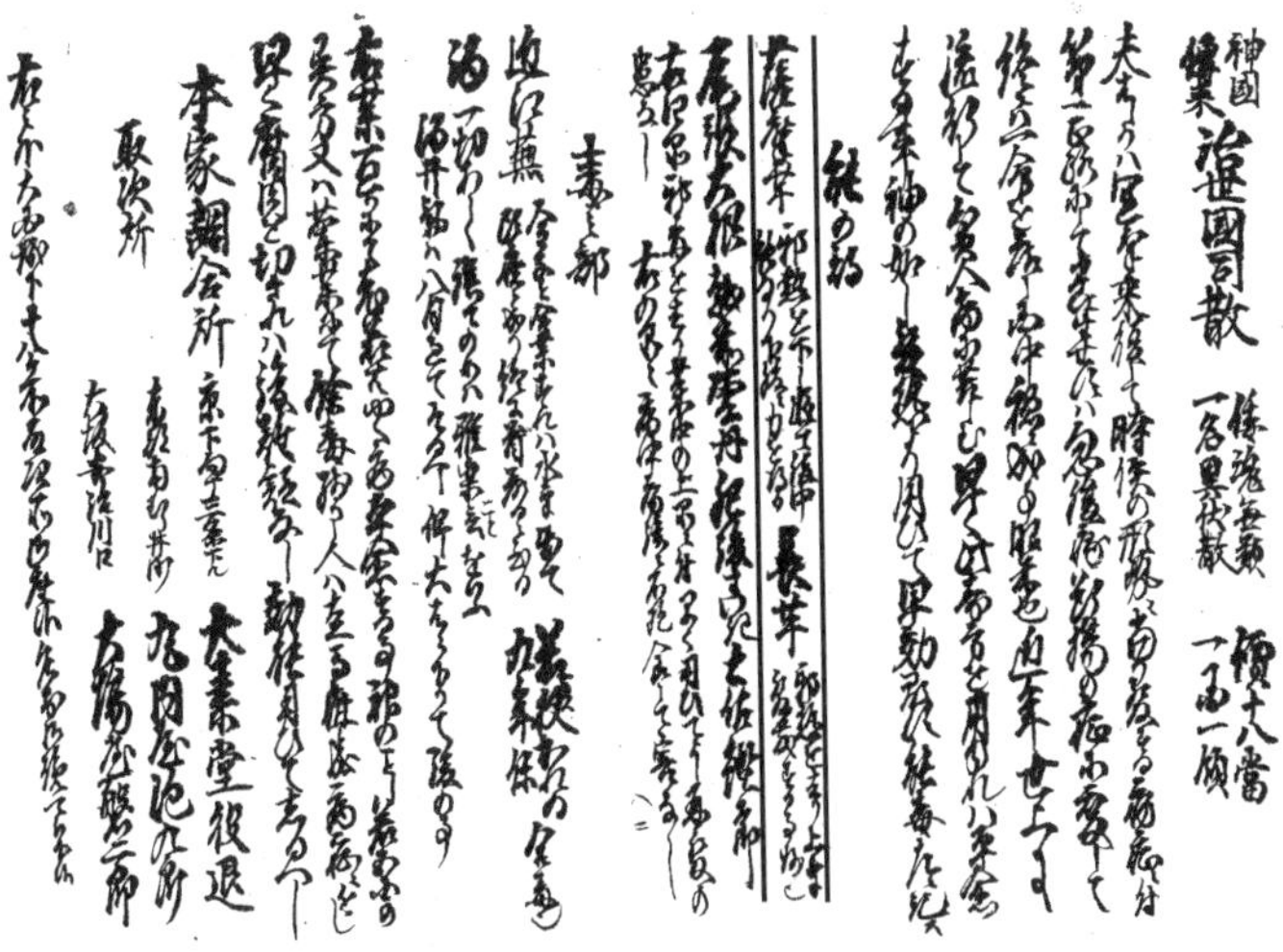

図1　神国伝来治世国司散　倭魂無類一名異伏散（出典：「青窓紀聞」巻109）

たことを受けて、慶勝へも朝廷への協力と伊勢神宮の警衛に尽力することを命じた。そして九月七日、幕府は将軍上洛を来年二月と発表し、同時に慶勝への従二位権大納言の任官が発表された。その謝礼のために慶勝は登城し、家茂から「これから国家のために気づいたことがあれば遠慮なく申されよ」との意向を直接口達された（『続再夢紀事』第一、七八頁）。図1は「神国伝来治世国司散　倭魂無類一名異伏散」と題した政治風刺のチラシである。「治世国司散」という時勢の病いを治す薬と合わせて食べてよい品、毒となる品が書かれている。効能ある品として「薩摩芋」（薩摩藩）、「長芋」（長州藩）、「尾張大根」（尾張藩）、「越前雲丹《うに》」（越前藩）、「肥後すいき」（熊本藩）、「土佐鰹節」（土佐藩）をあげており（傍線部分）、これら有力諸藩への期待が民間で高まっていたことをうかがわせる（「青窓紀聞」巻一〇九）。

茂徳の政治的立場

以上のように、将軍家茂から信任の言葉を与えられ、さらに従二位権大納言に叙任されたことで、慶勝は公的な立場を確保するに至った。慶勝は政治的に復権した。一方、「尾張大納言」茂徳の立場はどのようになったのだろうか。五月二十二日「復古」をめざす幕政改革令が発せられたとき、登城していた茂徳のもとに老中が来て、家茂の意向を説明した。茂徳は事情に通じていないので、相談に与ることができない旨、老中へ発言した。それを聞いた春嶽は、「そういうこともあるだろうが、老中を呼び寄せるか、登城して尋問したうえで意見を言上するのがよい」と忠告したという（『再夢紀事』九一頁）。この春嶽の忠告に従ったのかどうかはわからないが、この後茂徳ははっきりとした政治的意見を表明していった。六月一日、将軍上洛が公表された際、茂徳は春嶽と老中板倉勝静《かつきよ》と面会して、京坂が不穏な情勢での上洛に反対するとの意見を述べ、自ら将軍名代として上京する意志があると伝えた（『再夢紀事』一〇三頁）。また六月十日、大原勅使が登城して勅命を伝達した後の評議の席で、茂徳は「首尾不都合之御説」を申し述べたという（同上書一二〇頁）。

この「首尾不都合」の言葉に含まれている茂徳の考え方は、六月十七日付の茂徳の幕府宛意見書でうかがい知ることができる。この意見書は五か条からなっている。以下、少し長い要約となるが、重要な意見書なので紹介しておきたい（『愛知県史』資料編21、八五九－八六〇頁）。

（1）幕政改革はもっともなことだが、新しい制度は弊害を生ずることもあるので、徳川家康の規定に違わないようにした上で、富国強兵のために尽力すべきである。

（2）政治が家康以来将軍家へ委任されてきたことは歴然としている。天皇始め公家には外部からの情報が入らず、外国の事情もご存じない。朝廷が「沿海の列侯」の意見を取りあげ、あるいは脱藩した者の論を聞いて、全国の武備まで指揮し、攘夷の勅命を出すようになれば、二百年余の将軍委任の体制とは食い違いが生まれることになる。勅命のまま勝算なき戦争を始めても、天下の大乱、外国の侵略を招くことになる。しかし天皇は賢明で、世界の情勢や利害を洞察されれば、攘夷の考えは氷解されるだろう。将軍家の威光が地に墜ちれば皇国の恥辱となることを朝廷へ申し上げ、以後は幕府を制約することなく、止むを得ない時だけ幕府へ勅命を下し、筋の立たない所へは下されないように規定を設けたい。

（3）公家や大名の復権、再任もある現在だが、「列藩の強望や亡命の徒の暴訴」によって人事がなされては、人心も動揺し、公武一和にはならないだろう。人事によっては「朋党の弊」が生まれることになる。

（4）外国との条約調印後は、八割から九割は開港論へと議論は帰着するようになった。

条約調印以前の紛々たる状況に比べれば、議論はしやすくなった。今後は「恩」「威」「信」を貫き、条約破棄の兆しが生じないように処置すべきである。

（5）将軍が上洛して天皇に拝謁するときには、諸人が朝廷を尊崇するだけの措置が必要である。朝廷の経費は連年不足しているので、米金を進上すべきだが、土地人民を付けた進献（領地の献納）は無用である。

かなり思い切った意見である。有力藩や脱藩志士たちが強請した勅命をそのまま受け入れるのでなく、大政委任された将軍が堂々と朝廷へ意見を申し上げ、条約体制を揺るがせてはならないという見識ある意見である。「恩」は天皇から将軍が受けてきた「恩」、「威」は大名に対する将軍の威光、「信」とは外国に対する信義をさしていると考えられる。

紀州藩主徳川茂承《もちつぐ》は大原勅使のもたらした勅命に対して意見を述べず、徳川慶篤は熟慮の上回答すると言ったという。三家のなかで茂徳は、はっきりした意見を述べるだけの意志があった。しかも大原勅使と「沿海の列侯」・「強藩」としての島津久光の行動、その意を受け入れる幕政指導者に対する明確な批判であった。

2　藩内の動向

成瀬正肥邸への群参行動

文久二年（一八六二）閏八月、名古屋城下では藩政を大きく転換させる事件が起きた。二十二日、熱田社文庫に八〇人の同志が集会を持ち（「文久二年雑記」「大日本維新史料稿本」文久二年閏八月二十二日条では六五人とする）、建言書をまとめ、その日の七つ時（午後四時頃）五〇人が成瀬正肥《まさみつ》（隼人正）邸に行き、それを提出した。成瀬は江戸への参府の挨拶回りのため不在だったが、帰宅まで待って願書を差し出し、成瀬も彼らと会って話を聞いた。成瀬は建言書の取り扱いには言葉を濁し、参府後に連絡をとらないように指示した（藤田　二〇〇六、『東西評林』二、七一―八〇頁）。

群参行動に加わった者は、馬廻組近松彦之進（矩弘《のりひろ》、砲術家）、国学者植松庄左衛門（茂岳《しげおか》）の子・桂五郎のほか、大番組九人、寄合組二人、勝手方手代三人などであった。また、熱田社文庫に参集した者には大番組一七人、寄合組四人、勝手方手代五人、馬廻組五人、大筒役二人などの役職の者が含まれていた。大番組・寄合組・大筒役といった番方の藩士が比較的多かったことは注目される。

彼らの要求は、（1）茂徳を隠居させ、再び慶勝を藩主とすること、（2）釧姫《せん》（十二代藩主斉荘《なりたか》の娘）と彦根井伊家との縁談を取りやめること、（3）「奸吏」を退けること、（4）「誠忠」の士を再度登用すること、（5）洋式砲術を廃止すること、の五か条であった。彼らは茂徳と彼を支えてきた付家老竹腰正諟《まさあと》（兵部少輔）の政治をきびしく批判した。この時には茂徳の二度目の尾張入国が決まっていたが、これを機に茂徳は隠居するのではないかとの噂が流れていた。彼らはこれを当然のことだとした。なぜなら茂徳は慶勝の人事、節倹の方針を否定し、「西洋術」を推奨してきたからだった。徳川斉昭には朝廷から贈位官（贈従二位大納言）がなされ、大老井伊直弼の政治以前に立ち戻ろうとする情勢の中で、彼らはそれに後れを取ることがないような措置を求めたのである。元千代（安政五年五月二十四日生、万延元年十月二十五日茂徳の嗣子となる）はいまだ幼少であり、また当主継承の儀式には多額の費用も懸かることから、彼らは一橋慶喜が再度一橋家を継いだ例（文久二年七月六日）にならって、慶勝の再登板を要求した。彼らが大老政治、また井伊と竹腰との関係を否定している以上、釧姫と井伊直憲との婚約の取りやめを要求するのは当然だった。そして破談の上摂関近衛家との縁組を求めていた。

成瀬への意見書より先、中奥小姓荒川甚作は竹腰らの「奸徒」の排除と安政の大獄に連座した藩士の復権を求める建言を書いていた（『旅雁秘録』二五一－二五三頁）。文久二年七月付の建言書案では、竹腰の退職、田宮弥太郎らの復権、近衛家との文通の再開を挙げている。これに加えて荒川は、慶勝と茂徳の離間を図る悪だくみを警戒するように注意を促した（同上書二五三－二五七頁）。

九月に入って、もう一通の歎願書が成瀬へ提出された（「大日本維新史料稿本」文久二年九月二十七日条）。提出者は寄合井野口久之丞、同若林次左衛門、同小瀬新太郎、大番組世話取扱山内瀧江、寄合組永田益衛、羽鳥丈之助（書院番衛守養子）、用人支配山田数馬（千疇《ちうね》）の七人であった。彼らは小瀬宅で相談の上、成瀬へ歎願することになった。彼らは安政五年に尾張藩で隠居謹慎を命じられた輩の赦免を要求し、赦免が早急に実現しないのは茂徳への配慮があるのではないかとの疑念を成瀬にぶつけた。

茂徳退隠をめぐる動き

成瀬が江戸に出発する前後に、茂徳の退隠は公然と藩内外で議論されるようになった。八月二十六日、尾張藩儒者水野彦三郎は芳野立蔵（駿河田中藩儒者）の紹介で、越前藩士で春獄の側近である中根雪江《せっこう》を訪れた（『再夢紀事』二〇三頁）。付家老竹腰と江戸定府年寄鈴木重到（丹後守）が跋扈して、慶勝の意向が貫かれないので、成瀬と交代させたいと申し入れた。政事総裁職の春嶽の協力を得て、竹腰グループの排除を狙ったのである。しかも八月の慶勝を権大納言に推任する朝廷沙汰書には、「向後自国政務をも掌り」という文言があり、慶勝の藩政掌握は朝廷からの承認を得ていた。八月二十二日江戸発の書翰によれば、六月二十八日に慶勝・茂徳が登城した後、茂徳は脚気と称して登城はなく、将軍からの鷹拝領の上使も請けることはなかった。さらに八月下旬には「御脚気《かっけ》御欝塞《うっそく》之症」（脚気が原因の倦怠感の症状）と、その病名を公表したことから、茂徳の病気は長引くかもしれないとの疑惑を招いていた。幕府が奥医師を派遣したこともあり、藩邸は混乱していた（「青窓紀聞」巻一〇九）。

そして閏八月になると、藩は茂徳の病気を理由に湯治のために暇《いとま》願いを出せないかどうか、幕府に相談していた（「青窓紀聞」巻一一〇）。病気療養を理由とした茂徳の事実上の退隠が具体化されようとしていた。水野彦三郎は九月五日にも越前藩邸を訪れ、成瀬が先月二十三日に名古屋を出立し、四日に江戸に着いたことを知らせ、切迫した尾張藩内の情勢があることを伝えた。「当侯退穏之御内意ニ付出府」と越前側の記録は記しており、茂徳自身が退隠する意向を抱いていた。八日にも水野は越前藩邸に行っており、成瀬が茂徳の退隠の意向を止めようとしているが、改心させることはできない旨を伝えた（「大日本維新史料稿本」文久二年九月十六日条）。細野要斎の記録（「見聞雑劄」六）も、成瀬はまた江戸に着いてから竹腰の退隠について相談するため、春嶽や老中松平豊前守をそれぞれ三度も訪問したと記している。

九月十二日成瀬は春嶽に面会して、今夕に尾張藩邸へ来訪して、茂徳の退隠を止めるように説得してほしいと依頼した（「大日本維新史料稿本」文久二年九月十六日条）。九月十六日春嶽は茂徳を訪問した（『続再夢紀事』第一、八五－八六頁）。茂徳は退隠の意向があるかどうか尋ねた春嶽に、次のように心情を吐露した。「種々困難な事情があるので、私は藩主を退いて実家の高須松平家の当主に復帰し、尾張は老公が再び家を継いでほしいと願いたい気持ちだ」と。春嶽は家の継承という重大な事柄を軽々しく表明することをたしなめ、退隠を思いとどまるように説得した。茂徳もついにこの説得を受け入れた。

藩政指導部の刷新

朝廷が慶勝に対して信頼を寄せ、尾張藩の政務を掌握することを望んだ沙汰書の内容は、当然茂徳にも知らされたことだろう。当時、大老井伊直弼時代の政治が全否定され、それに連累した者の政治責任が問われていた。慶勝による政務掌握とは、尾張藩における大老政治への賛同者の排除であったことは間違いない。すなわち藩首脳部の人事権が慶勝に移ったことに他ならない。茂徳にとって「困難な事情」が生じたのである。

九月十日、竹腰正諟は幕府から隠居を命じられ。翌十一日に藩は年寄鈴木重到、江戸定府側用人武野新右衛門に隠居を命じた。そしてこれに続いて、九月二十七日、同三十日、十月十四日に藩人事の交代があった。この人事は朝廷が八月に打ち出した安政大獄による処罰者の復権、犠牲者への慰霊の方針に合致するものであり、成瀬正肥の「誠忠」によるものだと「有志一統感服」したという（「大日本維新史料稿本」文久二年九月二十七日条）。

表1は、一連の人事によって藩政の役職に返りざき、あるいは転職した者の一覧である。田宮弥太郎、植松庄左衛門、間嶋万次郎、尾崎八右衛門（忠征）、長谷川惣蔵らは、翌年の慶勝の上京に随行して、周旋活動の中心的役割を担った人物である。また近松彦之進、荒川甚作（尾崎良知）、松井喜多次、尾崎銀三郎は、文久二年閏八月の成瀬邸群参に関係した人物である。

表1　文久2年9月～10月　尾張藩の役替

氏名	前職（前身分）	復権（役替）後の役職	禄高	
（1）9月27日「幽閉復旧」				
間嶋太郎	死去（文久2年閏8月6日）		弟間嶋次郎を養子とし家督相続、小普請組入り	
田宮弥太郎	小普請組田宮兵治父	側用人・大目付兼	新知300石、1000石高へ足高	○
阿部清兵衛	小普請組阿部覚蔵父	側物頭・明倫堂督学	25石加増、70石300石へ足高	○
植松庄左衛門	御徒格以下小普請	明倫堂教授次座	加増米11石、加扶持1人分	○
間嶋万次郎	小普請組間嶋次郎祖父	木曽材木奉行・錦織奉行兼	50石加増、200石	
深澤新平	小普請組	川並奉行代官・円城寺奉行兼	150石へ足高	
尾崎八右衛門	小普請組尾崎将曹父	在京用達役	50石加増、200石	○
茜部伊藤吾	小普請組茜部小五郎父	清須代官	切米30俵加増、130俵	○
（2）9月30日「前大納言様御附被召返」				
長谷川惣蔵	範次郎様用人支配長谷川捨吉父	先手物頭格	元高30俵、250俵高へ足高	○
澤田庫之進	範次郎様中組	使番格	元高30俵、250俵高へ足高200俵高へ足高	○
（3）10月14日役替				
松井喜多次	中奥番	慶勝小姓頭取		
荒川甚作	中奥小姓	慶勝小姓頭取		○
近松彦之進	馬廻組	中奥寄合	50俵足高	○
尾崎銀三郎	小普請組	明倫堂主事	130俵へ足高	
荒川小太郎	寄合	馬廻組与頭		
津田藤四郎	馬廻組	馬医兼馬乗		
勝野釜之丞	使番格	病気不出		○

＊「文久二年雑記録」「大日本維新史料稿本」文久2年9月27日条による。

＊○印は明治期に恩典下付を政府へ出願した時に作成された「勤王家履歴」（名古屋市蓬左文庫蔵）に載る人物。

また尾崎八右衛門の子の将曹、茜部《あかなべ》伊藤吾の子の小五郎もこの関係者で、勝野釜之丞は田宮弥太郎の二男であった。

3　慶勝の上京

攘夷の勅命と慶勝の意見

文久二年十一月二十七日、二度目の勅使三条実美《さねとみ》・副使姉小路公知《きんとも》が江戸城に登城して、攘夷の勅書を将軍家茂に授けた。勅書は幕政改革を実施していることを賞賛し、さらに国内が攘夷の実施に向けて一致し、幕府が攘夷を決定して諸大名へ布告することを命じた内容であった。幕府は十二月五日、この勅書を受け入れ、家茂は勅書に対する請書を三条勅使に差し出した。そして攘夷の策略は上洛の上申し上げると返答した。さらに幕府は十三日、この勅書を諸大名以下に公表した（「青窓紀聞」巻一一〇）。十五日には、安政五年八月に水戸藩に下した勅命（いわゆる戊午《ぼご》の密勅）を諸大名に公表し、水戸藩に改めてその受納を命じた。この勅命は井伊大老の専権による日米修好通商条約の調印を了承しない意向を示したものだった。勅命降下から四年余り経過した、文久二年暮れになって、条約調印問題はいまだ決着を見ていないことを幕府が認めたことになる。条約調印の正当性をめぐって国内の混乱は深まっていくことになった。

当時の慶勝の政治的主張の概要は、慶勝が帰国直前の文久二年十一月二十八日、幕府に提出した建白書に現れている（「大日本維新史料稿本」文久二年十一月二十八日条、『小笠原壱岐守長行』一四四－一四五頁）。その内容は、（1）攘夷の勅命は当然のことで、将軍上洛後に諸藩と協議の上、天皇の裁可を得た上で天下に号令すること、（2）京都の守衛は慶勝が勤めるので勅命を与えてほしいこと、（3）将軍は京都に移住して政治的・経済的拠点とすること、（4）江戸城は水戸藩、伊勢神宮は尾張藩、紀伊水道は紀州藩が守衛を担当すること、であった。先に紹介した茂徳の意見書も思い切った意見であったが、この慶勝の意見もまた、将軍の京都移住、勅命を奉じた天下への軍事指揮の確立を求めた画期的な内容をもっていた。茂徳と慶勝の主張はまったく正反対であることが鮮明となる内容であった。

この建白書の提出前の十一月十三日、長州藩士山田亦介らは江戸の戸山藩邸を訪れ、用人内藤喜左衛門・儒者水野彦三郎らと面会した。長州藩はこれ以前から慶勝に毛利定広（長州藩世子）との面会を求め、そして建白書提出の三日後の十一月二十一日には毛利定広は慶勝と面会し、朝廷の慶勝への期待（慶勝の幕政への参与）や切迫した国内外の状勢を説いて、三条勅使の任務である攘夷の勅命を将軍が奉ずるように、親藩としての尽力を要請した（「大日本維新史料稿本」文久二年十一月二十一日条）。

慶勝、名古屋へ帰る

慶勝は十二月一日家茂に謁見し、来年二月の将軍上洛に先だって上京することが命じられた

（『続徳川実紀』第四篇、「大日本維新史料稿本」文久二年十二月一日条）。ついで十一日にも家茂に会い、家茂から慶勝の責務についての天皇の意向が直接伝えられた。天皇は攘夷の実現のために慶勝が尽力すること、「御自国御政務」をも掌り武備を充実させ、また畿内・神宮の守衛に配慮することを毛利定広を通じて幕府に伝達しており、ようやくこの日になって家茂から慶勝に伝えられた。十二月五日勅使への返答書の中には、「尾張大納言へは早々に通知すること」という一項目もあり、それに添った措置であった（『続再夢紀事』第一、二七七頁）。三条勅使一行は十二月七日江戸を離れた。そして慶勝も十八日に江戸を発し、東海道を経て、二十八日に名古屋城へ帰った。およそ四年九か月ぶりの帰国であった（「徳川慶勝居所」参照）。

十二月十七日には領内全体へ、慶勝の上京を命じた朝廷の沙汰書の内容と慶勝の直書《じきしょ》が公表された（『一宮市史』資料編八、七八二－七八三頁）。直書は、茂徳とともに奮発し、「分身一和」して尽力すること、そのためには「一国四民之力」を糾合しなければならないと述べてあった。しかし細野要斎は、「前大納言様は朝廷から畿内と伊勢神宮の警衛を命じられ、藩政も掌握したので隠居の立場ではなかった。名古屋城では両君が対立した形となった。こうしたことは藩初よりなかったことである」と、両者の対立に言及していた（「見聞雑剳」七）。

慶勝の上京

慶勝が名古屋に帰ったのは十二月二十八日で、名古屋城を出立したのは年が明けた正月四日のことだった。名古屋滞在中は「全く御旅中の思召」により、正月の諸儀式はすべて中止となった（「大日本維新史料稿本」文久二年十二月二十八日条）。熱田から船で桑名へ、そして東海道（伊勢路）を通って、八日に入京した。桑名では本陣へ弟の桑名藩主松平定敬《さだあき》が訪れ、歓談した。桑名宿内の旅籠屋はすべて畳替えがされ、街道筋へも将軍上洛同様の待遇で迎えるように指示を出したという（「文久三亥歳聞書」乾）。付家老成瀬正肥、側用人田宮弥太郎、用人渡辺半九郎、目付神谷数馬、同小笠原辰蔵らが随行した。慶勝の行列人数は縮減され、弓組の外、鉄砲は手筒五本のみで「皇国振《ぶり》之御調《ととのえ》」であったという（「椋園時事録」八）。

薩長両藩の入京行列が西洋鉄砲隊を誇示したのに対し、「慶勝が故意に弓隊を従えたことには思うところがあったのだろうか。または思いの外質素だったのは奢侈の時代への戒めであったのだろうか」との反響を呼んでいた（「大日本維新史料稿本」文久三年一月九日条）。越前藩の記録にも、慶勝の一行は江戸から帰国した際の行列よりも供連れは少なくなり、木綿羽織・小倉袴の質素な出で立ちで評判が高く、慶勝は「勇将か英雄か」に見えたと書いている（「大日本維新史料稿本」文久三年一月十六日条）。そして随行する藩士には、三家の立場で尊王のために重大な任務に当たるので、規律を正すように指示があった（『東西紀聞』一、二三―二五頁）。しかし、他方で、慶勝の後から大筒とその射撃手八十人ほどが目立たないように上京した。この他自らの職務を省みないで、自発的に慶勝に従おうと上京した藩士は多くいた。

入京した慶勝は、すぐに京都御所の南門前に輿を進め、門前で御所に向かってしばらく拝伏した。朝廷を尊敬する行為として、見るものを感服させたという（「見聞雑剳」八）。図2は京都用達役石川信守が描いた御所拝礼図（「文公御所南門前御拝の図」）である。成瀬正肥が「君か世の／はるにあはむと／うくひすは／たにのふるすを／いてて来にけり」という賛を寄せている。その後、滞在場所である関白近衛家の河原御殿に入り、忠熙《ただひろ》・忠房父子は酒宴を催して歓迎した。

一月十五日慶勝は初めて御所へ参内し、孝明天皇に拝謁して、天盃《てんぱい》を賜った（「大日本維新史料稿本」文久三年一月九日条）。そして二十日、慶勝は京都の状況を混迷させている尊王攘夷の志士の活動が再び安政の大獄のような弾圧事件を招くことを憂慮し、まず安政の大獄の犠牲者の名誉回復が必要だと幕府に建議した（「三世紀事略」二六二頁）。

図2　文公御所南門前御拝の図
徳川美術館蔵

こうして慶勝はことさら他藩とは異なるかのようにして、自らを京都に登場させた。尊攘派の主張が朝廷や公家、そして諸大名に影響を与えていたなか、尊攘派の意向により沿った意見をもっていた慶勝の評判はよかった。少なくとも名古屋にはそのように伝えられていた（「文久三亥歳聞書」乾）。

切迫する対外戦争の危機

二月十八日は朝廷と武家の関係上、きわめて重要な日となった。この日「国事用談」のため将軍後見職一橋慶喜、政事総裁職松平春嶽、京都守護職松平容保、前大納言慶勝のほか、当時上京していた一七名の有力藩主（前藩主・世子）が参内した。山内容堂（土佐）、伊達宗城《むねなり》（宇和島）、毛利定広（長州藩世子）、池田慶徳《よしのり》（鳥取）、細川慶順《よしくに》（熊本）、蜂須賀斉裕《なりひろ》（阿波）、池田慶倫《よしとも》（津山）、浅野茂長《もちなが》（広島）、黒田斉溥《ながひろ》（福岡）といった有力な外様大藩が含まれていた（九三頁図参照）。孝明天皇は御所内の小御所に出御し、慶喜以下と対面した。ここに初めて将軍家茂と老中を除いた、武家の指導的立場にある有力者が一堂に会して、関白鷹司輔煕《すけひろ》、議奏・武家伝奏、国事掛公家との会談がおこなわれた（「大日本維新史料稿本」文久三年二月十八日条）。天皇の前で関白鷹司は忠勇を奮起し攘夷を実行すべきとする勅書を読み上げた。

しかし対外問題は、この直後から深刻の度合いを増していった。文久二年暮れからイギリスは軍艦を横浜に入港させ、強硬な姿勢で生麦事件（島津久光が帰京する途中、家臣が神奈川宿近郊で行列を横切ったイギリス人を殺傷した事件）や、東禅寺事件（尊攘派志士が品川東禅寺のイギリス仮公使館を襲撃した事件）で死亡、負傷したイギリス人への高額の賠償金の支払いを要求していた。慶勝が上京する頃には、京都では紀州沖から大坂湾に三十数艘の外国船が来航したとの情報も流れていた（「青窓紀聞」巻一一四）。二月十九日になってイギリスは、生麦事件の償金十万ポンド（五十万両）の支払いか、久光の首を差し出すか、いずれにしても二十日以内に回答するように要求した。そしてもしその要求が入れられなければ、軍艦を直接鹿児島に派遣すると強硬な姿勢で江戸の老中に迫った（『小笠原壱岐守長行』一五六―一五七頁）。

二月二十三日以降、京都では慶喜、春嶽、容保、容堂、宗城が対応を協議し、これに慶勝も加わった。償金を支払わなければ戦争が始まるという切迫した雰囲気の中での協議だった（『続再夢記事』第一、三八六―三九二頁）。二十六日、慶勝は慶喜・春嶽と連名で、開戦に備えて大坂警衛のため大名を派遣し、和宮がいる江戸城は徳川慶篤に守衛を命じたい旨朝廷へ上申した。この時家茂は上洛の旅中にあって、家茂が江戸にも京都にもいないという異例な状況にあった。軍事指揮権をもつ将軍が指揮できないというなかで、この三人がその職務を代行したのである。またこの日、三人に容保・容堂を加えた五人は、イギリスの要求を拒否する交渉をおこなっている以上、開戦に備えて在京大名へ帰国命令を出すように朝廷に要請した。これは大名に対する命令権が天皇にも存在することを認めた上での行動に他ならなかった（「大日本維新史料稿本」文久三年二月二十六日条）。在京老中の板倉勝静《かつきよ》（備中松山）もまた、家茂上洛後には戦争を覚悟して断然たる決意で外交拒絶（鎖港）の交渉をおこなうべきだとの意見であった。

翌二月二十七日、朝廷は横浜でのイギリスとの交渉の行方次第で、戦端が開かれるかもしれないとして、在京諸大名に戦闘開始に備えるように命じた。そして、鳥取藩主池田慶徳を摂海守備総督に任じ、また摂海（大坂湾岸）の警衛を幕府から命じられていた諸藩に厳重な警備を指示した。京都と畿内はイギリス軍艦の大坂湾への侵入という事態をも想定し、戒厳状態に置かれていった。この状況の下で、天皇が軍事指揮権・大名命令権を実質的に行使したのであった。

また朝廷は二月二十八日、慶勝に対して防衛のために帰国するのかどうかを問い、帰国の場合には在京の兵隊の内多少は朝廷警衛のために残しておくよう命じた。慶勝は自国警衛の強化のためにも帰国したいと朝廷の許可を求めたが、朝廷は帰国を許さず、そのまま慶勝は京都に滞在することになった（「三世紀事略」二六三―二六四頁、「公武御一和」）。

将軍上洛と慶勝の立場

三月四日、ようやく将軍家茂は京都に入った。上洛前日三月三日、松平春嶽は大津に滞在していた家茂と会い、幕府の意向が朝廷に反映されない以上、将軍職を返上するほかないと言上し、さらに五日にも孝明天皇に返上を奏上すべきとする意見書を家茂に提出した（『続再夢紀事』第一、三九九－四〇三頁)。この日家茂・慶喜は参内し、「征夷将軍之儀、総て此迄通御委任被遊候、攘夷之儀精々可盡忠節事」という勅書を授けられた。

当初、家茂は京都に十日間滞在し、帰府後二十日を期して外交拒絶の交渉に入ることを朝廷へ申し入れていた(『孝明天皇紀』第四、五一五頁)。慶喜や在京老中らは、三月十一日に計画されていた賀茂社への攘夷祈願の行幸後すぐに、家茂の帰府を望んだ。しかし三月十日慶勝は、攘夷の方針のもとで「公武一和」の体制ができるまでは在京すべきだと朝廷に上書した。また将軍は「天下の総元帥」として攘夷の任に当たるべきだと幕府へも申し入れた。慶勝の将軍滞京論について、関白鷹司も同意した。朝廷は翌十一日、将軍の滞京と慶喜または春嶽が帰府して江戸の防禦の指揮に当たることを命じた(「大日本維新史料稿本」文久三年三月十日条、『近衛家書類』一、四六五頁、「三世紀事略」二六四－二六五頁)。在京老中は春嶽を帰府させようとして、慶勝の助力を求めた。三月十三日慶勝は春嶽に書翰を送り、攘夷問題の処理は春嶽の力にかかっていると、江戸に帰って外交・守衛の任を担うように要請した(「公武御一和」)。しかし春嶽は攘夷に反対しており、京都の状勢の推移を見て、独断で福井へ帰ってしまい、幕府から逼塞の処分を受けるに至った(三月九日、十五日政事総裁職の辞職を幕府に求め、二十一日には独断で福井に帰った)。

三月十七日朝廷は、将軍自ら京都及び近海の防禦の策略を策定、指揮するため、また攘夷決戦に当たり天皇と将軍の「君臣一和」が不可欠だとして、再度滞京を命じた。イギリスとの外交交渉（鎖港交渉）は大坂で開き、もし開戦に至れば将軍が大坂に出張して、指揮をするように命じたのである（「三世紀事略」二六五頁）。三月十九日になって、幕府は攘夷の勅命を奉じて、早々に鎖港の交渉に臨み、もしそれが不調に終われば、速やかに打払いを実行することを諸大名に布告した。

幕府は将軍の帰府を執拗に求めた。朝廷では攘夷の遂行のため慶勝の行動に期待するところは大きかった。三月二十五日、関白鷹司輔熙は病気で引籠もっていた慶勝の代わりに成瀬を呼び、攘夷の件が決着するまで家茂が滞京するよう尽力することを命じた。成瀬はこの間、一日に五、六度も二条城に登り、幕府と折衝し、他方で公家との連絡に当たるなど、繁忙な時間を過ごした（『東西紀聞』一、三四八－三四九頁）。二十七日、成瀬は二条城に登営し、将軍帰府への反対意見を老中らに言明した。この席で成瀬は「公武一和」の上攘夷を実行するためには、家茂が大坂城に大奥も移して滞在し、全国に号令を発するべきだとの意見書を提出した（「三世紀事略」二六五－二六六頁、「公武御一和」）。これは前年十一月の慶勝の将軍京都移住策と同様な内容であった。

慶勝と春嶽

家茂の滞京決定は慶勝の尽力によるものだった。京都からもたらされた蔵奉行手代沢田篤蔵の書翰（三月十五日差出）は、当時の慶勝の立場を次のように記している（「文久三亥歳聞書」乾）。

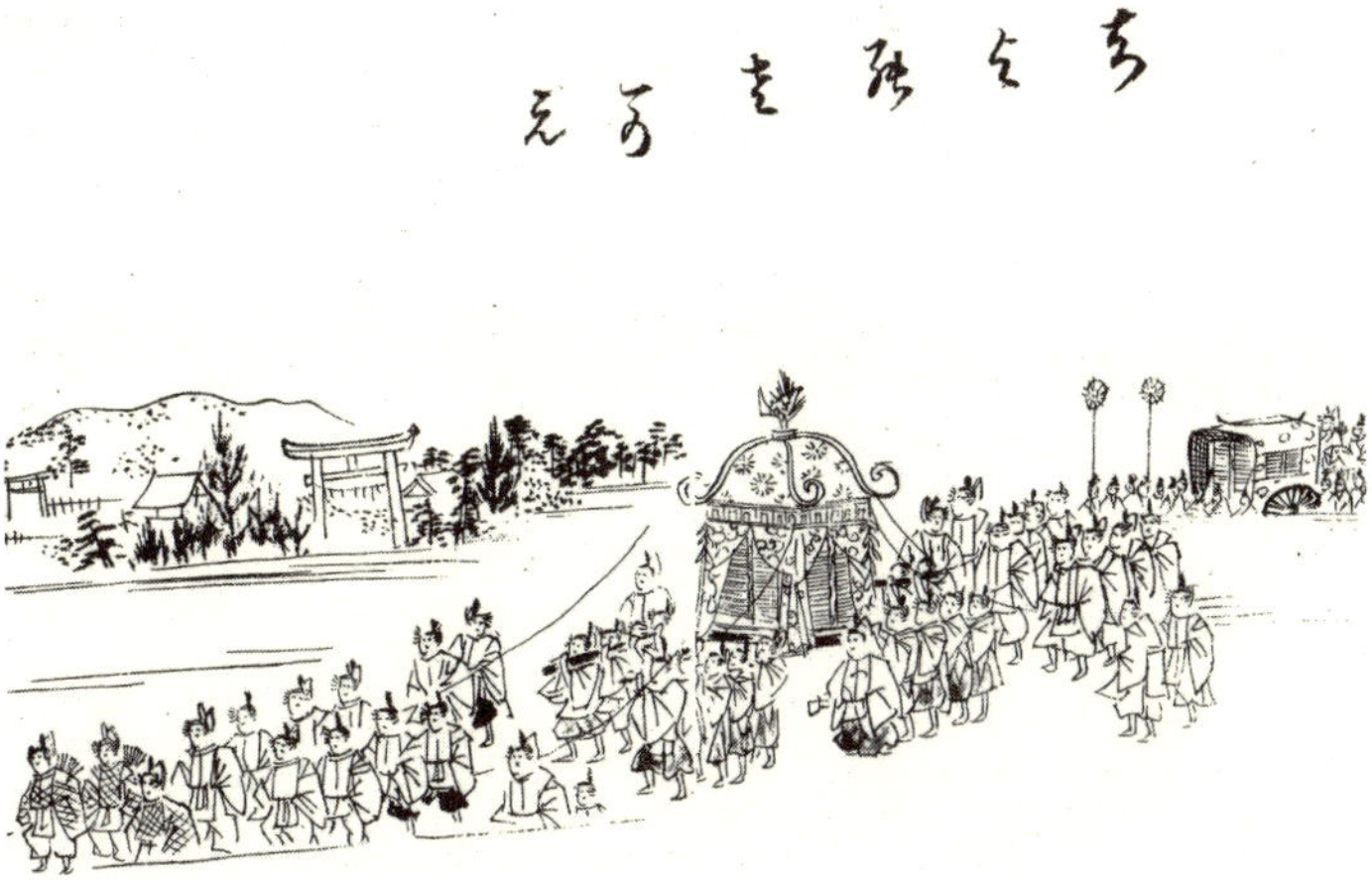

図3 「ちよのさかえ」（出典：「青窓紀聞」巻115）

将軍様は長く滞京されることになりました。これは慶勝様が主張されたことです。慶勝様の京都滞在も長くなり、秋までという話もあります。春嶽様は引き籠もりになり、いずれ京都を退出されるという説があります。慶勝様は当初幕府と不和だと聞いていましたが、この頃は将軍様から慶勝様がすべて周旋してほしいという依頼が春嶽様を通じてなされたということです。慶勝様を将軍後見に任じたいという朝廷のお考えもあるようです。賀茂社への行幸の折には、慶勝様は雨を厭わず、道路にひざまずいて天皇のお乗りになった鳳輦を拝礼されました。将軍様も馬から下りられ、泥の中を拝伏されました。他の大名方は笏《しゃく》をもったまま立っておられたということです。

まさに慶勝に対する朝廷の信任と慶勝の天皇への忠誠を、将軍の滞京論の主張と賀茂社行幸供奉（図3は賀茂社行幸を描いた「ちよのさかえ」「青窓紀聞」巻一一五）を通じて、沢田は実感したのである。また京都から届いた別の書翰では、「これまで慶勝公は春嶽侯に押され、何となく憂鬱で、病気の届を出すこともあったが、これを機に気炎を吐くようになった」と伝えた（「文久三亥歳聞書」乾）。沢田の書翰は春嶽との対比で慶勝の行動をとらえている。慶勝と春嶽との関係について、会津藩公用人の広沢富次郎は面白い話を伝えている（『会津藩庁記録』三、三九二―三九三頁）。

尾張前大納言は公家の間で大いなる名誉を得た。時には二条城で政治を議論したが、一橋卿や春嶽侯と同様な待遇を受けず、彼らが会議をするときにも、一人呼ばれず、我が公（松平容保のこと）が近親であるため、前大納言の宿舎へ出向いて内容を伝えた。我が公は前大納言の意見を求めるため、二条城に招き、一橋卿と議論させたが、ついに意見は合わなかった。ある日一橋邸で春嶽侯・容堂侯と前大納言が会した。前大納言は時務を論じようとしたが、春嶽侯は鼻であしらい、容堂侯は椽端《えんがわ》で背を曲げていた。前大納言はこれに不満を抱き、国事を議論するために来たのであって、酒宴をなすために来たのではないと言われた。しかし前大納言の論は事情に通じていないこともあって、迂遠さを免れなかった。長谷川惣蔵が来てこの日のことに触れた際には、歯ぎしりし、春嶽侯への恨みを含んでいるようだった。前大納言は強硬に鎖港《さこう》（条約を廃棄して開港場を閉じること）を主張し、異国の軍艦や大砲を好まなかった。このため春嶽侯とは意見が合わなかった。

京都の会津藩公用人が間近で見聞した慶勝の孤立した姿である。慶勝の弟である京都守護職松平容保は慶喜・春嶽・容堂との間に入って、何とか慶勝の政治への関わりの場を設けようとしていた。長谷川は高須時代から慶勝の小姓を勤めた側近である。彼の春嶽への敵意は強いものがあったようだ。

「政事向輔翼」の沙汰書

四月十一日、孝明天皇は一橋慶喜以下在京の諸大名を率いて、攘夷祈願のために石清水八幡宮への行幸をおこなった。三月の賀茂社行幸に続くものだったが、洛外の神社への参拝であったため、その通行路には人々が美しく着飾って群集し、「神輿《みこし》の出御」の時のように拝み、拍子を打ち鳴らしたという。在京の尾張藩士は通行路の警護を命じられ、前を通っていく天皇の鳳輦《ほうれん》に拝礼した（『東西紀聞』一、三九三－三九七頁）。

四月二十日、将軍家茂は朝廷に現下の情勢と攘夷実行の期限に関する上書を提出した（『孝明天皇紀』第四、五七九－五八一頁、「文久三亥歳聞書」坤）。幕府は四月二十三日、五月十日を期して外交関係の拒絶（攘夷）を実行することを全国に布告した。そして鎖港の交渉のために家茂の代理として慶喜が江戸に帰ることになった。

この前後、イギリスの賠償金要求への対応に加えて、春嶽の独断帰国、慶喜の江戸帰府という事態の下で、朝廷の慶勝への期待はいっそう高くなった。四月十五日朝廷は、伊勢神宮・京都・関東の三か所の内、二か所の警衛を免除してほしいという尾張藩の願いに応え、京都の警衛を免除した。しかしなお、慶勝には滞京して公武のために尽力するようにとの沙汰があった（『東西紀聞』一、三七七－三七八頁）。

四月十七日、朝廷は慶勝に対して「政事向万端輔翼《ほよく》」することを命じた。翌十八日慶勝は、隠居の身で病気がちであることを理由にこれを辞退した。二十一日再度の勅命、そして二十八日にも三度目の将軍輔翼の勅命があり、ようやく慶勝もこれを請けた（『孝明天皇紀』第四、六〇五－六〇六頁、『東西紀聞』一、三七八－三八〇、五二二－五二七頁、本書コラム「茶屋新四郎の在京記録」参照）。これ以前にも、先の沢田の書翰にあったように、朝廷は慶勝を「将軍後見」に任命する意向があったという。二度の辞退という形を取ったものの、慶勝側にも「政事向輔翼」への強い意欲はあったようだ。三月五日将軍への「征夷委任」の沙汰が出された後、しばらくして水野彦三郎と長谷川惣蔵が前関白近衛忠熙《ただひろ》邸を訪れた。この時提出した慶勝の言上書には、将軍への政治委任体制においても、「天下之大事件」は孝明天皇へ奏聞して、聖断を経た上で処分されるべきだと述べられていた。言上書はさらに、天皇と将軍の間に「雑説」（すなわち天皇に政治勢力が取り入り天皇の判断を迷わせる「雑説」）が入り込まないようにすることが必要だとし、将軍も弱年で、腹心として補佐する人にも問題があるので、慶勝は心配していると述べた（『近衛家書類』一、四五八－四五九頁）。天皇から政治委任された将軍が天皇と意志を疎通させて大政を運営できる体制のもとで、慶勝は補佐役としての役割を担う意欲を示したものだと考えられる。

4　生麦事件償金問題と茂徳

東奔西走する茂徳

文久三年一月、慶勝に続いて茂徳が上京するところに話を戻そう。

幕府は文久二年九月七日、来春二月に将軍家茂が上洛することを公布し、九日には在府大名へ総出仕を命じ、その場で将軍後見職一橋慶喜と茂徳の供奉、徳川慶篤と徳川茂承の「留守心得」を発表した（「大日本維新史料稿本」文久二年九月九日条）。しかしその後、水戸藩主徳川慶篤が年明け早々上京することになり、江戸の守衛が手薄となることを心配した幕府は、茂徳（当時在国中）に対して、正月には江戸に赴き、「留守心得」の任を果たすように申し渡した（十二月十八日）。これは十二月二十四日に藩内に触れられた。一方、十二月武家伝奏野宮定功・坊城俊政は幕府に対して、茂徳にも早々の上京命令を出すように要請した。坊城はこの朝廷の上京要請を藩の在京用達役辰巳弥五六郎へ通達した。十二月二十六日、この朝廷の意向を伝えるために用人（兼大番頭）横井孫右衛門と小納戸頭取近松彦之進が急に江戸に使者に発った（藤田　二〇〇六）。

横井が江戸へ急行したこの日、慶勝は帰国途中で、三河吉田宿に滞在していた。そして横井は二十七日いったん名古屋城に帰った。慶勝は朝廷の意向を知り、二十九日使者を江戸に送り、幕府にこの旨を伝えた。年が明けた正月二日、坊城俊政は茂徳に宛て、藩政の変革による「正議」の回復に孝明天皇が満足していることを伝え、畿内・伊勢神宮の守衛を慶勝にも命じたが、茂徳も尽力して天皇の意向に応えるようにとの関白近衛忠熙の命を伝えた（『東西紀聞』一、九頁、「椋園時事録」八）。この通達は四日の夜に名古屋に到着した。

一月九日、幕府は茂徳に対していったん上京して、天皇に拝謁した上で、江戸に下り「大城守衛」に当たるように命じた。茂徳の行動をいかにすべきか、幕府や春嶽と折衝するために奔走したのが横井孫右衛門、近松彦之進、水野彦三郎の三人であり、彼らは茂徳の上京、天皇への拝謁を強く求めた松平春嶽宛の慶勝の手紙や、田宮弥太郎から中根雪江への歎願書に依りながら、越前藩の協力を得て、一月九日の幕命を得ることができた（「青窓紀聞」巻一一四、「椋園時事録」十一、「大日本維新史料稿本」文久三年一月九日条）。

一月四日の慶勝の出立に続いて、茂徳も二十一日名古屋を発し、二十五日京都の近衛忠熙邸に入った。近衛から関白職を交代したばかりの鷹司輔熙（一月二十三日就任）へもあいさつに出向き、その後宿陣である妙顕寺に着いた。茂徳に従ったのは年寄石河光晃（佐渡守）、側用人天野藤十郎（宣重）、用人佐藤弥平次（忠恭）、同横井孫右衛門、用人兼小納戸頭取小瀬新太郎であった。鷹司輔煕は安政の条約問題で天皇の意向を受けて条約調印に反対し、水戸藩へ勅書（戊午密勅）を出すことを支持したため、大獄で右大臣を辞官、落飾した人物である。しかも輔煕は水戸徳川家や高須松平家と縁戚関係にあった。前水戸藩主徳川斉昭の二人の姉が輔煕と松平義建《よしたつ》（慶勝・茂徳の実父）に嫁いでいた。

茂徳は二月九日参内し、孝明天皇に拝謁し、天盃を賜った。慶勝と協力して尽力すべきとの勅意が伝えられた。そして朝廷は江戸留守のために参府することを許した。茂徳はこの二日後、十一日には京都を出て、十六日名古屋に帰り、十九日朝には江戸に向けて出発した。江戸出府の前日十八日、茂徳は諸役人を呼び出して、天皇から厚く依頼を受けたことは武門の冥加であり、慶勝が述べたように「一国之四民一和」となるように奮闘する旨の直書を年寄に読み上げさせた（『東西紀聞』一、一六〇－一六一頁、「見聞雑割」八）。茂徳が木曽路を経て、江戸に到着したのは二月晦日で、翌日三月一日参府の礼のため登城した。この間四十日ほど、茂徳はまさに東奔西走する日々であった。

生麦事件償金問題への対応

江戸で茂徳を待っていたのはイギリスへの償金支払いの交渉をめぐる緊迫した、開戦も視野に入れなければならない状勢であった。江戸の戸山屋敷でも大番組や寄合組の調練が三月十一

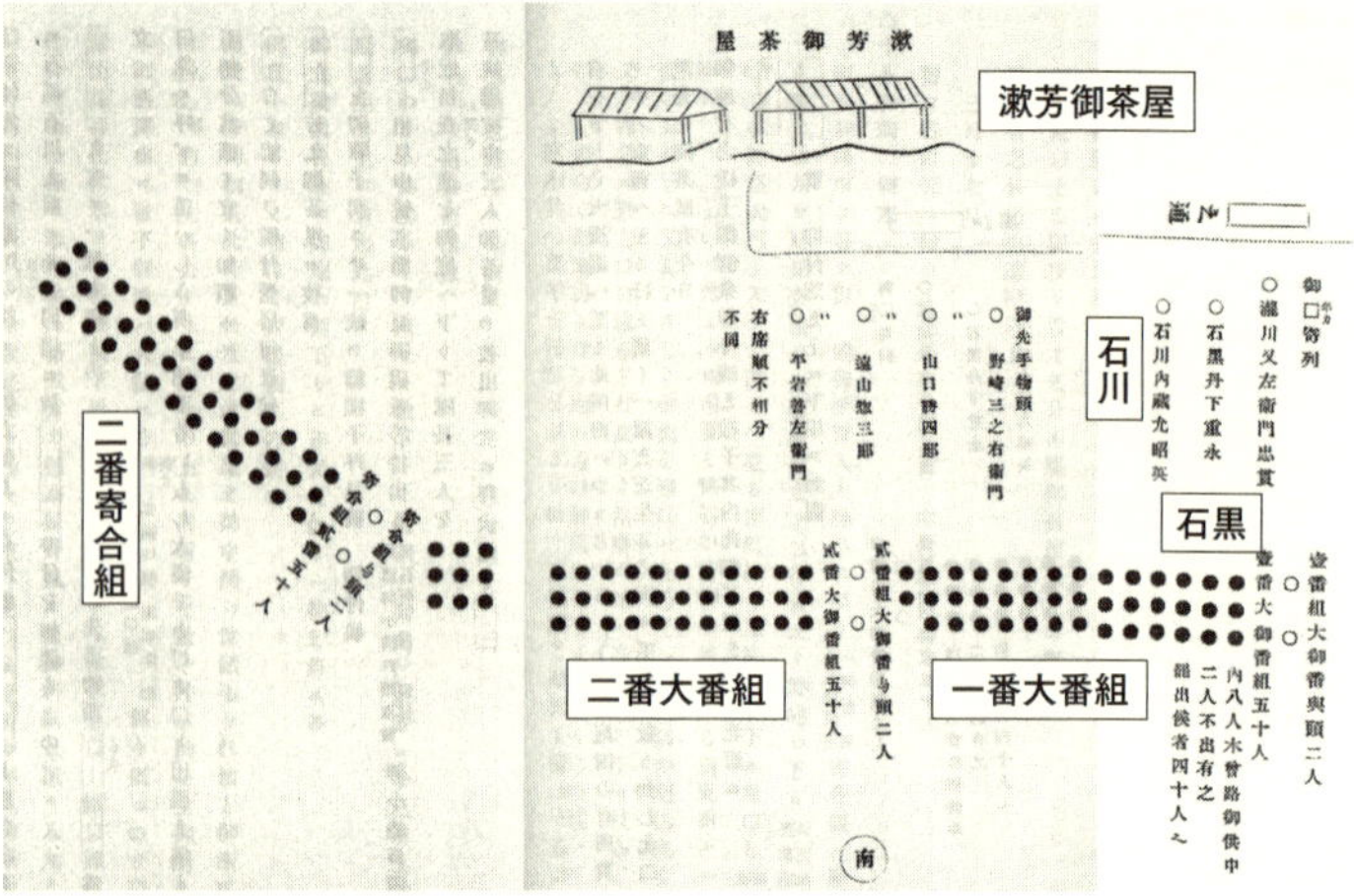

図4　「官邸日記」（出典：『東西紀聞』一）

日から始まり、十八日には小納戸頭取近松彦之進の差配の元、茂徳は大番組一番・二番、寄合組二番の一五〇名の番士を閲兵した。その後市谷屋敷の拝観が許され、茶屋の前で大番頭石黒丹下と石川内蔵丞に防戦に尽力するようにとの直書が渡された（図4『東西紀聞』一、三五二―三五五、三六三―三七二頁、「青窓紀聞」巻一一五）。

帰府した茂徳は、将軍家茂の留守責任者の一人として重大な政治判断を迫られることになった。三月六日茂徳は登城して、在府老中の松平信義（丹波亀山）・井上正直（遠江浜松）、諸役人と協議を始めた。この日、老中は諸大名・旗本等へ出仕を命じ、交渉次第では戦端が開かれるかもしれないとの状況を説明した上で、忠節を尽くすように命じた。老中はたとえ兵備が手薄で勝算がなくても死力を尽くして防戦する覚悟を求めたものの、とうていイギリス軍には対抗できない胸中も吐露していた（「文久三亥歳聞書」乾)。
帰府後の茂徳の動向について、三月十六日江戸発の書翰は次のように記していた(「見聞雑割」八)。

大納言様は日々登城され、帰りも遅くなり、三度の食事も定時に召し上げることもありません。十日には幕府の役人が屋敷を訪れ、用談をなさいました。夕食も深夜十二時頃になり、実にお疲れの様子だと拝察しました。側の者がさぞお疲れでしょうと申し上げたところ、「今朝より気分も晴れ、話をしてみれば気分も良くなり、せいせいした」とのお言葉でした。これはどのように判断したらよいのでしょうか。いろいろのご心労は外にはお見せにならず、家臣の気分を挫けさせてはならないと、わざと「せいせいした」とのお言葉を発せられたと推察します。しかしいずれにせよたいへんなご心労だと思います。城中では大声で利害を主張なされ、評判もよろしく有り難いことです。

茂徳は四月五日から隔日に登城していた。この翌六日にはイギリスとの外交交渉に当たるため、老中格小笠原長行《ながみち》(唐津藩世子)が京都から帰り(京都出立は三月二十五日)、茂徳や神奈川奉行ら交渉担当者と協議をおこなった(『大日本維新史料』文久三年四月六日条)。さらに十一日には、外交問題の処理を家茂から「委任」された水戸藩主徳川慶篤も帰府した(『水戸藩史料』下編、三一七頁、『東西紀聞』一、四五八－四六〇頁、「見聞雑割」八）。イギリスへの償金支払いを承認せず、また開港場の閉鎖交渉（鎖港問題）を幕府に要求していた朝廷も、四月十五日徳川慶篤に対して、関東守衛のために帰府し、「大樹目代」の立場で指揮するように命じた（『東西紀聞』一、三九八－三九九頁）。

家茂は慶篤に外交交渉を「委任」し、「曲直を明らかにし、名義を正し、国威が立つように取り計らうこと」を命じ、茂徳と小笠原長行ら在府老中と相談して処置することを指示した（四月十四日に小笠原が伝達する）（『水戸藩史料』下編、三一七頁）。将軍不在中の江戸における外交問題の処理は、「大樹目代」の立場の慶篤が茂徳と在府老中と協議しておこなう体制がつくられた。そして慶篤・茂徳とも、四月十二日以後隔日に登城することになった。

四月十九日、二十日の慶篤・茂徳・老中の会議で、二十二日から外交拒絶（鎖港）の交渉を外国と始めることが決定されたが、幕府役人や譜代大名の中には開戦を恐れて反対する者も多かった（『水戸藩史料』下編、三三〇－三三一、三三三－三三四頁）。しかし幕府は二十二日鎖港の交渉を開始するので開戦を覚悟するように達した。江戸市中は戦争を避けるために避難する人々で大混乱する状況になった。一方京都でも、朝廷は四月二十一日、五月十日をもって攘夷の期限とし、その成功を諸藩に命じた（『孝明天皇紀』第四、五八二頁）。家茂は四月二十日に攘夷期限の延期を奏聞したが、その奏聞書には家茂の帰府をしきりに願う留守老中などの強い希望のほか、「尾張大納言よりも同様のことを急飛脚で申し越している」という文言があった。

茂徳もまた家茂の帰府を強く望んでいた（「文久三亥歳聞書」坤）。

茂徳の再上京への経過

この時外交問題には二つの側面があった。イギリスへの償金支払問題と朝廷の勅命を奉じた攘夷（条約破棄と開港地閉鎖）の交渉であった。前者はイギリスとの関係であり、後者は条約締結国全体に関係する事柄であった。朝廷は償金支払いの拒絶、攘夷実行を幕府に迫っていた。しかし現実的には、イギリスとの償金支払い交渉は前年以来続いてきた難題であり、まずこの現実問題を解決してから鎖港交渉に及ぶのが道理に適うという意見が、在府の幕政指導者や帰府した小笠原長行の共通した認識になりつつあった。それだけイギリスの軍事的圧力は強いものになっていた。

四月二十八日、茂徳と慶篤は関白鷹司輔熙に宛てた連名の願書を作成した（五月五日奏聞）。そこには償金支払い問題と攘夷の交渉は別問題であり、まずイギリス人を殺害した責任を果たし、その補償をおこなったうえで、攘夷の交渉に入ることで在府指導者が決断し、これは将軍から外交処置を「委任」された慶篤による「臨機の取計」であるという内容だった。そしてこの決断の了承を鷹司に求めたのであった。この決断に至る一連の経過を朝廷と家茂ら在京指導者に説明するために、茂徳を上京させることになったという（「大日本維新史料稿本」文久三年四月二十八日条、『水戸藩史料』下編、三三二―三三九頁、「生麦殺傷一件」「続通信全覧　暴行門」

外務省外交史料館蔵)。

この茂徳の上京について、「生麦殺傷一件」(明治政府が編纂した生麦事件関係史料)の編者は次のように推測している。要約して示そう。

償金支払いの件について朝廷の反対に直面して、幕府の決断は遅れ、その間にもイギリス側は決着を幕府に強硬に求めた。この危機的な状況のなか、元外国奉行の水野忠徳《ただのり》はまず償金を支払い、その後鎖港の交渉に及ぶべきだと主張した。しかし幕議はこれを決断できなかった。茂徳は将軍が留守中に開戦となれば、江戸は焦土と化すことは明白であり、将軍の留守を預かる茂徳としてそれはできないと主張し、水野の意見に賛同した。これは「一時危難を避けるための一策」であったが、老中もこれに同意した。茂徳はこうした決定の経過と、幕初以来交際のあるオランダまでも外交拒絶することの是非を直接言上するために上京を決意した。

上京という茂徳の政治的判断は、慶篤や在府老中などとどのような了解があっての決断であったのかは、今一つはっきりしない。しかし、茂徳が上京して家茂と対面し、意見を上申する方針は前日の二十七日には決定しており、なるべく手軽に上京するようにとの書付が老中から茂徳へ与えられていた。しかし他方で、在江戸の会津藩士は茂徳の本当の意志ではなく、戦争を避けたい在府大名や幕府役人に腰を押されての決断だったと見ていた（「大日本維新史料稿本」文久三年五月三日条）。

茂徳の挫折

茂徳は、五月三日江戸を発し、中山道を京都に向かった。二十二日に京都に着く予定であった（『東西紀聞』一、五三七頁、「椋園時事録」九）。五月十日名古屋で出された触書（三日付）は、茂徳が上京して家茂と会い、上申することがあるとし、四月二十七日に上京が老中との協議で決定され、五月二日頃には江戸を出発するという内容であった（『東西紀聞』一、五三六―五三七頁、「文久三亥歳聞書」坤、「椋園時事録」九）。供は年寄石河光晃、用人佐藤弥平次、同横井孫右衛門で、通常よりも供連れは増員され、年寄列瀧川又左衛門及び寄合組一組、附属先手物頭三人組、大番頭石黒丹下、同石川内蔵丞及び大番組二組、附属先手物頭四人組、このほかに床机廻（茂徳の親衛の番士）五十人、大筒打方（人数不明）であった。大番組・寄合組の三組（およそ一五〇人）が従っており、相当の武力を備えての上京であった（「椋園時事録」九、同十）。彼らは三月十八日に戸山屋敷で閲兵を受けた、イギリスとの戦闘に備えた在江戸の部隊であった。

しかし、美濃国伏見宿で茂徳は上京を遮られ、病気を理由として名古屋城に帰ることを余儀なくされた。この背後には慶勝の上京制止があったとされるが（『改訂肥後藩国事史料』巻三、八〇六頁、『七年史』）、はっきりした制止の動きはわからない。茂徳の突然の帰城については、五月十七日藩内に触れられた（「椋園時事録」十）。それによれば、十二日に木曽福島の山村甚兵衛（木曽代官）宅に宿泊し、十五日には美濃大湫《おおくて》宿で泊まり夕食も食べたが、しばらく前からの眩暈《めまい》もあり、大湫では暑さで発熱したので、いったん名古屋に帰り、様子を見て上京するという内容だった（「大日本維新史料稿本」文久三年五月十八日条）。茂徳は十八日に帰城したが、茂徳の病気による帰城を報告する「茂徳家臣上申書」が朝廷へ出されたのは、同日のことであった。だとすると、十五日の大湫宿で慶勝と茂徳の両者の間で名古屋帰城の結論が出たかもしれない。

当時の江戸の幕府指導者の方針は確固たるものとは言えなかった。慶喜が鎖港交渉を委ねられて江戸に帰る（慶喜は四月二十二日京都発）という情報が江戸に届くと、幕議は一変し、五月八日の慶喜の帰府まで償金支払いを中止した。しかしこの翌日の五月九日、ついに小笠原は慶喜と協議することなく、「独断」でイギリスへ償金を支払うに至った（石井　一九六六）。その報告は、すぐ京都に届き、二十日には京都守護職松平容保と老中水野忠精が参内して、朝廷に謝罪し、将軍家茂自ら帰府して、小笠原らを処罰し、また慶喜と慶篤を京都に呼び、事情を聞き糺したうえで攘夷を実行するという方針を示して、将軍の帰府の許可を求めた（「文久三亥歳聞書」坤）。一方、小笠原は五月二十日、元外国奉行水野忠徳、外国奉行井上清直ら幕府開国派とともに、幕府歩兵・騎兵両組千人余を率いて軍艦で上京の途に就いた。しかし小笠原は入京を阻止され、関係者はその後処分されることになった（石井　一九六六）。

朝廷の償金支払いへの反対意見、攘夷の交渉への圧力、外交交渉を「委任」された慶篤の動き、小笠原や慶喜の帰府、水野を代表とする幕府役人の償金支払い論など、四月二十八日の茂徳・慶篤連名願書の前後の状勢はあまりに混沌としていた。京都と江戸の地理的距離による情報の伝達の遅延・混線も混乱に拍車をかけた。他方で、イギリスの強硬な圧力は日増しに強くなっていた。しかし江戸には最高決定権者の将軍が不在であったし、小笠原を含めて在府老中以下幕府役人は登城しないで、状勢を傍観する傾向も強まった。さらに茂徳や小笠原の兵力を率いての上京があった（両者の関係は不明）。こうした複雑な政治の動きとそこでの茂徳・慶勝の動向はさらに丁寧に検討されるべきだろう。

5　慶勝の帰国とその後

六月十七日、慶勝は参内し、天皇に謁見し、天盃を受け、また真太刀を拝領し、暇を賜った。孝明天皇は慶勝に書翰を与え、慶勝の誠忠を褒めるとともに、いっそうの忠誠を期待した（『三世紀事略』二六九頁）。帰国を許された慶勝は京都で周旋活動に尽力した側近への褒賞《ほうしょう》をおこなった。側用人田宮弥太郎を城代兼勤、用人生駒頼母（源次郎）を側用人・寺社奉行兼勤、在京用達役尾崎八右衛門を書院番格に任命し、また水野彦三郎・植松庄左衛門を永々徒格以上

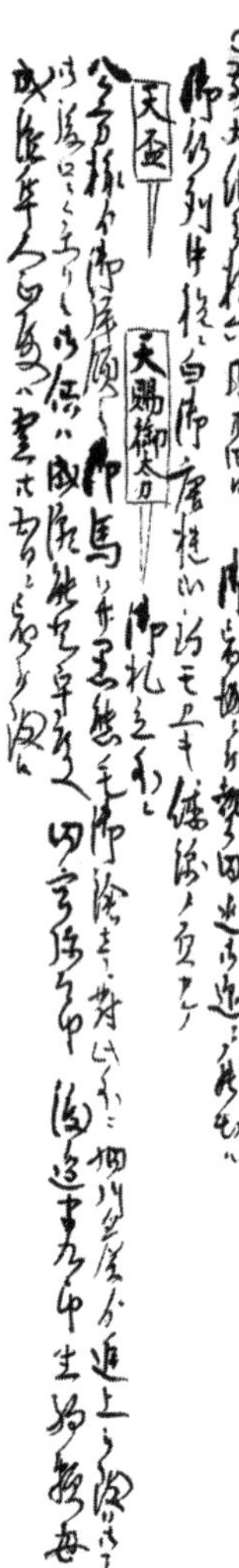

図5

の待遇とし、加増した。一方で、長谷川惣蔵を高須家当主の松平範次郎附とし、沢田庫之進を元千代小姓頭取に任じた。範次郎は満五歳、元千代は満六歳であり、慶勝のもっとも信頼する側近を彼らに付け、養育に当たらせようとした（「文久三亥歳聞書」坤）。

慶勝は年寄加判成瀬内記（能登守）、側用人田宮弥太郎、同生駒頼母、同渡辺半九郎を従え、六月二十一日京都を出立し、二十四日にようやく名古屋に帰ることができた。その行列には大和錦で覆った白の唐櫃二棹があり、そこには天盃と天賜の太刀が納められ、図5のような札が立てられていた。また将軍家茂から拝領の馬を引き黒熊毛の鎗を捧げていた（「文久三亥歳聞書」坤、「椋園時事録」十）。居所となる予定だった新御殿は建築中だったため、二の丸御殿に入った。京都滞在は半年に及ぶものとなった。

文久三年八月十八日、朝廷を自在に動かしてきた攘夷派の公家と長州藩などの後援勢力が、京都を追放されるという大事件が起きた。その直後に、慶勝は八月三十日再度入京する。他方、茂徳は九月十三日幕府から退隠を命じられた。名古屋城下も八月十八日政変前後、町人をも巻き込みながら不穏な状勢になっていた。こうした点については、いわゆる「金鉄連（組）」の実態とその性格とともに、今後検討したいと思う。

「文久三亥歳聞書　乾」表紙
名古屋市蓬左文庫蔵

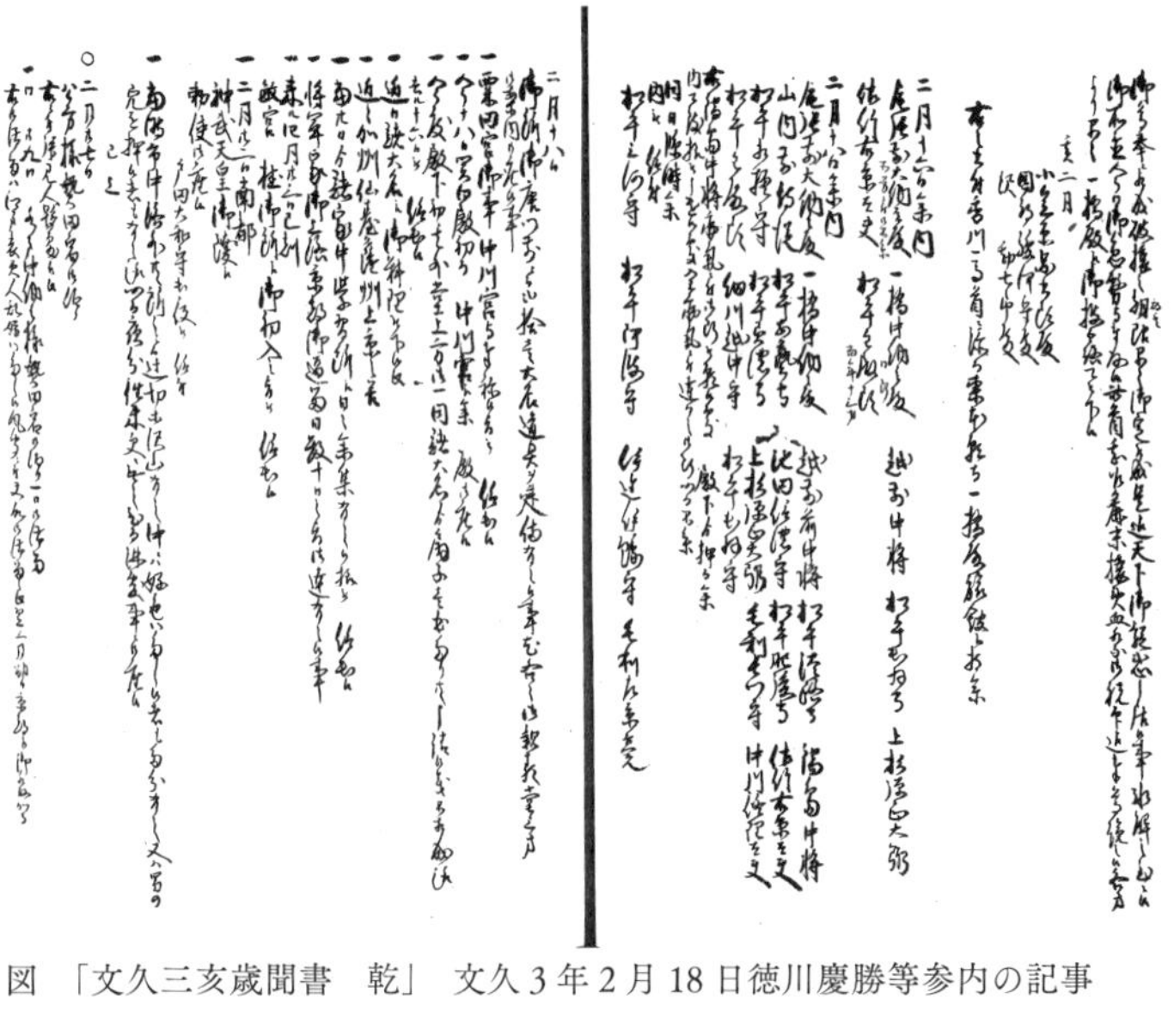

図　「文久三亥歳聞書　乾」　文久3年2月18日徳川慶勝等参内の記事

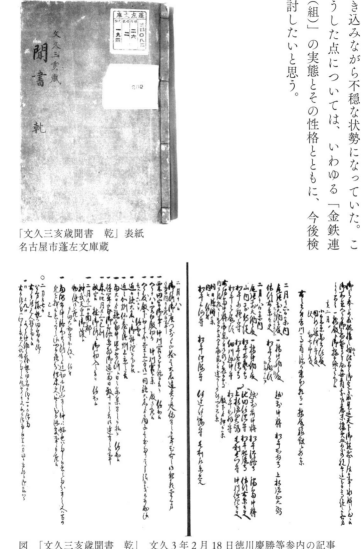

【コラム】茶屋新四郎の在京記録

鳥居和之

茶屋新四郎良与《ちゃやしんしろうよしくみ》

文久三年（一八六三）一月八日、前大納言徳川慶勝《よしかつ》は幕命により上洛し、六月二十一日まで滞京する。それにあわせて茶屋新四郎良与も一月六日に名古屋を発つ。茶屋家から名古屋市蓬左文庫に寄贈された「尾州茶屋文書」の中に「文久三癸亥年三月朔日ヨリ六月六日江戸帰着迄」のできごとを細かに書き留めた「在京記録」が残されていて、揺れ動く幕政の動きと慶勝のもとで奔走する茶屋良与の姿を見ることができる。

尾州茶屋家は、将軍家の御納戸御服師を務めた茶屋四郎次郎の分家で、代々茶屋新四郎と名のる。慶長十九年（一六一四）、徳川家康により尾張徳川家に附属され、藩主の御用を務めた。その役目は、藩主の御側に近侍し、御召服の用意、食事の取り持ち、藩主の使者を務めるなど、いわば藩主の世話係であった。

京都での慶勝の居所は、賀茂川に東面した近衛《このえ》家の別邸で、河原御殿《かわらごてん》と呼ばれる。ここに茶屋良与はほぼ日参し、話しの相手、取次、使者などの御用を務めた。「在京記録」の記事により良与の奔走ぶりを紹介しよう。

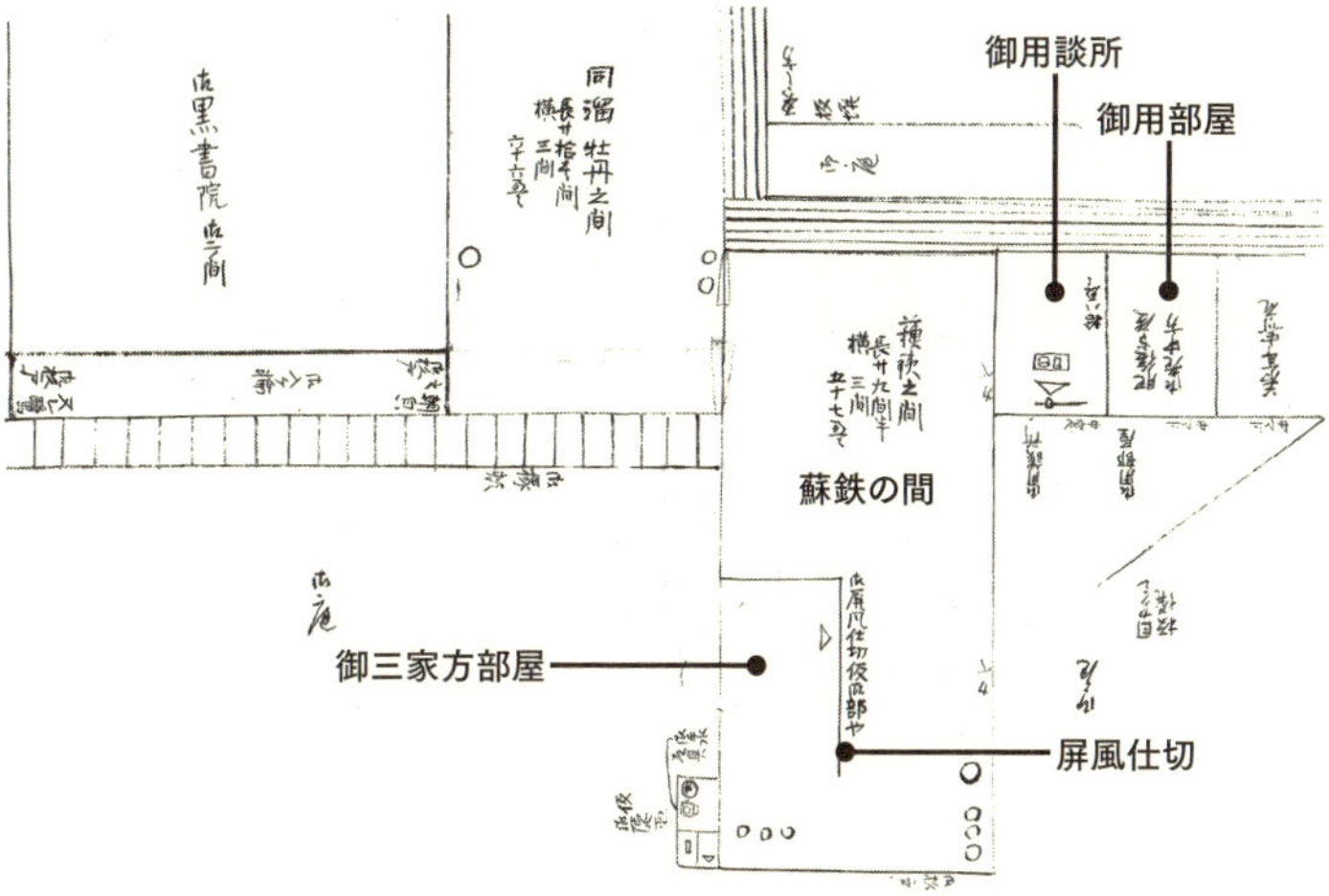

図１　二条城図面（出典：「在京記録」）名古屋市蓬左文庫蔵

二条城図面の入手

三月四日、将軍家茂《いえもち》は寅中刻《(午前四時)》に大津を早出し、辰の刻頃《(午前八時)》に二条城に着いた。この日から六月九日に海路江戸に出発するまで、二条城が政治の場になるのだが、家茂も慶勝も初めての京都であり、尾張家中の者も不案内であった。この日、良与が河原御殿に出勤すると、御城附《おしろつき》佐藤新助が二条城に不案内なため、登城のとき同道するよう伝えられた。

三月六日、良与は六つ半《(午前七時)》に家を出発、佐藤新助の旅宿まで迎えに行き、同道して二条城に着いた。東御門から入り唐門を通り、中ノ口より上がり、表坊主部屋の中を屏風で仕切った御城附控所に入った。次に部屋附坊主関久円《せききゅうえん》の案内で御三家方御部屋を確認した。この部屋は蘇鉄《そてつ》の間を屏風で間仕切って、御三家専用の控所にしていた。

三月二十六日、五つ半《（午前九時）》に河原御殿に参上すると、慶勝直々に次のような仰せがあった。先日、表坊主白石円察《えんさつ》が二条城の絵図面を持参したが、登城の節の承知のため今一度見たいので、円察に掛けあい借用せよ、もし他見をはばかるなら封をして届けよという内容で、あわせて老中との用談の席を確認せよとのことであった。早速、良与は二条城に出かけたが、あいにく円察不在のため、過日世話になった関久円に頼むと、久円は間取図に蘇鉄の間の屏風仕切りなどを記入し封をして渡し、そのまま慶勝手元に留め置いても構わないということであった。家で昼飯を済ませた良与が河原御殿に参上し絵図面（図1）を手渡すと、慶勝は大喜びして手元に留め置いた。いつものように薄茶と菓子をいただき、良与は八つ半《（午後三時）》に退出した。慶勝が絵図面を必要とした理由は間もなく判明する。

翌二十七日、絵図面の礼に、関久円に菓子でも下すべきかという慶勝の言葉を御小納戸《おこなんど》頭取に伝えると、いま適当な菓子がないため、金子で処理するのは如何かと相談があった。問題ないと答え、他用を済ませて帰宅すると、留守中に礼金三百疋（金三分）が届けられていた。二十八日、良与が久円の旅宿へ礼金を届けると、殿様に御礼を申し上げてほしいと依頼されたので、その足で河原御殿に参上し、久円からの御礼の言葉を伝え、その他いろいろ咄し、九つ過ぎ《（午後十二時）》に帰宅した。絵図面一枚の入手にずいぶん丁寧な対応である。

政治向補翼の要請

その後ひと月ほどして、この絵図面は四月二十六日条に折り畳んで括り付けられている。入手までの経緯をたどってみよう。

四月十九日、五つ半（午前九時）に河原御殿に参上すると、突然の上使があるかもしれないというので、衣裳を替えて戻ったが、上使は来なかった。翌二十日に予定していた登城は、慶勝頭痛のため取り止めになった。二十二日、良与は出殿したが、御多用のため慶勝御前に参らずに帰宅した。何かしら慶勝の身辺に異変が生じているようだ。

二十三日、良与は、慶勝が御所から政治向輔翼（将軍補佐）を要請されたが辞退したという話を聞き、その沙汰書（図2）を書き写している。おそらく十九日から二十二日までの慶勝の混乱は、この対応に苦慮したためであろう。同日七つ過ぎ（午後四時）、老中水野忠精《ただきよ》が河原御殿に参上すると知らせがあり、急ぎ駆けつけると、すでに忠精は奥に入って慶勝と用談中であった。忠精は表控席に戻って田宮如雲《じょううん》と用談した。忠精退散ののち、良与が御前に参上すると、慶勝はこの日三度目の御膳の最中であり、良与は御酒と御肴を頂戴し、帰りには土産の御酒まで頂戴した。慶勝の上機嫌さがうかがわれる。成瀬正肥《まさみつ》からは、今後老中が河原御殿に参上する節には、良与も出勤するように指示があった。どうやら水野忠精の用件は補翼の再要請にあり、それに対して慶勝がまんざらでもないと感じている様子がうか

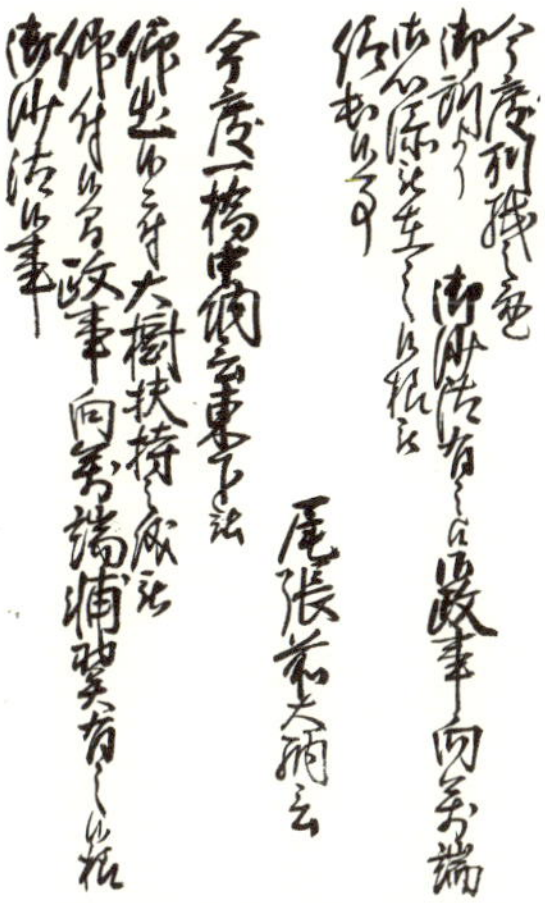

図2　沙汰書（初度）

がえる。

慶勝は二十四日の急ぎ登城の要請を断り、二十六日に登城する。この日良与は四つ半（午前十一時）に城に着き、御城附詰所に控えた。慶勝出発の知らせとともに玄関で待ち、慶勝に同道して蘇鉄の間に至る。慶勝は屏風で仕切られた御三家の仮部屋の前で撤剣、一旦着座したのち、会津藩主・松平容《かた》保《もり》や水野忠精のいる老中方御用部屋に行き、さらに隣の御用談所に移動して用談、部屋にはたばこ盆が用意されていた。登城の趣旨は、慶勝出京以来の務めに対する慰労と疲労回復の医師派遣であったというが、それは表向きの理由で、本題は補翼の要請であろう。

二条城退出後、慶勝は松平容保の旅宿（黒谷光明寺）に向かった。良与は帰宅し身支度を調え

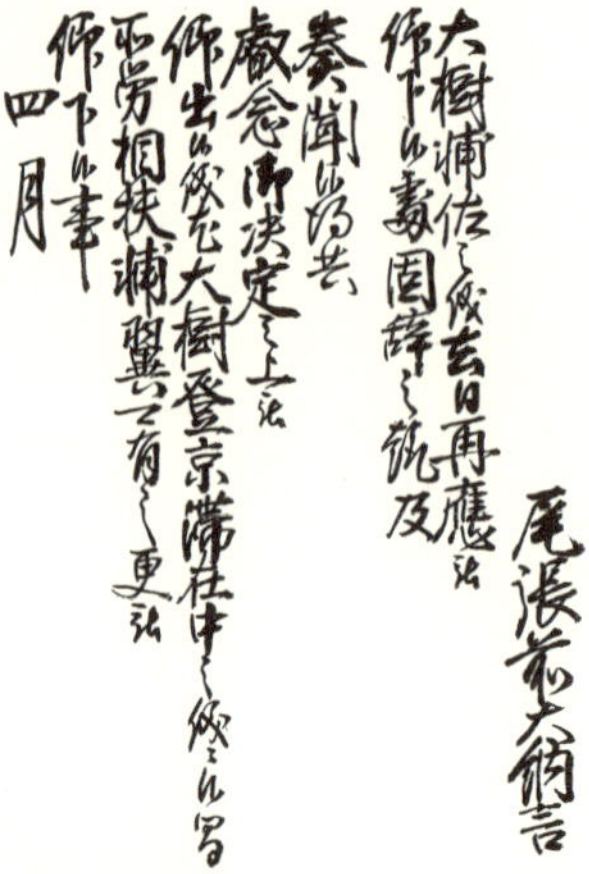
尾張前大納言
大樹補佐之儀去日再應被
仰下候處固辞之旨及
奏聞候處、
叡慮御決定之上被
仰出候處大樹登京滞在中之儀ニ候間
万端相扶補翼有之候様更被
仰下候事
四月

図3　沙汰書（三度目）

て参上、居間で容保にお目通りとなり、右席に座した慶勝の右脇から取り持ちを務めた。部屋附坊主の関久円、利倉善佐も取り持ちとして参上した。会津藩の家老・物頭が慶勝に対面し、尾張藩の年寄衆・物頭が容保に対面した。

二十六日の結果を受けてのことであろう、二十八日、慶勝は四つ（午前十時）前の登城、目的は御所からの政治向輔翼要請に対する御礼（受諾の報告）であった。慶勝は老中の御用部屋で老中・高家・町奉行・目付と用談、公務により幕府が用意した弁当

を食べ、お茶は御殿番坊主役が給仕した。実際にはこの要請は伝奏野宮宰相中将から二十七日にあり、二十八日公辺に届けられたという情報とともに、その文言を書き留めている（図3）。

ちなみに初度の要請は、「三世紀事略」（『名古屋叢書』第五巻）によれば四月十七日付けであったが届いたのは二十一日とし、小寺玉晁《こでらぎょくちょう》の「文久三年聞書」（蓬左文庫蔵）は二十二日とし一致しない。いずれにせよ慶勝が辞退したため、二十二日に再度の要請、二十八日に三度目の要請となる。良与の記録には再度の要請は記されていないが、経過はおおむね一致する。こうした経緯から考えると、良与が二条城の絵図面を書き写したのは、慶勝の二条登城が増えることを考慮したからと思われる。

突然の帰府

それからの良与の生活は一段と慌ただしくなった。慶勝の二条登城と幕閣の河原御殿来訪が増えたからである。ところがこの状況は突然終了を迎える。五月二十四日、妻の大病を知らせる手紙が江戸から届いたためである。良与は即座に慶勝御前に参上し、看病のいとまを願い出たところ、これまた即座に許可され、御召の黒紹《くろろ》羽織と越後縞縮《しまちぢみ》、金千匹を頂戴した。良与はその日のうちに大津まで進み、中山道を十四日間の旅程で、六月六日に無事江戸に着いた。

即日行動の迅速さもさることながら、仕事より家族の看病を優先させたことは、現代人の思考と比較すると、いささか驚きを感じるところである。ちなみに良与が三月に願い出た在京中の手当ては金二十両と決まり、六月十八日に江戸で受け取っている。

都ことば

以上のように、茶屋良与は見聞きした政治的情報を「在京記録」に書きとめ、その一方で仕事の合間に楽しんだ京都見物を「在京雑記」（「尾州茶屋文書」のうち）に記録した。その冒頭に「都ことば」があり、京都の言葉使いが普段使う言葉に言い直されていて、当時の言葉づかいを知るうえで大変興味深い。そして、この都ことばとほぼ同内容が徳川慶勝の覚書帳「大和歌」にも記されていて（藤田　二〇一五）、両者の密接な関係がうかがわれる。慶勝が側近くに控えていた良与にまとめさせたものかもしれない。

＊言葉の表示は五十音順に並べなおし、都ことば（普段使う言葉）の順に記した。ここで言う普段使う言葉は江戸の言葉と思われる。

アコ（ムコフノ事）
アノカミハ下駄サガシテイハルヨフナ（ウツムイテイルヨフナ高イ髪、江戸ノ女ヲ見テワルクチ）
雨アカリマシタ（雨の晴ル事）
アラソ（アサシラガノ事）
アヲタ（デンボウ）
アンジヨセイ（ウマクシナ）
アンナ事クサツテイル（アンナ事イカナイト云フ）
アンモヤ（モチヤ）
イキシナ（イキガケ）
イテキテヲクレ（イツテキテヲクレ）
イトサン（御屋敷言葉、女子）
イナシテシマヱ（ヤツテシマヱ）
イナリビカリ（イナビカリ）
イヤヱ、イヤ〱、イヤ、（イヤダ）
イラ〱云テヲイタニドモナラン（ハヤク〱ト云ヨフナ

ル事）
イラチ（セツカチ）
ウチカタ（女房）
カツコイ（カシコイ、利口ナ事）
カラスマ（烏丸）
ギ、（キバチ）
キニカ、テ〳〵（キニナツテ〳〵）
キビス（アシノカ、トノ事）
グヂ（アマダイ）
ケタイナトコジヤ（キタイナトコ）

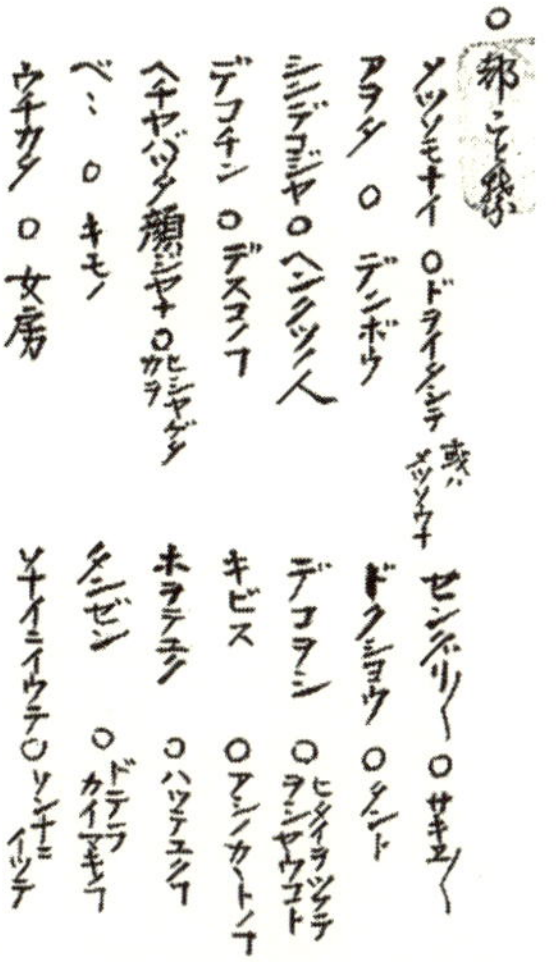

図4　京ことば（出典：「在京雑記」）

コウテユク（モノカツテユク）
ゴツイ（ヲ、チヤク、イタヅラ）
コフセンヒーク（ヲゴテモラウ事、或ハカスリヒク事）
ゴメンヤアス（ヨソノウチデ始テノ挨拶）
コリヤゴメンドウイタシマシタ（武家ノ帰リノ時先方ノ人へ挨拶）
サヨデスカ（サヨウデ御座リ升カ）
サヨナラヲソロ〳〵（他人ガ帰ル時、内ヨリノ挨拶）
松明《ショフメイ》（タイマツ）
シヨヤ（夜五時）
ジンキ（イトヲヨルシノマキ）
シンキクサイ（ヂレツタイ）
シンデコジヤ（ヘンクツノ人）
シンドイ（クタビレタル事）
スウー（酢）
スツハリトヨウナラン、スツクリトモ云フ（ドウモヨクナラン）
セングリ〳〵（サキヱ〳〵）

ソナイニイウテ（ソンナニイツテ）
ソナコトアリヤヘンガナ（ソンナ事ワナイ）
ソレミイナ（ソレミナ）
ダイブキマツテイマス（タイソウカタバツテイナサル）
只今イテサンジマシタ（内へ帰リテノ挨拶）
タンゼン（ドテラ、カイマキノ事）
タンナイ（ヨイ、不苦ト云事）
チカヅキニユク（女ヲハリニ行）
チツチヤイコ（チイサイコ）
チヤ〳〵（茶）
ヂヤラ〳〵シタ人（ヨクシヤベル人）
チヤンポラ（ウソツク）
チヨウチンモチ（タケボウカツグト云フ）
チリ〳〵イヒナハル（ムツカシイ事イヒナサル）
チントシテヲイヤレ（ジツトシテヲイデ）
テケスケ〳〵（チヨコ〳〵）
デケヱ（大キイ事）
デコチン（デスコノ事）
デコヲシ（ヒタイヲツケテヲシヤウコト）
テスリイリ（人形シバイ）
テツ（フグノ事）
テツダイ（日雇取ノ事）
テンゴヲ云テ（ジヨウダン云ツテ）
トウサン（御屋敷言葉、オトコノ子）
ドウラク（ゾンザイ）
ドクシヨウ（タント）
トフヘヱ（ハモコノ事）
ニーイチウ（二拾）
ニシウー（二朱）
ネキヱヨル（ソバヱヨル）
ネコガタマテイル（セナカヾフクレテイル）
ハシリ（ナカシノ事）
ハツ（マグロニ似タ物、カワノ厚キ身ノアカキモノ）
ヒガイ（箱根赤腹ニ似タ魚、近江ヨリ出ル）
ヒカル（シカル）
ヒドヲス（ワルクテイカナイ、ヒドウゴサイマス）

ヒナタブツクリ（ヒナタボツコノ事）
ヒヤーク（百）
フドンド（不動堂丁）
ブリゴ（イナダノ事）
ヘチヤバツタ顔ジヤナ（ヒシヤゲタカヲ）
ベヽ（キモノ）
ベンケイ（ヲタイコノ事）
ベンチヤラジヤ（如才ナイ人スギテイカヌ）
ホカシテシマヱ（ステヽシマヱ）
ホシコトナイ（ホシイ事ナイ）
ホツコリ（タイクツ）
骨ガアバレテイル（カラカミノ骨ガデヂゴヂコワレテイ事）
ボヤイテイル（小言云テイル）
ホヲテヤク（ハツテユク事）
町ノ下女（タケ長ヲ二本角ノ様ニウシロヱ出ス目印）
ムチヤ（ムヤミ）
メツソウモナイ、メツソウナ（ドヲイタシテ）
モツサリ（ヲモクロシイ事）
モテアガリ升（モツテアガル）
ヤクタイモナイ（ツマラナイ事イウ）
ヨソノ人サンガキシヤル（ヨソノ人ガクル）
夜ナカ（夜九時）
ヱロウヲソナナリマシタ（内デノ挨拶）
ヲイデヤアス（内デノ挨拶）
ヲカタライ（堂上方雇用人ノ事）
ヲカツキ（ヂウノ）
ヲカヘリヤアス（ヲカインナサイマシ）
ヲソナリマシタ（ウチヱヲソクナリマシタト云事）
ヲタアサン（ヲツカサン）
ヲデマシ（ワキヱユク事）
ヲテヱサン（ヲトツサン）
ヲテヲトメマシテヲヤカマシサンデゴザリマス（帰ノ挨拶）
ヲトツイ（ヲトヽイ）
ヲヒメサマ（ゾウリノダイ、ビロウドノヘリトリ目印）
ヲミア（足）
ヲヤスサン（カルキ処ノヲヤヂ）

幕臣の京都評

もうひとつ、茶屋良与が二条城で聞いた幕臣の世間話を紹介しよう。少し尾籠な内容が含まれるが、江戸者が気づいた京都の暮らしぶりを知ることができ面白い。会話の全文は左の通りで、京都の暮らしで合わない点が話題になっている。

要約すると、将軍の発駕（京都出発）は石清水行幸が済んでからだ。滞在が長引くのは困りますね。京都は湯殿も風呂桶もサイズが小さい。酒が甘ったるい。鮨にしまりがない。かば焼きは長焼きとか言って頭がついたまま焼いてあり気味悪い。海から遠いので魚が少ないかと思ったら、種類はあるがどれも不味い。鯛は旨いが、鰆《サワラ》には旨いものがない。婦人の髪型、とりわけ年配者の形はいただけない。新妻が帯の後ろに長く下げた姿は可愛らしくて良い。女の風俗が違う、丸で田舎モノだ。往来の角に埋けてある桶に男女とも立ち小便をするのは恐れ入る。総じて江戸に比べたら田舎さね。といった具合である。


御番衆之類か三四人ニ而、御廊下ニて噺し之様子。一ト通り時候挨拶済ンで。

〽于時ドウデゲス。　御発駕ハいつ比デ御座イマセウ。

〽石清水　行幸済之上デナク《無ク》ツチヤア分リヤスメイ。

〽御同前、長イニハ困リマスネ。

〽ナアニ土着之心得で、家内等ハ知行所杯江遣ハセトあれバ、江戸江参ツても同じ事、私ハ更ニ貪《（頓）》着ハ仕りマセン。

〽アナタノ様ナきつい事ヲ言ツて斗もいられマセン。

〽左様サ、コウ長クなるつもりジヤアないから、ダレデモ腹の中ジヤア同じ事サネ。ソウシテカラニ虫這入ヤ、何カゞ誠ニ不自由デ困リマス。

〽アナタノ御困リハ第一一件カネ。江戸デモさぞ御待カネデ入ラツシヤルダロウ。

〽ハ《ミナ》、、、、

〽イヤソレ《夫》斗リヂヤア御座イマセン。風呂ト云へバ、チイサナ桶デカラニ、湯殿ハせまし。

〽左様サ。私も此通カラダガ大キイカラ、湯殿ノセまいニヤア困りマス。第一酒がまずう御座イますね。

〽左様サ。なんダカあまつ《甘ツ》たるくつて、直ニあたまへきたりますニヤア困りマス。すべて喰物かまずいジヤア御座イませんか。

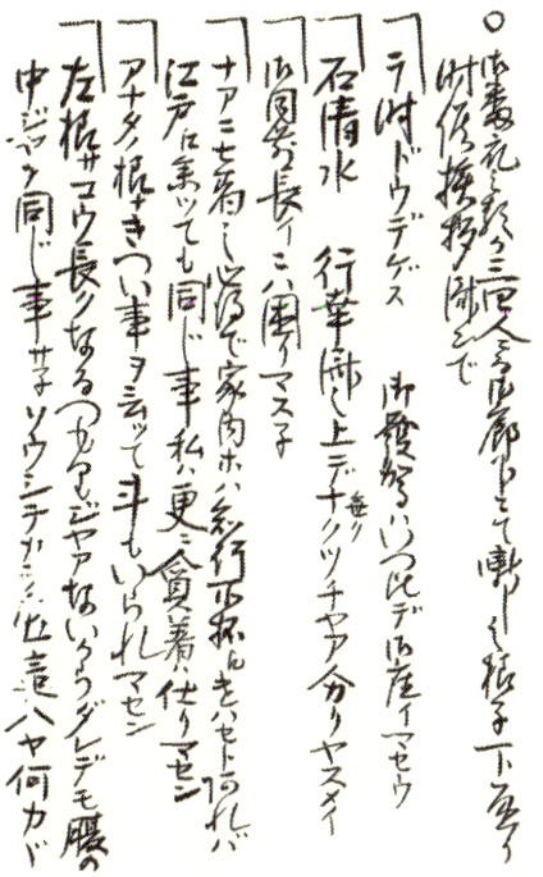

図5　幕臣の京都評（「出典：在京雑記」）

〽鮨ハドウデ御座イマス。〆《シマ》リガ御座イマセンネ。すしハもふ江戸ニ限りマスネ。かばやきノ長焼トヤラ、あたまの付イタまゝ焼て居る所を見チヤア、きみがわるいジヤア御座イマセンカ。

〽魚類ハ存外たんと有マスネへ。

〽其カワリニヤア、みんなまずい様で御座イマスネ。

〽其筈サネ。大坂や若州カラくる《来》んで御座イマスカラネ。

〽ソレデモ鯛なんぞにやア、随分うめえ《甘》のも有マスゼ。しかしさわら《(鰆)》ハうめへのを一ぺんも喰タ事が御座イマセン。

〽ソリヤアソウト、婦人ノあたまの曲ゲニヤ恐リマス。年まのあたまニヤア、橋ヲ見タヤウナモノガ有マスネ。

〽あのたぼの後ロノ方《江》長ク出タ所ヲ、見ヤウニヨルト、馬ノゑて吉《陰茎》の怒ツタ時のあたまの様ニも思へマネ《(ス)》ネ。ハ、、、、。

〽大そうわる《(悪)》くおつしゃるネ。私や新造の帯の後ロへ長く結び下げた所ガ、どふもかわいらしくつて、アドケナクツテ、よろしふ御座イマス。

〽ソレハソウ《左様》ダガネ。一躰の女の風俗ガ大ソウ違イマスネ。

〽左様サネ。江戸の女ヲ見たあげクニヤア、丸で田舎モノ、ヤウナものサネ。

〽左様々々。コナイダ《此間》モ見れバネ、往来の角々ニ桶がいけて有マセウ。ソコへ往来の者が小便ヲスルノい丶けれども、ヤツパリ《矢張》女が立小便ニヤア、恐ルジヤア御座イマセンカ。

〽丸デ田舎サネ。ソレダカラ京ニ田舎有トいふジヤア御座イマセンカ。

〽ハ、、、、ト大笑ひでみな〱分レ行。


さて、この会話を良与が漏れ聞いた時期はいつであろうか。将軍発駕を孝明天皇の石清水行幸以後と推測しているので、具体的な日程はまだ示されていない頃なのであろう。

文中で「滞在が長いには困ります」という発言は、当初から家茂の京都滞留は十日間で、五月十四日に京を発駕の予定だったからである。ところが御所の仰せにより延引、しばらく逗留することになる（延引一回目）。十六日、来る二十一日発駕、東海道を還御と決まり、十七日には御小姓たちが先に江戸に出発した。十九日、仰せにより再び発駕延引となった（二回目）。二十一日、来る二十三日発駕と決まったが、二十二日、将軍家茂が滞京する代わりに、関東御守衛のため一橋慶喜が江戸に下向することが決まり延引（三回目）、先発した御小姓たちを引き戻した（『徳川実紀』後編）。

一方、石清水行幸は三月二十七日に、来月四日の行幸に将軍供奉と発令されたが、早くも三十日には延引が決まった。四月九日、来る十一日行幸と決まり、予定通り執行されたが、将軍家茂は風邪のため供奉しなかった。

さて、良与の「在京記録」では行幸以前に良与が二条城に登城したのは、三月六日と二十六日だけである。六日は家茂上京の二日後であり、京都滞在が長いという表現に合わない。とすれば二十六日になる。すでに述べたが、この日良与は関久円に二条城の絵図面の写しを依頼している。おそらくその完成を待つ間に、興味深く聞き取った会話なのであろう。

以上のように、茶屋良与は徳川慶勝の世話係として、幕末の激動の一翼を担っていた。茶屋良与が見聞きした情報は、良与の役目に応じた制約があるが、幕末の変動の一面を如実に伝えている。他の記録と対照することにより、リアルな政治の動きを再現することができそうである。

第3章　慶応期の尾張藩――「青松葉事件」の背景

藤田英昭

1　「青松葉事件」の衝撃

事件のあらまし

この章では、「青松葉事件」へと至る慶応期の尾張藩の動向を取り扱う。この「青松葉事件」は、尾張藩政史上でとりわけ有名な事件である。名古屋の人はもちろんのこと、幕末維新史に関心のある人ならば、聞いたことがある事件の一つではないだろうか。名古屋出身の作家で、経済小説の開拓者として著名な城山三郎作の『冬の派閥』（新潮社、一九八二年）で知った人もいるであろうし、最近では、古典文学を中心に数々の作品を発表してきた奥山景布子氏による『葵の残葉』（文藝春秋、二〇一七年）を読んで知った人もいるかもしれない。『葵の残葉』は、第三十七回新田次郎文学賞を受賞したことでも話題となった。

この事件は、慶応四年（一八六八）正月二十日から二十五日にかけて断行された、尾張藩内の「佐幕派」粛清事件として知られている。名古屋市蓬左文庫所蔵「青松葉事件関係書」には、「戊辰年（慶応四年）、尾州藩士、勤王と佐幕の二つに分る、これに依り佐幕の論主張の者を罰して、勤王一方となる」（原文はカタカナ交じりだが、平仮名とし書き下した箇所もある。以下同じ）と端的に説明されている。

すなわち、慶応四年正月、年寄列の渡辺新左衛門・大番頭榊原勘解由《かげゆ》・同格石川内蔵允《くらのじょう》らは、従来「不正の志」を抱いていたが、鳥羽・伏見の戦いが勃発したことを受けて、徳川方（旧幕府軍）が勝利し、京都方（新政府軍）が敗走したと広く言いふらしたという。そして、同志と密議したうえで、十一歳の十六代藩主徳川義宜《よしのり》を擁立して、関東に下り徳川宗家《そうけ》を救援しようと一藩を煽動していったとされる。

この時、尾張藩の実質的な指導者であった隠居の徳川慶勝（義宜の父、十四代藩主）は、「勤王派」の家臣とともに京都にあり、国許を留守にしていた。義宜は、留守をあずかる重役たちと相談して、正月七日に藩士を城中に集め、自ら書を下して軽挙妄動を説諭したという。すなわち、「慶勝公は上京して、新政府と徳川家との間に立ち日夜尽力していたが、ついに戦争が始まってしまった。しかし、なおも両者の間に立ち、飽くまでも周旋しようとしている。しかし、藩士らが大義のあるところを知らず、方向を誤り動揺すれば、かえって宗家の不利となる。そのことをよく考慮するように」と。

この説諭に新左衛門らは表面上は従うものの、内心は服せず、ますます反逆の企てを進めていった。これを危惧した国許からは、藩士が京都に遣わされ、尾張の状況が慶勝に伝わった。国許の状況を憂えた慶勝は、付家老の成瀬正肥《まさみつ》らと謀って、その事実を内々に奏聞したという。これを受けた朝廷は、東帰した徳川慶喜が西上する可能性も考慮し、尾張国が東海道・東山道の要衝にあることから、尾張藩内の警備の必要性を認めた。さらに「姦徒」の処罰を命じるとともに、近隣諸藩に勤王を誘引するよう示唆したのである。

朝命を受けた慶勝は、即日京都を発って名古屋に帰り、渡辺新左衛門ら十四名に「自尽」を命じ、その他罪の軽重により禄を減じたり、蟄居・隠居を命じたりした。その数三十四名にも及んだ。事件によって、尾張藩の藩論は「勤王」へと統一され、その後、藩士を近隣諸藩・旗本領に派遣して、東海・中部方面を「勤王」一色に染め上げる活動を展開していくことになる。

以上が、「三世紀事略」(『名古屋叢書』第五巻、三五六―三五七頁)という幕末維新期の尾張藩の事績書をもとにまとめた粛清事件の概要である。この事件は、処罰された渡辺新左衛門の異名を取って、明治以降「青松葉事件」と称されるようになった。

事件の性格

この事件は、藩士たちに衝撃を与えた。「御家立ち始まり大変の御事に御座候、哀れむべきかな、惜しむべき人にや」(堀貞順「密日誌」)とあるように、立藩以来の大惨事と認識され、粛清された人々を惜しむ声も少なくなかった。罪状が不明なままに処罰された者もいたためか、藩士たちの間に釈然としない思いも残ったようである。郷土史家の水谷盛光は、明治・大正・昭和へと続く事件の余波や、処罰者の遺族たちの動向などを追跡した書籍を、昭和四十六年（一九七一）に『尾張徳川家明治維新内紛秘史考説』として上梓したが、刊行に当たっては、「先輩諸賢から深入りするでないとか、発刊すべきでないとか、ご忠告をいただいた」（同書）という。それだけ、旧藩士や遺族たちに与えた傷は深く、事件はタブー視されていた。

図1　金銕紀聞 惟尾美代葵松葉（表紙）徳川林政史研究所蔵

その一方、一般庶民の関心は必ずしも低くはなく、明治以降、事件を題材にした小説（例えば『金銕紀聞《きんてつきぶん》　惟尾美代葵松葉《これをみよあふひにまつのは》』がある）が登場するとともに、小説をもとにした芝居が各地で上演されるなどして、話題となった（図1）。

ただし、事件に関わる一次史料が残存しないこともあり、水谷氏以降、研究レベルで新たな論点を見出すことが難しいのが実際のところである。とはいえ、青松葉事件が尾張藩幕末維新史の画期となったことは疑いなく、幕末以来の藩内分裂・対立の「歴史的決算」だという評価もある（岸野　二〇〇三）。首肯できる指摘である。

よく知られているように、幕末尾張藩の動向は、十四代慶勝を支持する尊攘派（勤王派）とそれに反発する年寄・門閥層との対立・確執の軌跡でもあった。年寄・門閥層は、十五代茂徳《もちなが》を擁立して慶勝支持派に対抗した。茂徳擁立派は、概して佐幕的傾向が強いと見なされていた。「三世紀事略」などの編纂物によれば、青松葉事件の加害者は、慶勝とその家臣たちである。被害者には、茂徳を支持した元御側御用人の武野新右衛門、元御用人の成瀬加兵衛や、後述するように、大坂滞在中の茂徳の側に仕えた元御側用人の横井孫右衛門・澤井小左衛門・横井右近らも含まれていた。それゆえ、政敵処罰の意味合いは濃厚であった。被害者のなかにはすでに隠居し、差控・逼塞などの処分を受けていた者もあった。それにもかかわらず、過去の経歴を問題視され、追罰を受けるかのように、朝命をもって死罪に処せられたのである。それだけ対立が根深かったということなのか。

注目は慶応期の藩内事情

本章では、この青松葉事件へと至る慶応期の藩内事情に注目したい。とくに年寄・門閥層が支持した茂徳をめぐる藩内の動向や、茂徳の政治的立場などに言及していく。なぜ、立藩以来の大惨事が引き起こされたのか。その背景を踏まえることで、事件の持つ意味も自ずから明らかになってくるであろう。

その際には、慶応二、三年に登場してくる藩内の新興勢力にも注目したい。藩校明倫堂の首脳部たちである。尾張藩は、万石以上の大身家臣を擁していたことから、歴史的にみて、両家年寄（成瀬・竹腰、付家老ともいう）や万石以上の年寄層が、藩政において大きな影響力を保持していた。慶勝の藩主時代も、自身の意思を藩に反映させるために、彼らを無視するわけにはいかず、藩主であっても両家年寄らへの配慮を欠くことはなかった（藤田　二〇一六a）。こうしたなか、なぜ明倫堂の関係者が台頭してくるのであろうか。そもそも青松葉事件やその後の勤王誘引活動は、明倫堂の関係者が深く関与していたのである。この事実を無視するわけにはいかない。

それではまず、反慶勝派の年寄・門閥層が擁立した徳川茂徳が、慶応元年に復権し、藩や中央政局に存在感を放っていく具体的様相から見ていくことにしよう。

2　徳川茂徳の前歴とその復権

文久三年（一八六三）九月に藩主を退いた徳川茂徳（号は玄同）に、転機が訪れたのは慶応元年（一八六五）のことであった。禁門の変で朝敵となった長州藩を追討するため、十四代将軍徳川家茂自ら進発することに決した幕府は、同年四月十二日、その先手総督に茂徳を指名したのである。

慶勝・茂徳兄弟

その茂徳とは、どのような人物なのか。経歴を振り返ってみよう。

茂徳は、天保二年（一八三一）生まれで慶勝の実弟、尾張藩の分家美濃国高須藩十一代藩主であった。慶勝との年の差は七歳である。幕末京都で一会桑《いちかいそう》勢力の一翼を担った会津藩主の松平容保《かたもり》と桑名藩主の松平定敬《さだあき》は、彼らの弟たちである。安政五年（一八五八）七月五日、茂徳は十五代尾張藩主となる。兄慶勝は、御三家当主として、幕府を補翼することを自己の責任と強く意識し、嘉永・安政期にかけては、対外問題で弱腰の幕府を頻りに鼓舞・批判していったのだが、それがかえって災いして水戸の徳川斉昭らとともに幕府から処罰され、隠居・謹慎の身となった。その跡を継いだのが茂徳であった。

安政五年といえば、彦根藩主の大老井伊直弼《なおすけ》が幕政の中心にあり、藩主となった茂徳も、その影響下で藩政を運営していった。先代慶勝のように、自分の考えを前面に押し立て、リーダーシップを発揮しようとするのではなく、何事も両家年寄や門閥層に相談して、彼らの意向を尊重した藩政を敷いていったことで知られている。茂徳の藩政を主導したのは、基本的に付家老の竹腰正諟《まさあと》（正富）であり、その背後には幕閣、すなわち井伊大老が君臨していた。

桜田門外における井伊の横死後、その体制は瓦解する。それまで退けられていた慶勝とその側近たちの謹慎が解除され、文久の幕政改革と連動して、慶勝を支持する家臣たちが藩政に返り咲いた。一方で、竹腰以下、茂徳を擁立していた御側御用人の武野新右衛門ら、井伊と通じていた面々が罷免されていった。茂徳はこれまでの藩政運営を反省し、先代慶勝の主意に基づき、追々政治を改めていくことを藩士たちに告諭した（藤田　二〇〇六）。

ただし、慶勝と茂徳とは、もともと時勢に対する考えが異なっており、共存・両立することは難しかったと言わねばならない。

例えば参勤交代制に対して、慶勝は、各地の沿岸警備の必要などから、嘉永期からその見直しを提唱し、文久改革を支持する立場にあったが、茂徳は、参勤交代制の緩和を含む文久改革に批判的な儒者を厚遇し、改革に積極的ではなかった。また、公武一和や将軍上洛についても、徳川家の武運回復のために、将軍が江戸を離れて京都へ遷座する必要性を説き（『小笠原壱岐守長行』一四四－一四八頁）、将軍が上洛して長期滞京することで、公武一和の実があがると見なしていた慶勝に対し、茂徳は、和宮《かずのみや》降嫁によって公武一和が実現したと見て、以後、天下の政治に朝廷は関係なく、幕府に委任すべきだと主張していたのである（『愛知県史』資料編21、八五九－八六〇頁）。対外問題についても、慶勝が攘夷・強硬論を主張していたのに対し、茂徳は「開港之論」に理解を示し、「恩・威・信」の三つを全うして、条約を締結した以上は、破約しないようにすべきだと現実的な対応をみせていた。むしろ、勝算なく「妄戦」を始めては、天皇の遷座などの「大不敬」を引き起こしかねないと危惧していた（同上）。

このように藩主茂徳と先代慶勝との間で、藩の最高意思が分裂している以上、藩内が一枚岩になることは難しかったといわねばならない。もっとも、文久年間は尊王攘夷の全盛期であり、尾張藩でも慶勝とその側近たちの影響力が強かった。藩主とはいえ、茂徳の意思は貫徹せず、結局、文久三年九月に茂徳は隠居し、十六代藩主には元千代（義宜、慶勝三男）が就き、実父慶勝がその後見役となった。

風説書は語る

もともと茂徳は酒量が多く、藩士たちも手を焼くことがしばしばであったが（藤田　二〇〇六）、鬱屈した気分を晴らすためめか、隠居中も酒は手放せなかったようである。元治元年（一八六四）九月の越前藩風説書によると「玄同様（茂徳のこと）……狂気同様にて、酒も一日に弐升五合余も召し上がられ、度々あやまち等も出来候」（松平文庫「風説書」）というありさまであった。ストレス解消と現実逃避のため、浴びるように酒を飲む毎日だったのであろうか。なお、越前藩の風説書は、その茂徳の治世について、これまで知られていなかった興味深い内容も伝えている。

玄同様、至ての陽気の御方にて、其の御代は御城下も何分賑やかに致し候様仰せ出され、則ち町御役を始め繁栄方と申す御役名出来、御役人中も夫々《それぞれ》掛り仰せ付けられ、芝居抔は御含みこれ有り、都より能き役者呼び寄せ興行これ有り、其の余夜店又は呑や、其の上新たに遊女町迄出来候処、当春（元治元年）より芝居等も休み、其の外見物もの迄相止み、御城下琴・三味線等ハ、芸方之分は静に仕り候様との事の由

酒好きの茂徳は、賑やかなことが大好きな性分だったようである。芝居興行や音曲を奨励するなど、あたかも七代藩主宗春の治世下を彷彿とさせはしないか。「繁栄方」という役名など、その実態は不明であるものの、茂徳治世下の名古屋城下の再検討を示唆する興味深い風説といえよう。

実際、茂徳治世下の安政年間には、大須観音境内の北側に「北野新地」という繁華街が新たに造成された（名古屋市博物館　二〇一二）。「安政年間大須新地遊廓之図」（図2）によれば、笹屋荘兵衛という者が「国主之許可」を得て開いたという。この町には芸人・役者だけではなく、遊女も住んでいた様子がうかがわれる。こうした政策が、茂徳本人の意思なのか、あるい

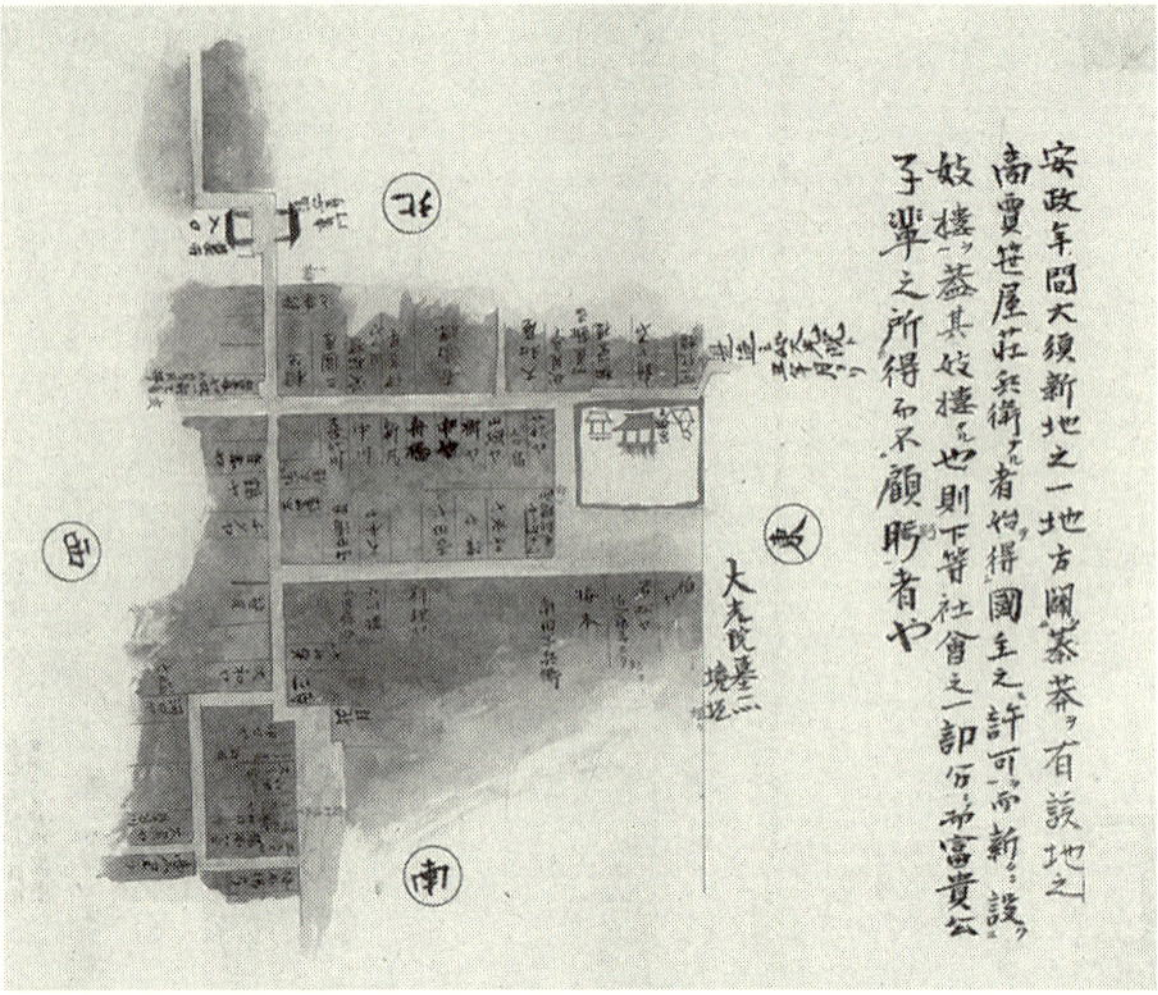

図2　安政年間大須新地遊廓之図　名古屋市鶴舞中央図書館蔵

は竹腰の意向を踏まえたものなのか、検討すべき問題もあるが、茂徳藩政の城下町政策として掘り下げてもよい問題だと思われる。

一方、慶勝は、どちらかといえば自分の世界に沈潜していくタイプで（写真撮影・現像や昆虫標本、押し花など〔図3〕）、芝居好きな点は共通していたが、茂徳のように飲めや歌えの酒宴は好まなかった。そのため、文久三年の茂徳の隠退と慶勝の藩政掌握を機に、城下の芝居興行は中止され、芸能は鳴りを潜めたようだ。両者は性格や嗜好も異なっていたのである。

もっとも、慶勝自身も茂徳との意見相違や、藩内での派閥対立なども影響してか、精神的なダメージを負っていたことも否定できない。

先にみた越前藩の風説書によると、元治元年の禁門の変で朝敵となった長州を征討するため、慶勝を総督に任命したものの（第一次長州戦争）、動きが見られない理由を慶勝の「御不例」に求めている。「右御容体の義は、御父子間の

図3　昆虫標本「群蟲真景図」　徳川林政史研究所蔵

義に付、近年御心配在らせられ候処、当時に障らせられ候故や、鶴乱《かくらん》の御症にて、初中程は容易ならざる御容体にて御絶食御同様の日もこれ有り、御実病相違これ無き趣」であったという。「御父子間」とあるが、ここでは、慶勝―義宜間ではなく、慶勝―茂徳間を指すものと考えたい。どちらかといえば、もともと気が短い性格な上に、年齢を重ねたこともあって、一層癇癪持ちとなっていた慶勝は（元治元年当時数え四十一歳、以下数え年。藤田　二〇一七a）、兄弟間の確執から相当な鬱憤がたまっていたものと想定される。その影響で、腹痛や煩悶なども伴った霍乱《かくらん》の症状に陥っていた。

第一次征長の際、幕府に全権委任を求めて総督就任を受けつつも、最少の犠牲をもって早期に兵を撤した背景としては、将軍進発の不履行（将軍上洛を実現させたうえで、幕閣を入れ替え幕政を正すことが不可能となった）や戦争の長期化による国内の疲弊回避、異国船への警戒などが指摘されるが（久住　二〇〇五）、自身の体調不良も長期の滞陣を許さなかったのではないか[1]。

その慶勝の苦労を無にするかのように、幕府は第一次長州征討の成果を反故にして、再征を推進していくこととなる。その先鋒総督に任命されたのが、慶勝とは政治路線と性行を異にしていた茂徳なのであった。

茂徳復権の危機感

このような幕府の動向に対し、慶勝とその家臣たちは敏感に反応した（藤田　二〇〇三）。そもそも、第一次征長に出兵したことで尾張藩の財政は逼迫しており、大規模な軍勢を率いた再出兵は難しい状況にあった。しかも、茂徳を再出仕させての動員となると、茂徳を支持する門閥派の台頭も促しかねない。実際に、第一次征長で慶勝が国許を留守にしている間、かつて慶勝によって永慎を命じられていた年寄加判の成瀬豊前守の慎が、茂徳によって免じられ、年寄列に復するという事態が生じていたのである（『越前藩幕末維新公用日記』一一〇‐一一一頁）。慶勝派にとっては、「玄同公（茂徳）、是非共御惣督御勤め相成り候ては、忽《たちま》ち御国内瓦解、水府の覆轍は目前」（「慶応元年書翰集」）とあるように、茂徳が先鋒総督に就任することは、天狗党と諸生党、さらには天狗党内の鎮派と激派とが抗争を繰り広げる水戸藩の二の舞になると想定されていた。御三家の二藩が泥沼の藩内抗争を展開すれば、征長に向かおうとする徳川の両翼が削がれてしまうことは疑いなかった。

そのうえ、慶勝派が心配したのは、付家老成瀬正肥に対する幕府の対応であった。成瀬は、第一次征長の際、慶勝のもとで早期撤兵を進めた中心人物の一人であった。そのため、第一次征長の成果を無効にしようとする幕府にとっては、否定すべき対象となった。東海道を進む将軍家茂は、名古屋城に立ち寄ることとなっており、その際、尾張藩の年寄は将軍に御目見することが先例となっていた（成瀬家の場合は独礼での御目見）。しかし、幕府は成瀬の将軍謁見を許可しなかった。このことが、慶勝とその一派をさらに刺激したのである。

慶勝は、実弟の京都守護職・松平容保に周旋を依頼し、容保も尾張藩内の複雑な事情を察して、成瀬の御目見を許可するようにと進発御供の老中に促すものの（『七年史』下巻、八一－八二頁）、閏五月十一日に家茂が名古屋に着城した際、成瀬の御目見は実現しなかった。成瀬自身が御目見を遠慮し、引き籠もりにかかったのである。

一方、茂徳の再出仕を進めたい幕府としても、尾張藩からの強い反発を受けて、軌道修正を余儀なくされ、茂徳の先手総督就任を再検討する必要に迫られていった。老中本庄宗秀《むねひで》（図４）は、慶応元年五月頃より、茂徳の総督就任に伴う藩内へ

図４　本庄宗秀肖像　大頂寺蔵

の反作用を慶勝から聞かされていた。そのため、尾張藩年寄加判の渡辺半九郎（同年十一月に諸大夫成し対馬守となる）に対して、「両君の間柄、万一釁隙《きんげき》（すき間）等相生じ、国内人心惑乱に及び候ては、却って公辺御為にも相成り申さず」（「慶応元年書翰集」）と、事態を冷静に観察した懇諭を下している。

茂徳も、藩の財政逼迫の折柄、大規模な軍勢を率いる先手総督に就任するより、軽隊を率いた従軍を希望していた。慶勝派から、先手総督就任は批判されるものの、従軍そのものへの批判はなかったことによろう。実際、五月十三日には、先手総督には紀州藩主徳川茂承《もちつぐ》が任命され、茂徳に対しては、家茂が名古屋城に到着した閏五月十三日に上京が命じられて、時宜により従軍することが示唆されたのであった（『幕府征長記録』二八七頁）。

閏五月十六日、茂徳は京都へ向け名古屋を出立した（二十二日に諱を茂栄《もちはる》に改めるが、煩雑なため茂徳と表記する）。年寄間宮外記、御用人の阿部石見・小笠原三九郎・中西新之助とともに御目見の輩七十人らが御供に従った。その後、茂徳は六月二日に大坂に下向、十三日に征長軍の旗本後備を心得るようにと家茂から命じられ、征長軍の一角を占めるに到る。二十二日には茂徳からの依頼によって、城代大道寺《だいどうじ》主水、御用人横井右近、同横井孫右衛門が大坂に向け名古屋を発足した。八月に入ると、大番組を率いた大番頭の榊原勘解由隊、同じく玉置小太郎隊、寄合組を率いた年寄列渡辺新左衛門の部隊が、茂徳の指示によって名古屋から大坂に向かった（「葎之滴見聞雑割」十六）。

藩内を掌握する慶勝

ところで、京坂方面に茂徳一派が進出する一方で、尾張国内においては、依然として慶勝が掌握する体制が敷かれていたことは留意すべき点である。茂徳の再出仕によって、反慶勝派の付家老竹腰正諟、元年寄加判鈴木丹後守、元御側御用人武野新右衛門の復権が、慶勝支持層の間で危惧されていたのだが、上京した茂徳が一橋慶喜や松平容保にその旨を働きかけても、そうなっては折り合いが付かないと見た両名によって、握りつぶされたのである。すなわち、慶勝が茂徳に先んじて、慶喜と弟の容保・定敬へ宛てて竹腰の再勤を防ぐようにと願書を寄せていたことが奏功したのであった。一会桑だけではなく、幕閣も竹腰こそ尾張藩政を混乱に陥れる元凶だと見なしており、竹腰の復権で尾張藩が混乱しては、幕府を死地に追いやりかねないとして、その復権はあり得ないと茂徳を説得したのである（「慶応元年書翰集」）。

幕府は、成瀬の将軍謁見を否定し、慶勝派に対しては第一次征長に対する「罰」を与え、第二次征長に当たって茂徳を優遇したものの、国許では慶勝派が掌握する体制を堅持させ、慶勝のメンツも立てたのである。

茂徳に従った城代大道寺主水、御用人横井右近、同横井孫右衛門は、幕閣の人事異動と連動するかのように、慶応元年十月に御役御免となり、差控に処せられた。そして、翌二年二月には、三名とも「御国事の儀に付ても容易ならざる次第」（「葎之滴見聞雑割」十七）ありとして、隠居・逼塞に処せられるのである。彼らはこの時点で処罰を受けながらも、慶応四年正月の「青松葉」にて追罰に処せられたのであった（両横井は斬首）。大番頭榊原勘解由と年寄列渡辺新左衛門の両名が、「青松葉」の露と消えたのも、本章の1で見たとおりである。

ところで、慶応元年といえば、多くの藩で反動化が進み、尊王攘夷派の弾圧が徹底したことで知られている（宮地　二〇一二）。土佐藩では文久三年八月十八日の政変後から弾圧が繰り広げられていたが、この年勤王党の武市半平太が切腹に処せられ、攘夷派への弾圧は頂点に達した。第一次征長の際、三条実美ら五卿の太宰府移転に尽力した筑前藩でも、慶応元年十月に尊攘派への弾圧が展開した。水戸藩では、天狗党筑波勢が横浜鎖港の実現を目指して西上するも、幕府軍に追討され加賀藩に降伏、結局三五二名が、幕府によって斬首されている。

こうした諸藩の内情を見るとき、尾張藩では幕府・一会桑の巧みな処置も手伝って、慶勝派（尊攘派）・茂徳派（門閥派）双方が、痛み分けで事を収め、大規模な抗争・混乱を未然に防ぐことができたという評価もできる。幕府は同じ御三家でありながら、幕府に逆らう水戸攘夷派への弾圧は徹底し、幕府の威光を全国に示そうとしながら（そのため羽翼の一つを削ぐことにもなった）、尾張藩は「水府の覆轍」を踏ませることなく、諸勢力のバランスを重視して、犠牲者を出さないようにと努めたのであった。長州再征に向け、幕府の両翼を切り捨てることは、自殺行為にほかならなかったからである。

3　徳川茂徳の政治的立場

一会桑とは疎遠

慶応元年（一八六五）閏五月二十二日、参内した将軍家茂に対して、孝明天皇から勅語が発せられた。それには、将軍が大坂に滞在し、長州処置の方策について、評議のうえ公平至当のところを言上するようにとあり、これにあたっては茂徳以下一会桑へも相談するようにと示されていた。実際に六月三日、茂徳は将軍が滞在する大坂城へと日々登城し、御用部屋に入り長州問題の評議に与ることとなる（篠崎　二〇一八）。

ここで、茂徳と一会桑、すなわち一橋慶喜、松平容保、同定敬との関係を検討しよう。有力諸侯を京都から排除し、朝廷と幕府との直接結合の中に、幕府の生き残る道を見出していた一会桑は、文久・元治期から将軍上洛を強く要望していた。長州再征を標榜した幕閣に疑念を抱き、将軍の出陣は必ずしも望んでおらず、あくまでも第一次征長後の長州処分実施のための将軍上洛を想定していた一会桑であったが、将軍が京坂に長期滞在すること自体は、否定するものではなかった（久住　二〇〇五）。

こうした一会桑にとって、茂徳は同志たり得たのであろうか。茂徳と慶喜とは又従兄弟（はとこ）の関係にあり、ともに水戸の血筋、容保・定敬は茂徳の実弟である。だが、同志とはいえない間柄であったといわねばならない。

桑名藩士の高野一郎右衛門によれば、茂徳は「閣老の先掛」で、朝廷からの請けも良くないという。そして、「会桑侯も御同継には候得共、老公様（慶勝）と違ひ御心中計りがたくと、御内実御疎外の趣」（「慶応元年書翰集」）であったとされる。幕府の要請で登用された茂徳は、幕閣の手先といった評価なのであった。在野の有識者も「進発に玄同（茂徳）同行せしは、一橋幽閉せんが為なり」（『「夜明け前」の世界の歴史学的解明』一〇六頁）と鋭く看破しており、茂徳を慶喜に対する対抗馬と位置づけていた。幕府内も決して一枚岩ではなく、朝廷との協調を重視する一会桑と、朝廷の意向を無視して幕府の伝統的権威の復権を企図する幕閣とでは、考えが異なっており、茂徳は幕閣と連携していると見られていたのである。

朝廷からの評価に関しては、一会桑と協調する朝廷の実力者朝彦《あさひこ》親王が、参内した茂徳を見て「玄同ソボウ、此後のガイ（害）に相成るべき」（『朝彦親王日記』一、二八六頁）と評していたことが参考となる。朝廷と頻繁に接触してきた一会桑とくらべ、御所内での所作に疎い茂徳は、参内した時の行動が乱暴にうつったのであろう。いずれにしても朝幕関係の安定化を図るうえで、茂徳は不安要素が多かった。「玄同殿は卒爾《そつじ》（軽率）の人にして、御参内の節は橋会桑殊の外心配致し」（『松平春嶽全集』四、四八五－四八六頁）と、茂徳は軽率な行動を取りかねない人物と見なされ、一会桑三者は茂徳が参内し意見を申し立てても、相手にしないようにと関白二条斉敬《なりゆき》に釘を刺していたのである。

将軍家茂からの信頼

ただし、厄介であったのは、茂徳が将軍家茂から絶大な信頼を寄せられていたことであった（藤田　二〇〇三・二〇一四）。とりわけ、慶応元年九月の英仏米蘭連合艦隊の兵庫入津事件後、両者の関係は強固なものとなる。

安政通商条約の勅許と兵庫先期開港を求める四カ国に、家茂は苦しめられ、何としても兵庫開港の勅許を奏請して、もしそれが叶わなければ、将軍職を辞職しようと決意したと茂徳は述べる（「御影の記写」）。その後継者には、慶喜が想定されていた。茂徳は勅許奏請文と家茂の将軍辞職願とを朝廷に提出するため、慶応元年十月一日早朝、大坂を出立し京都へ向かった。この一件で、茂徳は非常に尽力したと自ら述懐している。外交問題については、十月五日の条約勅許獲得に直接関与したわけではなかったが、「段々玄同様より御手強に仰せ立てられ候趣き叡聴に達し、尤もの儀に思し召され候由にて、夫より御評議替わり、在京の大名幷《なら》びに家来当時十一家出京輩御呼び出し相成り」（『連城紀聞』二、二一〇－二一三頁）云々と、評議開催や有力諸藩士の意見徴収などに一定の役割を果たした様子がうかがわれる。

その後、家茂は将軍辞職を撤回し、朝幕分裂の危機を何とか乗り切った。その結果、「公方様にも殊成る御悦びにて、偏に御働きにて納まり候とて、御手をつかれ、玄同様え御礼謝在らせられ候由」（同前）であったという。そして、「今度の儀におゐては、玄同殿有ツたればこそ、玄同殿は向後親とおもふぞよ」（同前、一九九頁）と、茂徳は家茂から親と思われるほど感謝される存在となったのである。家茂二十歳に対して、茂徳は三十五歳。二十歳にして将軍の重責を務める家茂が、親として大きな信頼を寄せた相手こそ、茂徳なのであった。

朝幕協調・安定化のもとでの長州処分を志向する一会桑にとって、将軍と友好関係を築くことは、必要不可欠なことであった。だが、将軍家茂が心を寄せる存在は、〝政敵〟茂徳である。「父親」とされた茂徳の言葉は、家茂の心に大きく響くに違いない。しかも茂徳は、幕府権力を拡張しようとする幕閣らと通じている（藤田　二〇〇三）。一会桑にとっては、長州問題よりも前に、茂徳の処遇を解決することが課題となっていった。

水戸諸生派の接近

茂徳筆「御影の記写」によれば、家茂はやむを得ない事情により、茂徳の旗本後備を免じ、江戸留守役と御三卿清水家の相続を命じたという。江戸留守役は慶応二年正月五日に命じられた。江戸にいた勝海舟は、その日記に茂徳の江戸下向を次のように評している。「玄同公は、旧弊無着之御方にて、京摂之間に御周旋あれ共、御説殊に立たゝ（ママ）ず、ゆへに御拠んどころなく御東下の御事あり、所謂《いわゆる》敬して遠ざくるのいゝなりと」（『勝海舟関係資料　海舟日記（二）』一六八頁）。茂徳の立場を踏まえれば、朝廷を後ろ盾とした一会桑勢力によって、茂徳は江戸下向に処せられたようなものだった。

その江戸下向を悦んだのは、幕閣内の幕府権力拡張派と連携した水戸藩門閥派（諸生党）の面々であった。彼らは、慶喜の配下にある在京水戸藩攘夷派を打倒しようと、各方面に周旋を繰り広げていたこともあり、慶応元年中、家茂の将軍辞職と慶喜への譲渡がまことしやかに関東に伝わると、慶喜の将軍就任によって、自分たち門閥派は一斉に粛清されてしまうと恐怖し、保身のために対立者をすべて厳刑に処して、水戸城に籠城しようとしていたのである（「否塞録」『茨城県立歴史館史料叢書』16、一二三頁）。

こうした水戸藩門閥派にとって、茂徳の江戸下向は大きな援軍となった。その巨魁朝比奈弥太郎は、茂徳に接触しているし、「水ノ三女も（茂徳の）御東下を大いに悦び、夫々便宜を求め候計策」（「慶応二年書翰集」）であったという(2)。

こうした動きに対し、茂徳は水戸藩門閥派に協力する姿勢を示すものの、他方藩主の慶篤に対し、故斉昭（烈公）が信頼した家臣を退けることは不可とする意見も呈示するなど（「否塞録」『茨城県立歴史館史料叢書』16、一二八頁）、水戸藩門閥派政権とは一定の距離を保ち、水戸藩の家政改革に理解を示していた様子も見られる。さすがの茂徳も、凄惨な粛清劇が繰り広げられる水戸藩の内情をみて、妥協点を探っていたものと想定される。

4　「御一新」への渇望

茂徳の行く先

中央政局と水戸問題に紙幅を費やしたが、ここで、再び尾張藩の動向に戻ろう。慶勝とその一派の人々は、茂徳の江戸下向をどのように見なしていたのであろうか。

これに関しては、当初茂徳が江戸の「御大政向」に関与するものと考え、茂徳支持派の再起を促しかねないとして、疑念を抱いていたが、江戸下向が御三卿清水家相続を想定したものと知ると、それを実現すべく、積極的に周旋を展開するようになった（藤田　二〇〇三・二〇一四）。

だが、清水家相続が実現しないまま、将軍家茂は慶応二年（一八六六）七月に死去、後継者となった十五代将軍徳川慶喜は、当年末の十二月に茂徳の相続先を清水家から一橋家へと変更した。清水家には、当初会津藩主松平容保の養子となることになっていた慶喜の弟余八麿（昭武）が入った。余八麿が養子となる予定だった会津藩には、江戸の一橋邸で養育され、順当に行けば一橋家の当主になる可能性もあった慶喜の弟余九麿（喜徳《のぶのり》）が養子に入った。三方領知替ならぬ、茂徳・昭武・喜徳三人の相続替が、慶応二年末に将軍慶喜の意向によっておこなわれたのである。

この茂徳の御三卿相続問題は、慶応二年四月頃から取り沙汰されていたのだが、六月以降、長州藩との戦闘が開始されたこともあって、現実にはなかなか進捗せず、ようやく慶応二年末に目途が立ったのである。この間、幕閣だけではなく朝廷にも働きかけ、この問題に八方手を尽くしたのが御用人の松井市兵衛（慶応三年に御側御用人並となる）や留書頭並の若井鍬吉の両名であった。尾張藩在京役を勤めた尾崎八右衛門は、「松・若の周旋功顕れ」、「（慶応二年）十二月初旬迄には御発表相成るべし、水が橋に化け候義、却って恐縮」（『尾崎忠征日記』一、七三頁）と記している。尾崎は、茂徳の御三卿相続を「尾国未曾有の一和」が実現すると位置づけていたし、その第二子荒川甚作も「御国本御一新の機会」が到来したと狂喜した（同前）。もとより慶勝も例外ではなく、茂徳の一橋家相続の報を得ると安堵し、「御喜色これに過ぎず」というありさまで、成瀬正肥も「歓喜踊躍、万歳を相唱え申し候」（「慶応三年書翰集」）様子であったという。慶勝派の人々にとって、茂徳が目の上の瘤のごとき存在であったのがよくわかる。

茂徳の清水家相続を改め、一橋家の相続を進めた慶喜の談話によれば、「玄同の一橋へ行ったというのは、あれは尾州の慶勝からして、どうかどこへでも遣ってくれろと言って、板倉（勝静、老中）などへはたびたび手紙をよこした。それで尾張では出したい、片方は出たいというので、それなら一橋へ遣ったら双方折り合うだろうというので、それであれはあそこへいったのだ」（『昔夢会筆記』二三五頁）とあるが、尾張藩慶勝派にとっては、安政以来の紛争の芽を摘む大きな意義を持った。そして、「此機会に相外れ候ては、最早何事も行き届くまじく」（『尾崎忠征日記』一、二四四頁）と位置づけられるほど、藩政を刷新する（一丸となって奮起する）ための好機が到来したとされ、尾張藩にとっては、藩の力量が試される重大な局面を迎えたのであった（藤田　二〇一六b）。

「天下泰平」の尾張藩

茂徳の処遇問題に決着がついた尾張藩では、まず、慶応三年二月七日に十一カ条の書付を発して、基本方針を家臣たちに示した。これは、「老公（慶勝）にも格別御奮発、執・参一和の力にて御一決、一昨日は御直命の趣も御布告、御基本も相立ち、有り難き御事に御坐候」（「慶応三年書翰集」）と書かれるように、慶勝と年寄（執政）・御側御用人（参政）の合意のもとで決せられた「御国是」であった。おもに、質素倹約の奨励、礼儀廉恥の徹底、士風刷新、洋学志望の戒飭《かいちょく》など、武士道精神を発揚しつつ、朝廷・幕府に対し「藩屏の誠」を尽くすことが「我等の本分」だと宣言したものである。

この精神に基づきながら、藩政の改革（とくに役職の統廃合や人事異動、リストラ等）を具体化させ、人心奮起につなげていくことが、尾張藩「御一新」の第一歩とされたのである。そして、その成果をもとに、中央政局で尾張藩の存在感を示すことを展望していた。

それでは、その「御一新」は実現を見たのであろうか。結論を言えば、否であったと言わざるを得ない。

例えば、慶応三年七月に発せられた目付吉田猿松（知行）の書状では、「尾国士気奮発更に出来申さず、御人減らし、御超高召し上げられ等の処計え諸人目を付け、人心の振るひ候処えは中々以て行き届き申さず候」（『尾崎忠征日記』二、一八頁）と嘆いている。実際は、リストラや足高の召し上げなどに終始して、士気奮発は覚束ない状況であった。さらに、藩首脳部の慶勝派家臣であった御側御用人の田宮如雲や年寄加判の間宮外記が、辞職願いを出し、御側御用人の小瀬新太郎も引き籠もっており、閉塞状況に陥っていた。

尾崎八右衛門の第二子荒川甚作（御小納戸頭取）は、八月・九月に至っても「御一新」が全く実現しない現実を見て、嘆息しないわけにいかなかった。在京役の尾崎八右衛門も小瀬に宛てた書状で、「遠方にて伝聞候ても寔《まこと》に愕然の至、此上社稷《しやしよく》（国家、ここでは尾張藩）を如何《いかが》御保ち遊ばさるべきや、御人望を失われ候ては、咽口《いんこう》の御国柄、御維持覚束なしと存じ奉り候」（同前、一〇九－一一〇頁）と、慶勝の「御人望」にも関わり、藩の維持すら困難になると危惧する状況にまで追い詰められていた。

ではなぜ、尾張藩は、このような閉塞状況に陥ってしまったのであろうか。

第一に、慶勝派にとっての共通の〝政敵〟であった茂徳が藩から去り、禍根を断ったかに見えたものの、皮肉なことに、今度は慶勝派同士で対立・確執が生じてしまったことが指摘できる。すなわち、この時期の尾張藩の史料を見ると、御三家として飽くまでも幕府擁護・追随の立場を堅持しようとするグループと、諸藩とりわけ薩摩藩に接近して、幕府に矯正を迫り、反省を促そうとするグループとに尾張藩慶勝派は分かれつつあったことが確認できるのである（藤田　二〇一六b）。

前者は、茂徳の御三卿相続に尽力した若井鍬吉や松井市兵衛らで、後者は対外強硬論をなおも堅持し、幕府の進める兵庫開港路線に反発していた田宮・尾崎・荒川といった者たちであった。若井や松井に対しては、幕府へ阿諛追従《あゆついしょう》していると嫌疑がかけられ、成瀬正肥も警戒感を募らせている。他方、田宮は「薩癖」があると見なされ、これまで側近として重宝してきた当の慶勝が、嫌疑を示すまでに至った。

慶勝は、京都所司代で当時老中の御用も勤めていた実弟の松平定敬に書状を出し、その中で「外藩」である薩摩と気脈を通じて、幕府を「軽蔑」するような傾向が見える田宮を罷免するよう幕府から内命を発してほしいと依頼をするまでになっていた。慶勝は幕府を批判することはあっても、それは飽くまでも期待の裏返しであり、「三親藩」（御三家）はどこまでも「公辺御一体」であることを理想としていたのである（『改訂肥後藩国事史料』巻七、六二九－六三〇頁）。こうした慶勝の発想は、この時期の尾張藩の動向を見る上で注意すべき点である。

だが、その慶勝にしても、奮起することが難しい状況にあった。これが第二の要因である。そもそも慶応三年の慶勝は、我が子を立て続けに喪うという不幸に見舞われていた。四月には釟千代《はっちょ》（二歳）、五月に時千代（六歳）、六月には知千代（二歳）、そして七月には十日に生まれた男子が十三日に夭逝するというように、毎月のように実子がこの世を去っていたのである。我が子を亡くし、「御憂傷」(『尾崎忠征日記』一、四三二－四三三頁)となっていた慶勝を中央政局に引っ張り出し、尾張藩の存在感を示すよう期待するのは、難しい状況だったと言わねばならない。

そして第三に、現実問題として慶勝とその一派の人々の年齢も無視できないであろう。慶応三年段階において、慶勝は四十四歳、田宮如雲六十歳、尾崎八右衛門五十八歳、若井鍬吉四十五歳、間宮外記三十七歳、成瀬正肥三十三歳、といったように身分秩序が比較的維持・統制されてきた尾張藩においては、首脳部の年齢が相対的に高く、ベテラン勢が多かった。そのため、瞬発力・機動力に乏しかった点は否めない。二十八歳の荒川甚作が、重臣たちに奮起を期待したとしても、頑張れたのは三十代前半の成瀬正肥ぐらいであり、成瀬の孤軍奮闘だけで尾張藩を牽引することも難しかったといえる。それだけ、尾張藩は巨大で、しかも先例・伝統主義が徹底していた。

四十三歳の在京御用役並林左門は、いみじくも尾崎宛の書状で「尾の形勢天下泰平にて更に動き申さず」(『尾崎忠征日記』一、四四九頁)と現状を鋭く突いていた。もはや「京師の異変を待って挽回するより外はこれ無く」、「外援ならで挽回の道は絶え果て候」(同前二、一六一－一六二頁)と荒川甚作は指摘せざるを得なかった。自力での奮起は期待できず、外からのインパクトによってしか、尾張藩の〝覚醒〟はないものと見なされていたのである。

5　新興勢力としての明倫堂

鷲津毅堂の存在意義

尾張国丹羽郡丹羽村（愛知県一宮市）出身の鷲津毅堂《わしづきどう》（九蔵・貞助）が、下総結城藩や上総久留里《くるり》藩に仕えた後、慶応元年（一八六五）十一月に尾張藩から招かれて、藩校明倫堂督学となったことは、尾張藩への刺激剤として注目できる現象であった。毅堂にとっては、二十年ぶりの帰国である。すでに同年八月には、毅堂の学業・人物が尾張藩から注目され、慶勝側近の奥儒者水野彦三郎が、毅堂を「生質風藻文筆の才子」であると評価していた（「慶応元年書翰集」）。

愛知郡牛毛荒井村（名古屋市南区）出身で、毅堂に師事した漢詩人永井久一郎は、後年、毅堂の次女恆と結婚し、三人の男子を得た。その長男壮吉こそ、永井荷風その人であり、荷風が著した『下谷叢話《したやそうわ》』には、毅堂の足跡はもとより、その周辺にいた漢詩人の群像が描かれている。

尾張藩における毅堂の経歴を、「藩士名寄」に基づいて以下に示そう。

慶応二年三月五日　文学御用向き相勤め候付、御扶持廿人分下し置かれ候

五月三日　奥御儒者仰せ付けられ、御切米五拾俵下し置かれ候

同日　元千代様御読書御相手御用阿部八助申し合わせ相勤め、並びに侍講をも
相勤め候様にとの御事候
六月八日　留書頭並仰せ付けらる
九月二十四日　御側物頭格明倫堂教授仰せ付けらる
同日　当分の内、明倫堂督学勤め向き相勤め候様にとの御事候
慶応三年五月六日　御側物頭格明倫堂督学仰せ付けらる

このように毅堂は、幼少の藩主元千代の学問相手になるとともに、藩校の教授・督学などの要職を占めて、尾張藩の文教政策に新風を吹き込むことになる（図5）。

まず、注目すべきは、「政教一致」の精神を説き、学校は「政府」の助けとなるべきだと主張したことである。つまり、明倫堂は単に学問の府ではなく、藩政に役立ち、政治に積極的に関与できる人材育成の場となることを目指した（「学校御用留」一）。そして、「政教一致」の主意に基づき、慶応三年五月には明倫堂改革が断行され、明倫堂の惣裁職、典籍、監生などが廃止され、新たに惣教、督学参謀などが設置されたのである。惣教には年寄加判石河佐渡守（光晃）が兼務し、「政教一致」の精神が具体化された。惣裁職を免じられた佐藤弥平次も、慶応四年二月には年寄加判となった。

改革の一環で毅堂も督学となり、その参謀には、丹羽佐市郎と田宮兵治が任じられた。丹羽

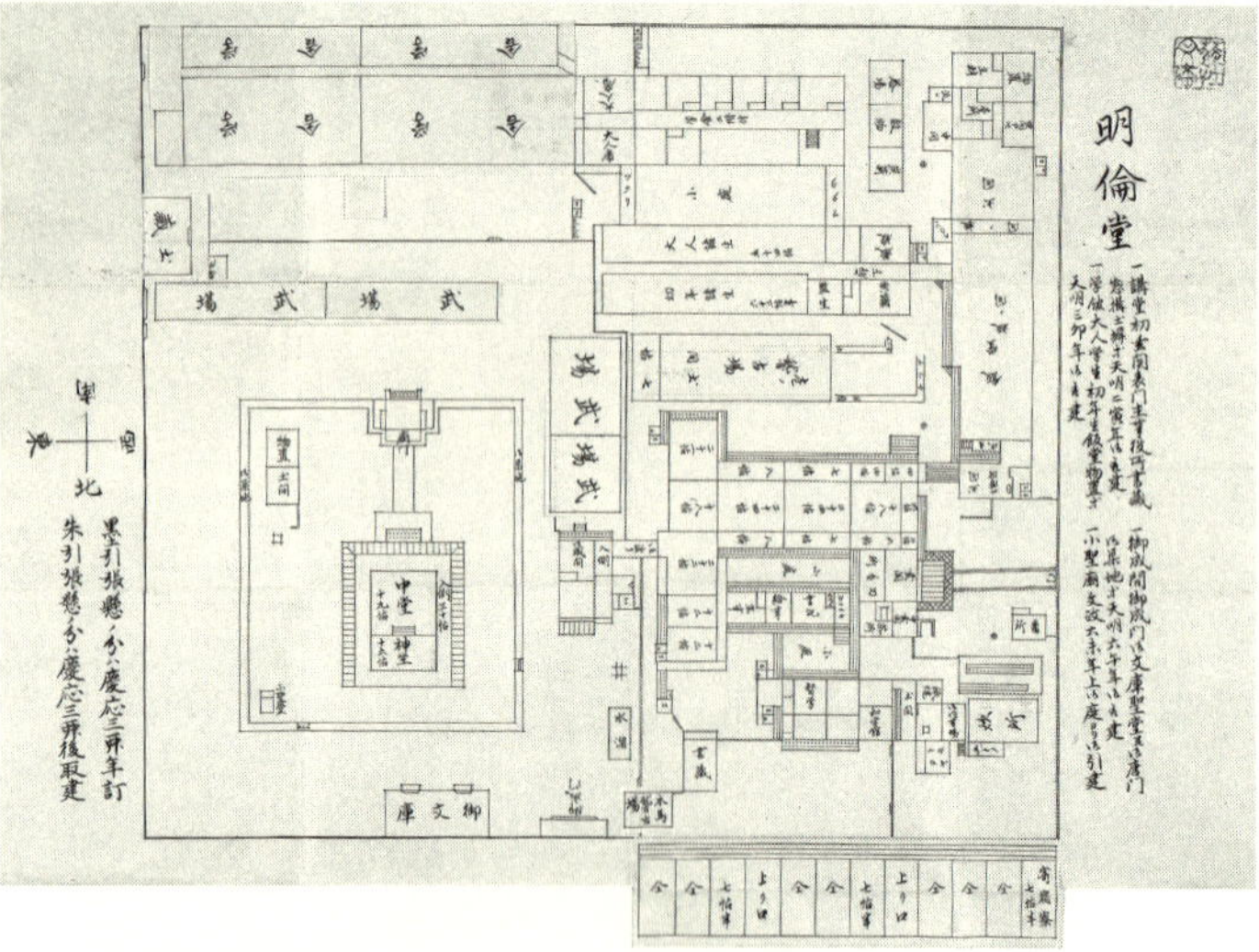

図5　明倫堂明細図　名古屋市蓬左文庫蔵

佐市郎は、御小納戸など奥役人を勤めた後、文久期には表御番頭取、慶応期は普請役という閑職にあった人物。田宮兵治は如雲の嗣子で、御書物奉行などを勤めた後に寄合となっていた。いずれも違例の大抜擢を受けての督学参謀である。兵治の父如雲も明倫堂の「人材引立筋」の世話を命じられたことから、田宮父子は明倫堂と深い関わりを持つこととなった。

そして、丹羽佐市郎の長男淳太郎（賢《まさる》）が、慶応三年六月に明倫堂助教並となったことも看過できない。淳太郎の親友田中国之輔（不二麿《ふじまろ》）も、すでにこの年五月に助教並となっていた。そもそも丹羽淳太郎は弘化二年（一八四五）の生まれ、田中国之輔も同三年の生まれである。四十、五十歳代が重きをなしていた尾張藩において、慶応三年段階でともに二十代前半という、とりわけ若い藩士であった。彼らのような若き俊英が、明倫堂の「政教一致」政策のもと、毅堂に見出されて政治にも関与し、この後にわかに頭角を顕してくることとなる（斎田　一九九一）。

もう一つ、毅堂の主張で注目できるのは、これまで守秘的・閉鎖的であった明倫堂を、身元が確かな他藩士にも開放し、見学を許可したことであった。諸藩士と広く交際し、懇意の者も少なくなかった毅堂ならではの提起であり、これによって堂中学徒が刺激を受けたことは想像に難くない。見学者の中には、豊後日田（大分県）の儒学者広瀬旭荘《きょくそう》を父に持つ広瀬林外（孝之助）や、林外の門人で飛驒高山（岐阜県）の地役人であった吉田文助らもいた（「学校御用留」二）。堂中学徒は、こうした他藩の儒学者たちを応接することで、交渉術に磨きがかかってい く。翌慶応四年初頭、尾張藩で近隣への勤王誘引活動がなされた際、勤王証書を持ってきた諸藩士を応接する「待賓館《たいひんかん》」が、明倫堂内に設けられたのも故なしとしないのである。

京都の異変

こうしたなか、京都では大政奉還に向けた動きが薩摩藩・土佐藩を巻き込んで進行していた。慶応三年十月十四日、将軍慶喜は大政奉還の上表文を朝廷に提出し、その受諾を朝廷に強く求めていった。朝廷を中心に、幕府・諸藩が一致して「海外万国」と並立することを謳った慶喜の上表文は（家近　二〇〇四）、薩摩藩と連携して、幕府を矯正し反省を促そうとしていた田宮如雲・荒川甚作らにとって歓迎すべきものであった。大政奉還という文字通りの「京都の異変」が、尾張藩にも影響を及ぼすかのように、田宮らにとっては「外援」となり、十月二十日には若井鍬吉や松井市兵衛らが御役御免、差控に処せられるという大きな人事が断行された。若井らは幕府擁護の立場にあり、大政奉還に反発していたのである。同日、田宮は年寄加判になった。

そして、十月二十三日、幕府の求めに応じた慶勝が、病を押して上京の途につく。慶喜は、大政奉還に反発する松平容保・定敬兄弟への説得を、長兄慶勝に期待したのであろう。事実、慶勝はその期待に応え、武力衝突の回避に向けて、会津藩の帰国を勧告していくのである。

さて、慶勝の上京御供には、年寄加判となった田宮や御側御用人の小瀬新太郎、さらには明倫堂督学参謀の鷲津毅堂が加わった。その毅堂に随身して、明倫堂書記生福岡寛蔵とともに、「容易ならざる大事件を窺い奉る奮発有志の者」（「学校御用留」三）として、明倫堂の若き学生が御供に列した。まさに明倫堂の「政教一致」政策の具体化である。もとより、彼らが中央政局で政治活動を展開できたわけではなかったが、明倫堂の学生が上京したことは、注目できる現象であった。

明倫堂主事や留書頭などを歴任した角田久次郎の弟主税《ちから》（弟彦《おとひこ》）も、慶勝の御供に願い出た一人であった。彼の「みやこ日記」によれば、慶応三年末の世態は、表面上は穏やかだが、旧幕府と「西藩」（＝薩摩藩）との反目は頂点に達し、何時事が破れるか、薄氷を踏むような状況であったという。「久方の雲またくらし黒谷の かねのひゞきはさやかなれども」とは主税の和歌、一寸先は闇である状況を巧みに表現している。主税らは、慶勝の本陣となった知恩院裏手の粟田山に陣小屋を建て、明倫堂学生とともに守衛に当たった。

周知のように、慶応三年十二月九日、尾張藩は摂関・幕府を廃絶する王政復古政変に薩摩・土佐・芸州・越前の四藩とともに参画、新政権の発足に一定の役割を果たした。だが、この政変計画を、慶勝がいつの時点で知り得たのか、確定することは難しい。

尾張藩在京役の尾崎八右衛門と丹羽淳太郎が知ったのは、前日八日の夕刻であった（『尾崎忠征日記』二、二七四―二七五頁）。政変二日前の七日、尾崎は薩摩藩からの廻達で、国事御用掛中山忠能《ただやす》から呼び出されたことを知り、八日午前九時過ぎに丹羽を同伴して、薩摩藩士岩下方平《みちひら》宅に一旦出向く。その後、中山邸に向かうも中山が参内することとなったため、急きょ岩倉具視のもとに参集することとなった。尾崎と丹羽が、岩下・大久保利通と同道で岩倉のもとに赴くと、そこには越前藩士の中根雪江・酒井十之丞、土佐藩士の福岡藤次・神山《こうやま》左多衛も参集していた。この時、岩倉より翌九日午前六時に参内するようにという御沙汰書と、禁裏守衛の部署に関する帳面が下されたのである。

尾崎は、この事態を慶勝に伝えようと知恩院に出勤するも、慶勝はすでに昼前に参内し不在にしていたので、相談することは叶わなかった。結局、尾崎は成瀬正肥に政変の詳細を伝え、手配に取りかかることとなる。

九日、いまだ慶勝は参朝中であった（ただし、「三世紀事略」によれば、慶勝は悪寒甚だしきため、御所の御仮建《おかりだて》で伏せっており、そのまま九日を迎えたという）。午前四時過ぎ、知恩院から成瀬・田宮・尾崎は連れだって御所に出勤した。午前八時、徹夜の朝議を終えて退出する面々がいるなか、慶勝ほか松平慶永・浅野茂勲《もちこと》らは御所に留まった。禁裏守衛を命じられた五藩もそれぞれ所定の部署につく。尾張藩は鷹司・九条・万里小路《までのこうじ》・甘露寺《かんろじ》・櫛笥《くしげ》など、おもに東南側の堂上《とうしょう》屋敷に藩士が詰め、屋敷裏門からの出入りを遮断した（『復古記』一）。角田主税は、万里小路邸で番についた（「みやこ日記」）。こうしたなか、明治天皇が御学問所に出御し、王政復古の御沙汰書が発せられる。慶勝は議定《ぎじょう》に任じられ、丹羽淳太郎・田中国之輔・荒川甚作が参与となった。その後、田宮如雲と林左門も参与に加わった。

以上の経緯を見ると、慶勝は政変を知らされたとしても、熟考する暇もなかったのではないかと思われる。病中であればなおさらである。否応なく政変に引きずり込まれていったというのが、実情ではなかったか。それでも慶勝は、新政府と徳川方とを取り持つことに自身の役割を見出し、松平慶永とともに存在感を示していった。

さて、九日夜、天皇の居所である御常御殿《おつねごてん》階下の勤番を命じられた角田主税は、天皇の側近くを警衛することに感動しつつも、時勢の変転に戸惑いを禁じ得ず、自分が置かれている状況を十分に把握しきれていなかった。「世の中いかになり行にか、われらが身ハいかに生れかはれるにか」（同前）と記すごとくである。そして、徳川の家臣として、宗家の瓦解を間近で見つめ、「我徳川の御宗家、かく迄世に望なく、つミ《（罪）》請させ給ふ事よ、かへすぐもかなしくて、涙せきあへず《（塞き敢えず）》」と涙を禁じ得なかった。こうした感覚は、尾張藩士の多くに共通したものではなかったろうか。

もとより慶勝も同じであったろう。朝幕周旋の甲斐なく、慶応四年正月に鳥羽・伏見の戦いが勃発し、そのうえ徳川方は敗走した。敗報を受けた角田は、「誠ニ、わが君の御宗家の此《かく》の如き御終り、前大納言君の御心中拝察なし奉るもいとかなし《（悲し）》」と慶勝の心中を思い遣っている。かく言う角田も、枚方《ひらかた》駅（大阪府）周辺で野晒しにされる徳川方の死体の山を見て、戦闘の激しさを思い知るとともに、「主税らが小袴のすそさへ血によごれたり、王師にもあるまじき程、ざんこく《（残酷）》なるめにあへる東兵の死者累々たり、一日心になかぬ《（泣かぬ）》ハなかりき」と日記に記して、薩長軍を心の中で非難するのであった。

6　「青松葉事件」への旋回

尾の国情

とはいえ、鳥羽・伏見の戦いで薩長軍が勝利し、徳川慶喜以下旧幕首脳部が朝敵と指定されたことは、新政府内の徳川勢力に影響を与えないわけにはいかなかった。最幕末期に落ちる所まで落ちてしまっていた朝廷権威は、慶喜の大政奉還上表によって、その存在意義が再確認され、王政復古政変によって新たに甦った。そして、鳥羽・伏見における薩長軍の勝利と慶喜の戦線離脱、さらにはその恭順とによって、何人も侵せないほどに一挙に上昇し、逆らえば、即追討の対象とされた。

慶勝は、どんなに批判したとしても、御三家として慶喜（徳川宗家）と一蓮托生という思いが強かったため、王政復古後から尾張藩領六十余万石を朝廷に貢献することを願うとともに（「みやこ日記」）、慶喜の罪を謝すために、議定の辞職願いを朝廷に提出していた。だが、参与に任じられた尾張藩士とその同志たちは、必ずしも慶勝と思いが同じであったわけではなかったようである。むしろ、新政府内で尾張藩が不利な立場にならないよう、藩を導いていく必要に迫られていた。

『尾崎忠征日記』によると、慶応四年正月十二日、成瀬正肥（図6）・田宮如雲・小瀬新太郎・尾崎八右衛門・荒川甚作・丹羽淳太郎・田中国之輔の七人は、御所に出勤し、岩倉具視に拝謁している。この時、彼らは「尾の国情具に御咄申し上げ、歎願の趣これを申し述べ候」と、尾張藩の内情を話すとともに、何事かを「歎願」したという。これに対して、岩倉は「御入腹」したとあるので、成瀬らの申し出を了承した。

折しもこの日は、慶勝の「御功労」に対して「御褒詞」も仰せ出されたと、『尾崎忠征日記』に記されている。しかし慶勝は「御不例」のため、成瀬が名代で御請を済ませた。つまり、当日、慶勝は病気のため、御所には参内していないのである。成瀬ら七人が、岩倉に拝謁したこ

図6　成瀬正肥肖像（明治28年〔1895〕1月撮影）犬山城白帝文庫蔵

とを知らなかった可能性もある。

　では、尾張の内情とはどのようなものであったか。本章冒頭に紹介したような、元千代を擁立して、慶喜を支援しようとする動きが本当にあったのかどうか。結論を言えば、それは一次史料をもって裏づけることはできないのである。

　ただし、尾張の国許で、王政復古政変に慶勝が参画し、議定に就任したことを不審に思い、反発する者もいて、混乱しかねない状況であったのは確かなようである（「葎之滴見聞雑割」廿一）。情勢を把握するため、上京しようとする者もおり、慶応三年十二月二十日には、尾張から七十人もの藩士が集団で上京してきた（山田千疇「大納言様御供上京中諸記録」）。許可を得ずに、勝手に国許を出てきた者もおり、藩の秩序が乱れつつあった。要するに、王政復古後、宗家の慶喜が大坂に下ったにもかかわらず、慶勝は禁闕近くにいて、議定職を務めている。これは「列藩」（特に薩摩）に片寄っていて、幕府へ「不義理」なのではないか、というのである。これに対し、藩は正月六日、飽くまでも朝幕間の周旋に尽力するのが慶勝の意思であることを強調し、動揺しないようにとする触を発した（「葎之滴見聞雑割」廿一）。政変後に動揺を隠せなかった者たちは、まさに幕府への「義理」を重んじる、いわゆる「佐幕」的な家臣たちであったに違いない。

おそらく成瀬らが言う「尾の国情」とは、王政復古政変後における尾張藩の混乱を指したのではなかったか。では、彼らは岩倉に何を「歎願」したのであろうか。これに関しては、『尾崎忠征日記』正月十三日条に、「老公御儀、尾国守備筋に付、暫時御暇朝廷より今日仰せ出され候事」とあるので、前日の歎願はこれと関連づけられよう。この時朝廷は、慶喜が西上することも考慮し、尾張国が東海道・東山道の要衝にあることから、尾張藩内の警備の必要を認め、さらに「姦徒誅戮《ちゅうりく》」と「勤王の志」を「諸侯に慫慂《しょうよう》」することを命じたのである。

明治期に尾張藩の勤王の実績をまとめて政府に提出した「徳川義宜家記」には、慶勝が成瀬や田宮・丹羽・田中・鷲津毅堂らと相談して、国許の「姦徒」鎮圧願いを朝廷に申請したことになっているのだが、慶勝が願書を申請した事実は、一次史料では一切確認できない。少なくとも、『尾崎忠征日記』からは、成瀬ら七人と岩倉の関与が認められるのみである。十三日の御沙汰書は、成瀬らが岩倉らと共謀して、素案を作成した可能性も捨てきれない。そうであるならば、前日十二日正午に御所に出向き、岩倉と用談した尾崎が、在京方役所がある吉田屋敷（京都市左京区、現在京都大学吉田キャンパス）に帰邸したのが、午前零時過ぎであったというので、御沙汰書の作成をめぐっては、かなりの時間が費やされたものと認められる。

つまり、成瀬らは、王政復古政変後の藩内の混乱を利用して、鳥羽・伏見の戦い後に旧幕府軍に呼応しようとする「姦徒」を創出し、朝命を背景にその「姦徒」を鎮圧して、藩論を勤王に統一するという大義名分を獲得したのである。そして、余勢を駆って近隣への勤王誘引活動を展開していった。勤王誘引が「咽口の御国柄」（『尾崎忠征日記』二、一一〇頁）としての責務を果たそうとするものであったことはいうまでもない。

後年の編纂物では、あたかも慶勝が中心となって、勤王に尽力したことが仕立てられているのだが、恐らく、この問題にも慶勝は関与していなかったのではないか。成瀬・田宮・尾崎ら重臣と丹羽・田中という政府参与が、岩倉と共謀して慶勝宛の御沙汰書を作成し、慶勝に「姦徒誅戮」と「諸侯慫慂」を強要したのではなかったか。もとより成瀬らは、慶勝に奮起を促そうとしたのであろうが、鳥羽・伏見以降に圧倒的な影響力を持つに至った朝命を後ろ盾にしたことから、慶勝に対しては有無を言わさない強制力が働いた。正月十五日、慶勝は京都を発ち国許に向かっている。名古屋到着は、二十日であった。したがって、一連の事件は、慶勝の主導・決断によって実行されたものとは必ずしもいえず、むしろ重臣・参与たちの突き上げによってなされた結果であったといえそうである。

処罰の実施

処罰は、正月二十日から二十五日にわたって実施された。斬首に処せられた者は十四名、謹慎処分者二十名、計三十四名の家臣が犠牲となった（図7）。

図7　青松葉事件の碑（名古屋城内）

二十日には、「年来姦曲の所置これ有り」として、渡辺新左衛門・榊原勘解由・石川内蔵允が、御城向屋敷で朝命により斬首、二十一日は、おなじ理由で塚田愨四郎（御書物奉行）・安井長十郎（表御番）・寺尾竹四郎（同）・馬場市右衛門（寄合）の四名が、評定所で同じく斬首された。この両日、城門は固く閉じられ、外部との接触が禁じられた（「明治元年雑記録」一）。

二十二日には、物頭以上の者に惣出仕が命じられ、慶勝の名によって書付が下された。それによれば、朝命により「姦臣主謀の者」「不審の輩」を「誅戮」したが、帰順する者はその罪を責めない。安心して大義を尽くすようにとあった。

それでも、二十三日以降も処罰者がいた。ただし、朝命による処罰ではない。二十三日には、「年来志不正」とのことで、武野新右衛門（元御側御用人）と成瀬加兵衛（元御用人）が斬首。竹居新吉郎・武野新五郎（新右衛門の孫）・成瀬光太郎（加兵衛の子）・鈴木丹後守（隠居慎中）・成瀬豊前守（隠居慎中）・鈴木嘉十郎（丹後守の子）・成瀬比佐之丞（豊前守の子）が、「志不正」「心得不正」として、家名断絶や永蟄居などに処せられた。武野新右衛門は十五代茂徳の側近、鈴木丹後守や成瀬豊前守は、かつて慶勝の藩政改革に反発していた重臣たちである。その子らも連座した。

同日、慶応元年に隠居慎に処せられていた横井孫右衛門・澤井小左衛門・横井右近の三人と、松原新七・林紋三郎が「御不審」ありとして、揚屋《あがりや》入りとなり、二十五日に「志不正」として、五人とも斬首された。両横井と澤井は、かつて茂徳に従って大坂に出向いた過去を持つ藩士であった。また二十五日には、「心得方宜しからず」として、瀧川伊勢守・大道寺主水・千村十郎左衛門ら十三名が、隠居・蟄居・永蟄居などに処せられた。その中には、慶応三年末に差控に処せられていた若井鍬吉や松井市兵衛も含まれていた。

こうしてみると、過去の経歴が問題視され、とくに慶勝の藩政改革に反発したり、茂徳に近しい藩士が多数処罰されていることが特徴としてあげられる。一橋家の当主となっていた茂徳自身も、この粛清事件を伝え聞いて、驚愕・恐怖している（「明治元年書翰集」）。若井や松井の二名が異例で、前述のようにこの二人はもともとは慶勝派の藩士で、茂徳の御三卿相続に尽力していたが、その後、田宮如雲らと意見を異にしたため、慶応三年十月に御役御免・差控とされていた。それにもかかわらず、追罰を受けるかのように、この時処罰されたのであった。

斬首十四名の「打手」の中には、慶応三年十一月に慶勝が上京した際、御供に従った明倫堂の若き学生たちがいたことも無視できない。刑場に出向いて、警備を担当したのも、明倫堂関係者であった。鷲津毅堂のもと「政教一致」を掲げた明倫堂は、尾張藩の藩論統一に存在感を示すとともに、その後繰り広げられる勤王誘引活動でも、中心となって、藩を牽引していったのである。

慶勝の真意

青松葉事件は、朝命によって処罰された者とそうでない者とが混在した粛清事件で、しかもその差異が何であったのか不明瞭であるものの、慶勝派の参与・年寄さらには明倫堂グループが、その政敵を処断した藩内対立の帰結であった。この事件が、慶応二、三年から続く藩内の閉塞感を一挙に打ち破り、尾張藩を〝覚醒〟させる起爆剤となったことは疑いない。

こうして、慶応四年の尾張藩は、宗家と袂を分かって勤王へと旋回し、徳川宗家や旧幕府軍と敵対することとなった。それに対して、旧幕臣たちの怨嗟も少なくなかった。

とはいえ、慶勝の本来の意思は「親藩」としての立場を堅持することであり、宗家と一体であることであった。だからこそ、慶喜を補翼できなかったことを謝して、朝廷に官位降奪の願書を提出したり、議定の辞職願いを提出したりしたのではなかったか。追討対象とされた宗家を救済するため、慶勝は藩士を江戸に派遣し、新政府軍に対する徳川方の歎願活動を陰で支えてもいたのである。

宗家の「親藩」という立場であれば、戊辰戦争での軍功を認められた賞典禄は受領できるはずはなく、宗家以上の位階に昇進することも憚られることであったろう。「臣寸尺の功労なく、是迄高位重爵を瀆《けが》し惶懼《こうく》の至」（「三世紀事略」『名古屋叢書』第五巻、三二三頁）という慶勝の表現は、単なる謙遜ではなく、宗家の「親藩」であるがゆえに、「功労」とは認められたくなかったのかも知れない（結局、辞退は却下されるのだが）。政府内での栄達を望まず、遠慮して、宗家よりも目立たないように振る舞うこと。これが、慶勝の生き方に叶うものであったようにも思える（藤田　二〇一七b）。勤王に尽力しながら、明治政府内で栄達を極めた尾張藩関係者が少ないのは、慶勝のこうしたスタンスが影響した可能性もある。

注

（1）年齢や病気の視点を加えた政治史分析に関しては、家近良樹『西郷隆盛と幕末維新の政局』（ミネルヴァ書房、二〇一一年）、同『老いと病にみる幕末維新』（人文書院、二〇一四年）を参照されたい。

（2）ここに出てくる「水ノ三女」を特定することは難しいが、候補者の一人として、水戸藩主徳川慶篤の長男鉄之丞の生母稲をあげておきたい。稲は慶篤の寵愛を得て大きな勢力を誇り、門閥派とともに「謀計」を廻らすこともあったという。慶応元年四月、稲が江戸に来て以降、「後宮奸毒の気」（「否塞録」『茨城県立歴史館史料叢書』16、一一二頁）が充満したとされている。この稲は、幕府鷹匠水谷善四郎の娘であったという。そうであれば、「水ノ三女」とは水谷の「水」を指していることになろう。ただ、稲が三女であったかどうかは不明である。いずれにしても、水戸の大奥を巻き込み、事態は泥沼化していたことがわかる。

【コラム】征長の軍議と軍令状・黒印下知状

羽賀祥二

禁門の変と尾張藩

文久三年(一八六三)八月十八日の政変で京都を追われた三条実美《さねとみ》ら攘夷派公家、長州藩ら尊攘グループは、長州藩を拠点に運動を続けた。しかし、翌元治元年(一八六四)六月五日、池田屋で集会していた長州藩士吉田稔麿《としまろ》、肥後藩史士宮部鼎蔵《ていぞう》らは新選組の襲撃を受け、多くの同志を失うことになった(池田屋事件)。その後、京都における失地挽回を図って、長州軍は上京し、六月二十四日には家老福原越後が率いる兵は伏見に入り、七月十九日には京都市中へ侵入し、薩摩藩や会津藩を中心とした軍勢と衝突し、激戦は京都御所にも及んだ。朝廷は七月二十二日、御所へ発砲した長州藩の罪を糺すことを幕府に命じ、これによって長州藩は朝敵として政治責任を問われることになった。禁門の変もしくは蛤御門の変として知られる事件である。

この事件を前に尾張藩は、七月一日御所警衛のために年寄渡辺綱倫、津田寛饒を寄合組とともに上京させ、また長谷川惣蔵も京都で長州藩士桂小五郎と接触し、事態の沈静化を図った。そして事件当日には、渡辺が銃隊百人で御所の日御門外を、また津田は藩兵九〇人で市内の守備に当たった(『名古屋市史』政治篇第一、二七九-二八〇頁)。

徳川慶勝、征長総督に任命される

元治元年八月七日、徳川慶勝（当時名古屋にいる）は再三辞退したが、ようやく征長総督の職を引き受けることになった。総督の下に西国の三〇名余の諸大名が指揮に服することになった。軍事指揮権を将軍から委任された「総督」という臨時職がはじめてここに置かれることになった。この後、天皇もしくは将軍から軍事指揮権を委ねられた「総督」は、明治十年（一八七七）の西南戦争に至るまで、内外の軍事行動の際に設置されることになる。

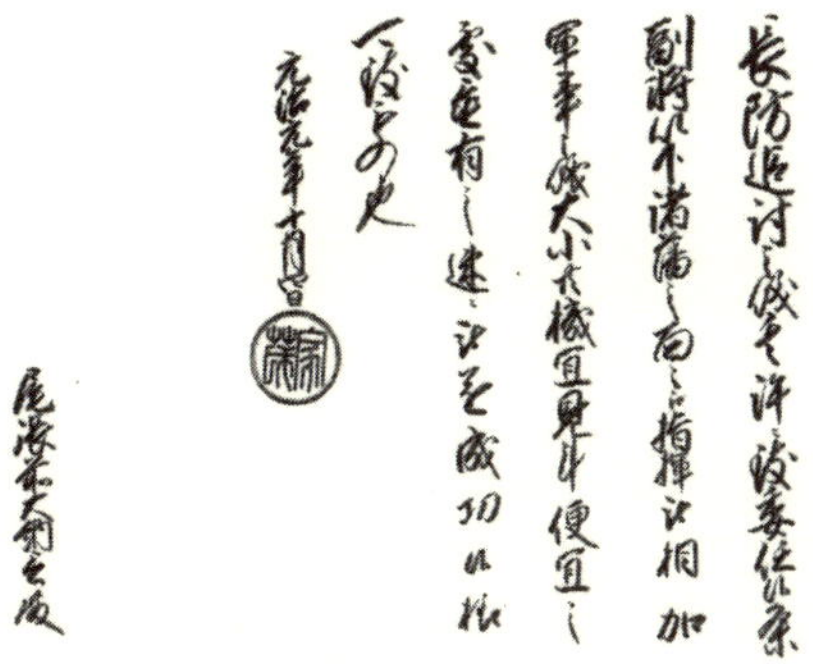

図1　徳川家茂黒印状　徳川美術館蔵

慶勝は九月十四日名古屋を発して、二十二日に京都に入った。成瀬正肥・石河佐渡守・瀧川又左衛門・田宮弥太郎・千賀与八郎・長谷川惣蔵らが随行した。十月四日将軍家茂は征長総督慶勝に対して、追討委任の黒印状を与え、副将以下諸藩を指揮し、軍事上の臨機の処置を取る権限を付与した。

図1は慶勝に対して将軍徳川家茂が与えた黒印状である。「長防追討之儀、其許ニ致委任候条、副将以下諸藩之面々江指揮被相加、軍事之儀大小共機宜見斗、便宜之処置有之、速ニ被遂成功候様可致もの也」という本文があり、日付の下に「家茂」と印字した黒印が捺されている。

この将軍黒印状は十月十日、使番徳山五兵衛が京都の老中稲葉正邦《まさくに》のもとへ持参した。慶勝は征長総督拝命後に、幕府に征長処置の全権委任を要請したことへの対応として、この黒印状が発給された（『督府征長紀事』）。

これを受けた慶勝は、十月十一日稲葉正邦へ軍令を出すように催促し、その草案を提示した。「諸将之一和第一之事」以下五カ条の簡単な内容だった。この翌日十二日慶勝は参内し、天皇に謁し、太刀・馬を拝領し、「大樹前軍総督発向の上諸藩士気引立」て尽力するようにとの沙汰書を与えられた。総督慶勝が率いる征長軍は、将軍の進発軍の「前軍」であって、情勢次第では将軍家茂自ら進発することになっていた（十月十四日付総督宛老中達）。

大坂城における軍議

十月十五日、慶勝は京都から淀川を下り、夕刻には大坂城に入った（以下、『督府征長紀事』による）。そして十月二十二日の五つ時（午前八時頃）、大坂城に登城し、軍議を開いた。副将松平茂昭《もちあき》（越前藩主）、幕府軍目付以下、征長軍に従う三一藩の家老、尾張藩年寄ら六〇余名がこれに参加し、戦略や攻撃手順など決定した。十一月十八日を期して、攻撃を開始することになった。軍議が開かれたのは、大坂城の本丸御殿内の大広間であった。大広間には上段・下段・二の間・三の間・四の間があった（日本名城集成『大坂城』一二四－一四一頁）。軍議の初めに、下段に着座していた慶勝が、「不肖の私が過分の大任を蒙り、実に心配している。この上は諸藩の力を頼むほかない。この度のことは朝廷と幕府からの命令であり、粉骨を尽くせ。私も年来の恩に報いるように努める。このことを諸藩に約束する」と発言した。

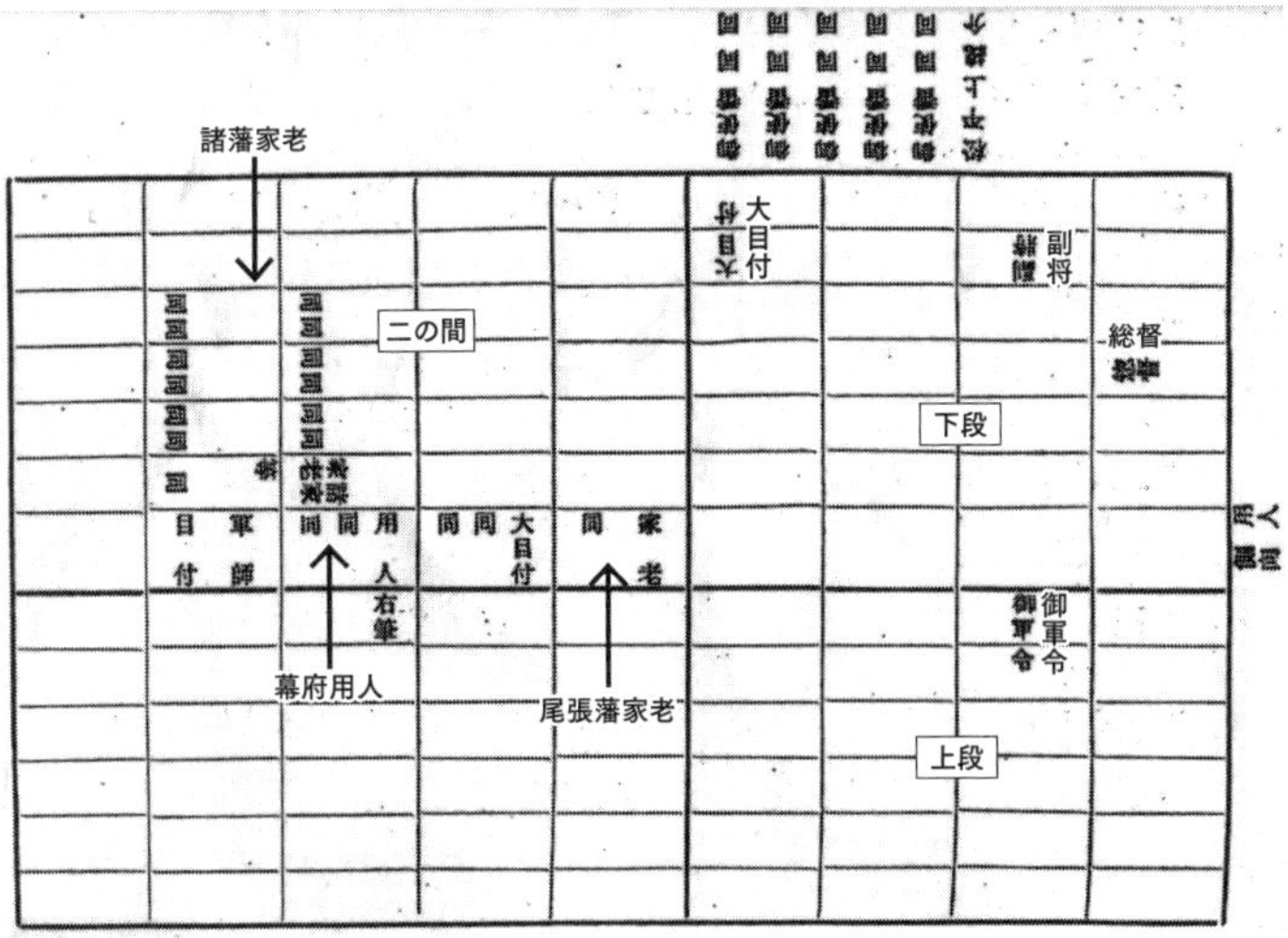

図2　大坂城本丸御殿大広間図（軍令手交）（『督府征長紀事』をもとに作図）

上段には、広蓋《こうがい》に載った「御軍令」が置かれていた。それが尾張藩家老の手で大目付の前に運ばれ、慶勝は副将以下に対して「御軍令を承知されよ」と発言した後、大目付が軍令を読み上げた。そして家老が上段にそれを戻した後、幕府用人が諸藩に渡す軍令状（写）を広蓋に載せ、下段と二の間の境に置き、慶勝は「御軍令を受け取るように」と命じた。諸藩の家老が広蓋の前に進み、大目付から軍令状（写）を頂戴した。副将へは慶勝の前に軍令状（写）が置かれ、茂昭がこれを頂戴した。その後慶勝が二の間との境へ座を進め、長州への攻撃口ごとに諸藩家老と軍議をおこなった。

これでいったん軍議を終え、参加者は退座した。そして再び大広間に慶勝以下が出座し、「御黒印」などを拝見し、手交された。「御軍令」と同様に上段に「御黒印」と「御書付」二通、合わせて三通が置かれ、下段と二の間に慶

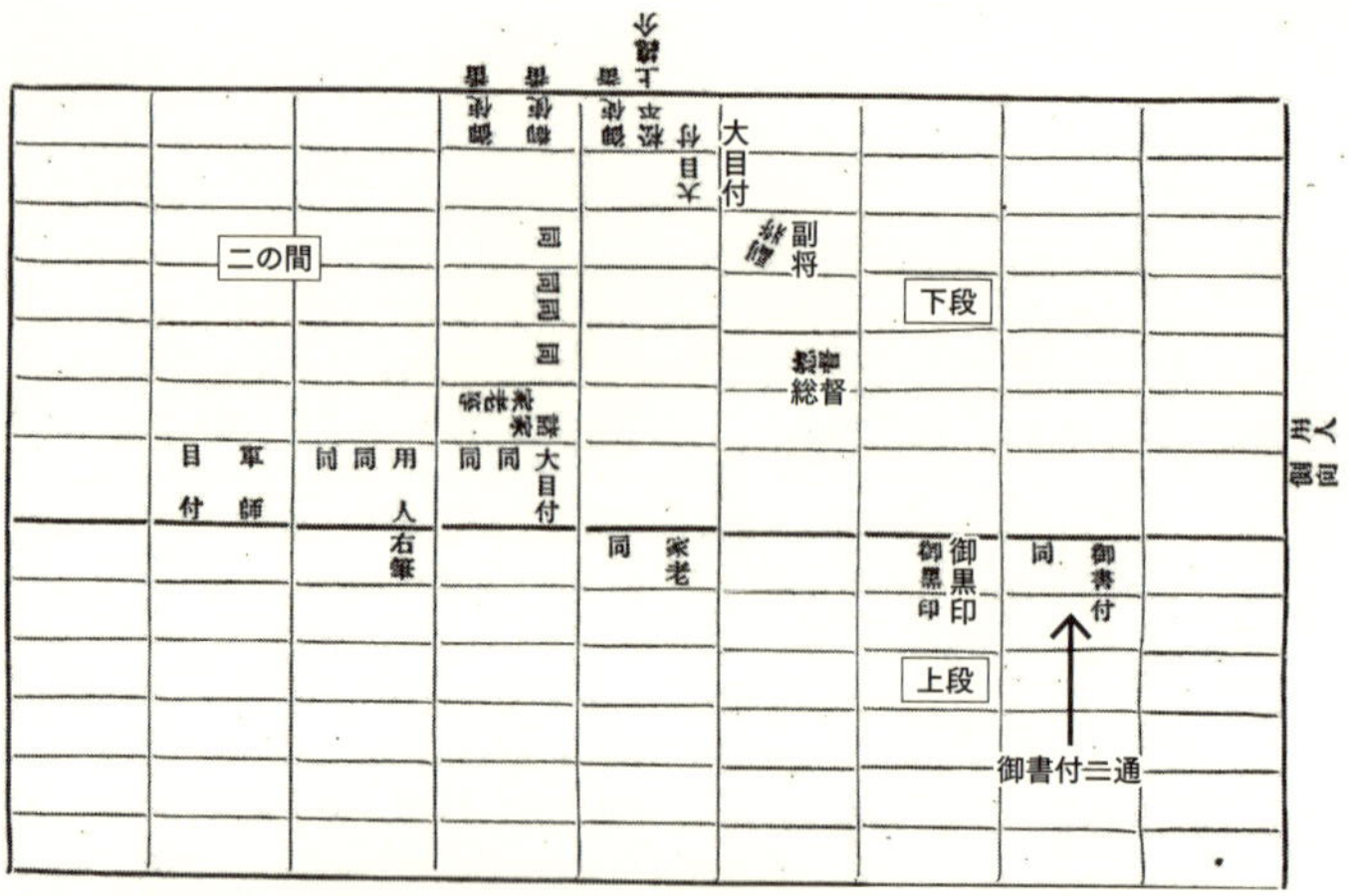

図3　大坂城本丸御殿大広間図（黒印下知状手交）（『督府征長紀事』をもとに作図）

勝・茂昭以下が列座した。「御書付」は慶勝が参内した時に下付された書面、征討軍の勝利を祈念するため朝廷から三社（伊勢神宮・賀茂社・石清水社）へ祈祷を命ずる書面、の二通であった。

慶勝は出座すると、「かねて通知した通り、来月十一日に諸軍は担当する攻撃場所に到着し、十八日を期して攻めかかることになった。軍令の趣旨を堅く守り、諸将の一和が第一だと存ずる」と発言した。この後慶勝は「御書付類を拝見せよ」と茂昭に命じて、退座した。家老が黒印状・書付類を茂昭の元へ運び、順番にそれらを拝見した。さらに総督府印、旗印図、制札写（征討の趣旨・禁令を記した村々宛の制札）、出張日限宿割の書付が家老から諸藩へ手渡された。

「御軍令」と「御黒印」

蓬左文庫には、「御軍令」と「御黒印」の写が所蔵されている。桐箱に入っており、「毛利大膳

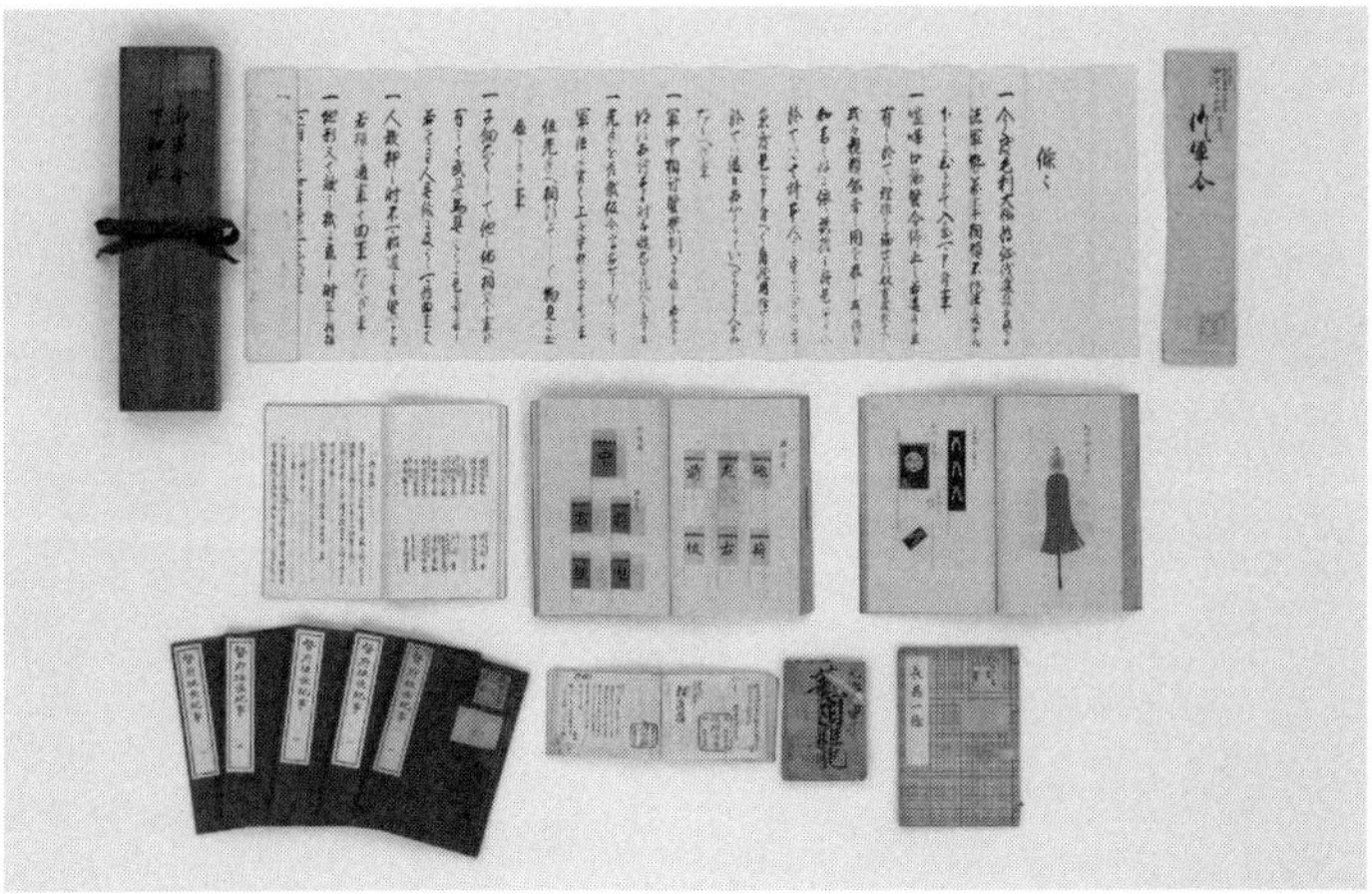

図4　征長関係史料　名古屋市蓬左文庫蔵

御追討之節御軍令下知状共弐通」という貼り紙がある。包紙には「御軍令」と「下知状」と記してある。

「御軍令」（軍令状）は、将軍家茂が発した十六か条の軍中の禁令・規律などを記した命令書である。喧嘩口論の禁止、先手を越さないこと、地形・敵の状況に応じて適宜の処置を執ること、捕虜を殺害しないこと、田畑作毛を刈り取らないこと、下知なくして人を払わないことなどが規定されていた。他方、「御黒印」は家茂の黒印が押された老中連署の下知状である。水野和泉守ほか六人の老中が連署した二十四カ条の禁令である。軍役高、行列、戦闘や陣中における注意などを規定したものであった。

蓬左文庫所蔵の征長関係史料

幕末における最初の大規模な軍隊の動員が、この元治元年の征長軍の編成と出軍であった。征長軍に編成されたのは三〇余の大名であり、総人数は一五万人と当時の記録にはある。蓬左文庫には征長軍の編成と行動、長州藩への処分などに関する多くの史料が残されている。征長軍を構成した大名の指揮役・動員数・宿割などについては、「征長諸藩人数名列」（一冊）、「長防州御征伐広島御宿陣付」（版本）、「御陣列」（一冊）、「元治元年宿陣并御扶持方小割覚」（一冊）、「芸州地ぇ御出張御休泊割」（一冊）、「芸州雑記」（一冊）、「長防討手諸侯旌旗之図」（二冊）などである。そして征長総督府の公的記録というべきものが「督府征長紀事」（六冊）である、これは元治元年七月慶勝が名古屋を出発してから、慶応元年閏五月名古屋へ凱旋するまでの総督府記録である。これに征長副将松平茂昭の記録、「征長出陣記」（三冊）を合わせると、幕府側からの征長戦争の様相を明らかにできる。この両史料はすでに一九一九年日本史籍協会から刊行された。これ以外にも、「征長書類」（一冊）、「征長総督　付水戸暴徒通行」（水野彦三郎編、一冊）、「征長征伐一件」（一冊）、「前大納言様御西征一条書」（一冊）、「長防機密書」（二冊）などの記録がある。

尾張藩から見た征長軍の行動は、藩士の従軍日記（記録）によってくわしく知ることができる。水野正信が残した「広洲越年日記」乾・坤（「青窓紀聞」巻一四四、巻一四五、別名「対青軒日記」）、「広洲越年日記附録」上・中・下（同、巻一四六〜一四八）、古屋長命（山翠）の「古屋氏広島紀行」（「広洲越年日記」乾の一部）、征長軍の兵糧を輸送した尾張藩勘定所役人が残した「兵庫往還雑記」（「青窓紀聞」巻一四八所収）、小寺玉晁『甲子雑録』三に所収の「某氏在職手記」などがある。水野と古屋の日記・記録は『甲子雑録』三にも写しが収録されている。これらの史料から征長戦の内実と従軍者の意識を探ることができ、幕末政治史を豊かなものとしてくれるだろう。

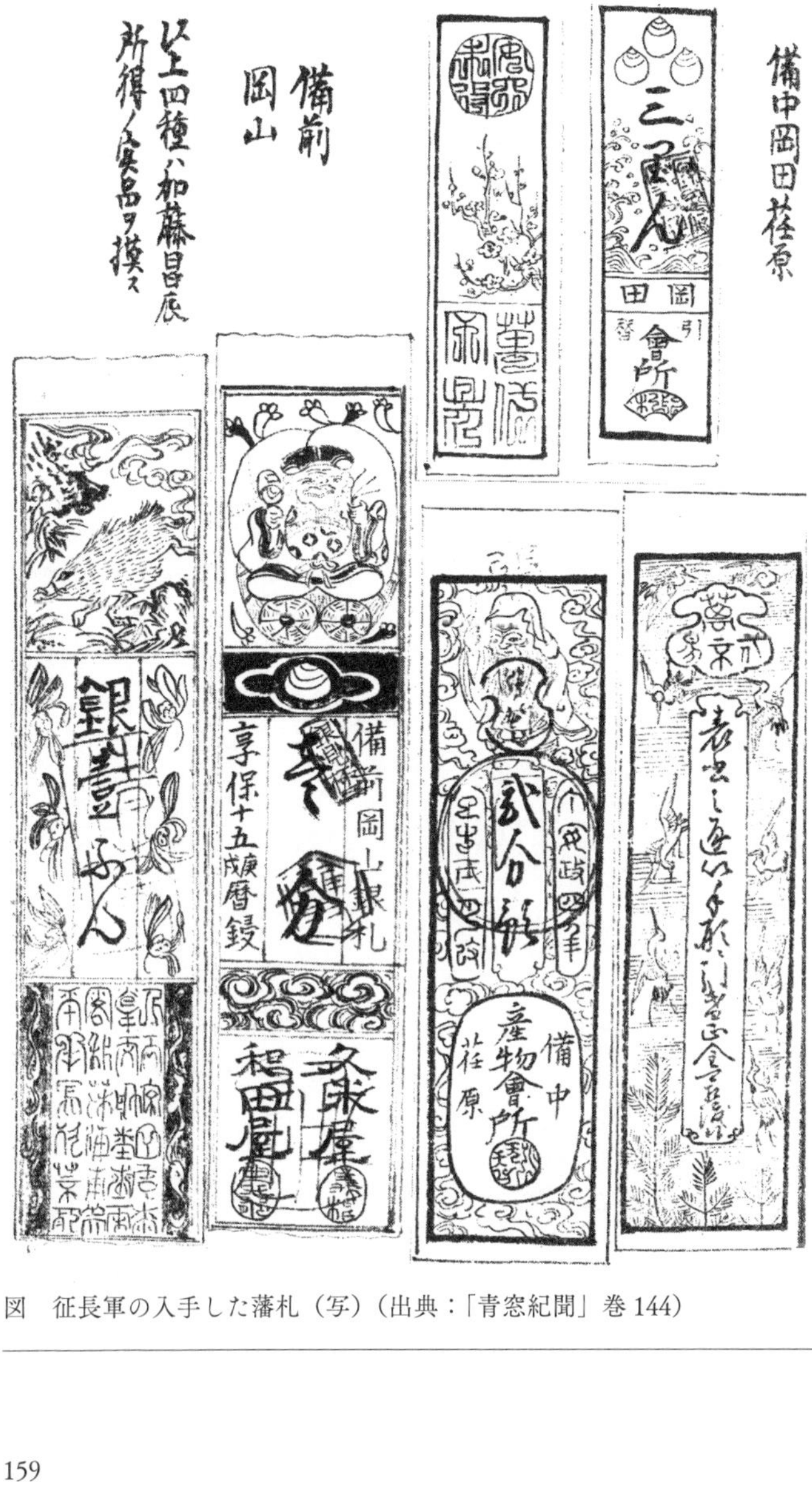

図　征長軍の入手した藩札（写）（出典：「青窓紀聞」巻 144）

【コラム】小田切春江と「芸州広島城下巨細図 全」

三宅紹宣

元治元年（一八六四）の第一次長州出兵において征長総督となった徳川慶勝は、一月半にわたり広島城下に滞在した。この間、参謀格の西郷隆盛に担当させて、長州藩との政治交渉を進め、戦争を回避して出兵を終結させることに尽力した。このような軍事指揮官としての一方、文化的な面で広島の町に大きな遺産を残した。

一つは、幕末の広島を撮影した克明な写真を残したことである。撮影時期は十二月二十五日や二十八日である（徳川林政史研究所編『写真集　尾張徳川家の幕末維新』）。出兵が終息に向かいつつある時期で、余裕が生じたことにより撮影されたものと考えられる。

もう一つは、従軍した尾張藩士の中にいた小田切春江《しゅんこう》が描いた「芸州《げいしゅう》広島城下巨細《こさい》図 全」である（図1）。本図の存在は、一般にはあまり知られていないので、以下、その概略を紹介しよう。

第一次長州出兵と徳川慶勝の広島着陣

元治元年八月七日、幕府は第一次長州出兵の総督として、紀州藩主徳川茂承《もちつぐ》に代えて、前尾張藩主徳川慶勝に命じた。慶勝は辞退を続けたがかなわず、九月十四日、名古屋を出発し、上京の

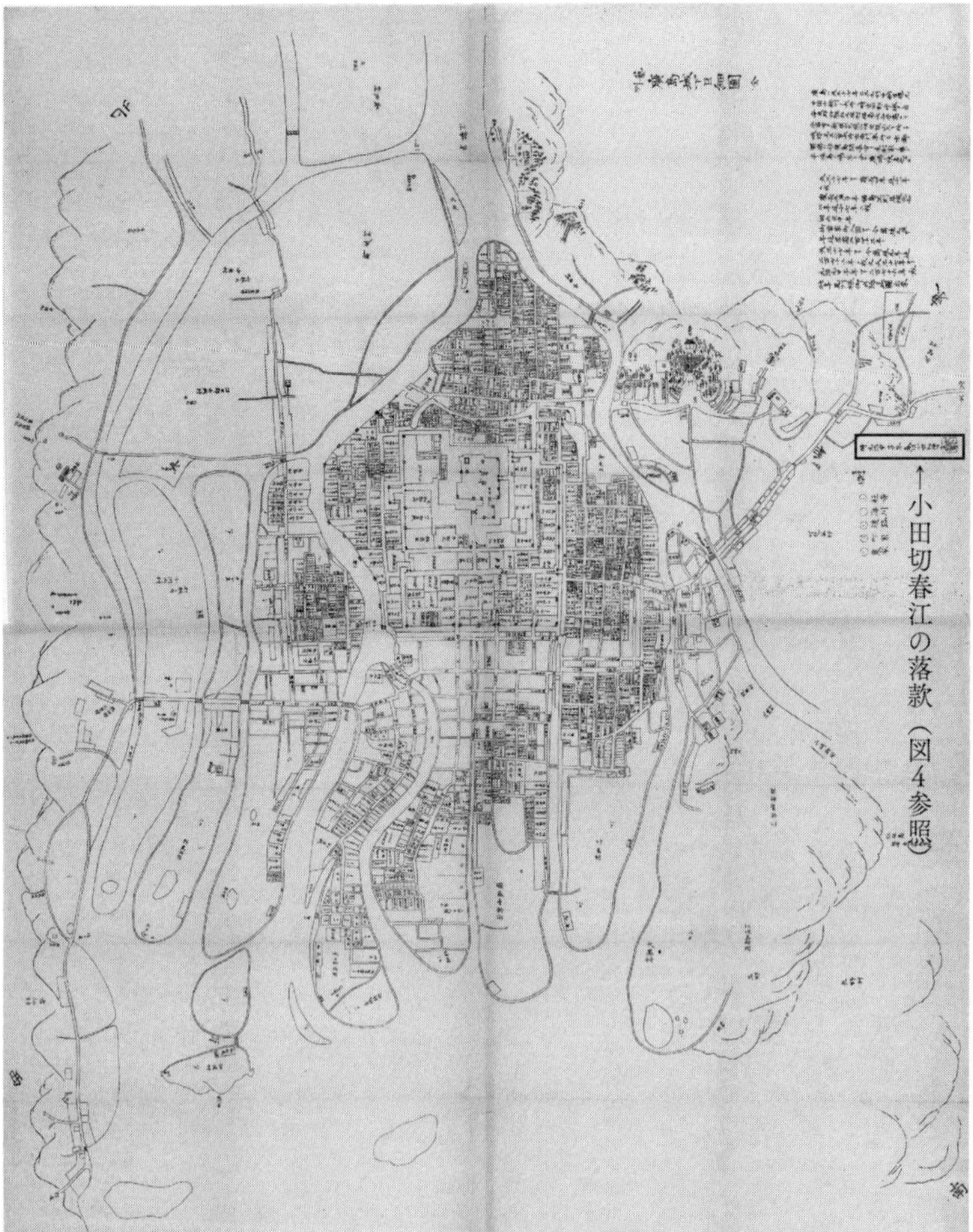

図1　芸州広島城下巨細図 全（複製）　名古屋市蓬左文庫蔵

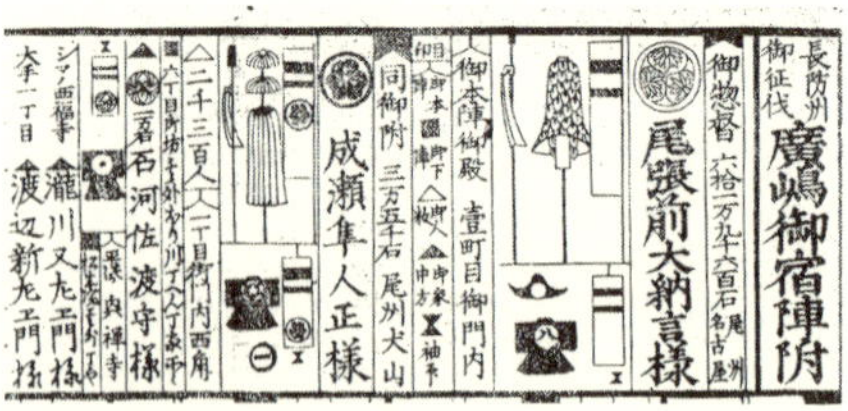

図2　長防州御征伐広島宿陣附（部分）東京大学史料編纂所蔵

図3　長防征伐首実検図　名古屋市博物館蔵

途についた。二十一日、京都に入り、十月四日には、将軍徳川家茂《いえもち》の軍事委任の朱印状を与えられた。十月十五日、京都を出発し、大坂に移った。ここで軍議を開き、二十五日、尾張藩の先発部隊が大坂を出発し、広島に向かった。

慶勝は、十一月一日、大坂を出発した。従軍する一行の中に、御書院番頭《かしら》および御書院番がいる（「尾張名古屋徳川家譜」「大日本維新史料稿本」二一六八、東京大学史料編纂所蔵）。小田切春江は、元治元年に書院番となっているので、この中に含まれていることが推察される。

一行は陸路をとり、十一月十六日、広島城下に着いた（図2）。慶勝は、広島藩家老浅野右近（三原城主）の上屋敷を本営とした。慶勝は十八日、禁門の変を起こしたことの責任をとって自《じ》刃《じん》した長州藩三家老の首実検《じっけん》をおこない（図3）、以後も、長州藩との政治交渉の指揮をとった。長州藩は降伏条件を受け入れ、慶勝はそれを認定し、十二月二十七日、撤兵令を発した。その上で、自身は翌慶応元年（一八六五）一月四日、広島を出発して大坂へ向かった。

小田切春江「芸州広島城下巨細図《こさい》　全」の特色

小田切春江は、書院番組士として広島城下に従軍した間に、「芸州広島城下巨細図」を作成した。本図は、幕末期の広島城下の様相を詳細に伝えるものであり、縦一一一・五cm、横一四二・〇cmと大型で、城下町全体を一覧できる点で出色のものである。とりわけ家臣の屋敷配置がきわめて詳細であることに特色がある。

本図右側に、「時元治甲子冬春江小田切伝之丞《でんのじょう》図」とあり（図4）、元治元年十月から十二月（旧暦の冬）の間に、小田切春江によって描かれたことが確認できる。作成経緯は、「此年尾州様御出張《でばり》ニテ此図出来」と記し、徳川慶勝が、征長総督として広島に出陣したことにかかわって出来たとしている。

第一次長州出兵の前進基地となった広島には、全国諸藩から三万人ともいわれる兵士が入り込み、兵士の案内用地図として「広島町々道しるべ略図」が作成され、大量に配布された。本図は、これとは比較にならないほど精密である。

次に、本図を巡りながら内容を紹介しよう。中央に広島城郭が記される。広島城は平城で、高さによる防禦ができないため、櫓《やぐら》を多数配置し、壁で連結して弱点を補っていた。その櫓が三重の堀に沿って克明に記入され、広島城の特徴がよく伝えられている。

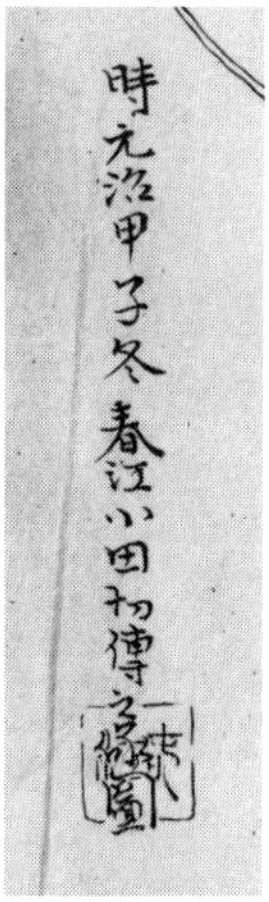

図4　小田切春江の落款

城の南部の三の丸には、重臣クラスの屋敷が並ぶ。

ここに慶勝の本営となった浅野右近の屋敷がある（図5）。そこから大手筋を南に進めば、広島城の大手門である一丁目御門がある。慶勝が、本営から一丁目御門を見通すアングルで撮影した写

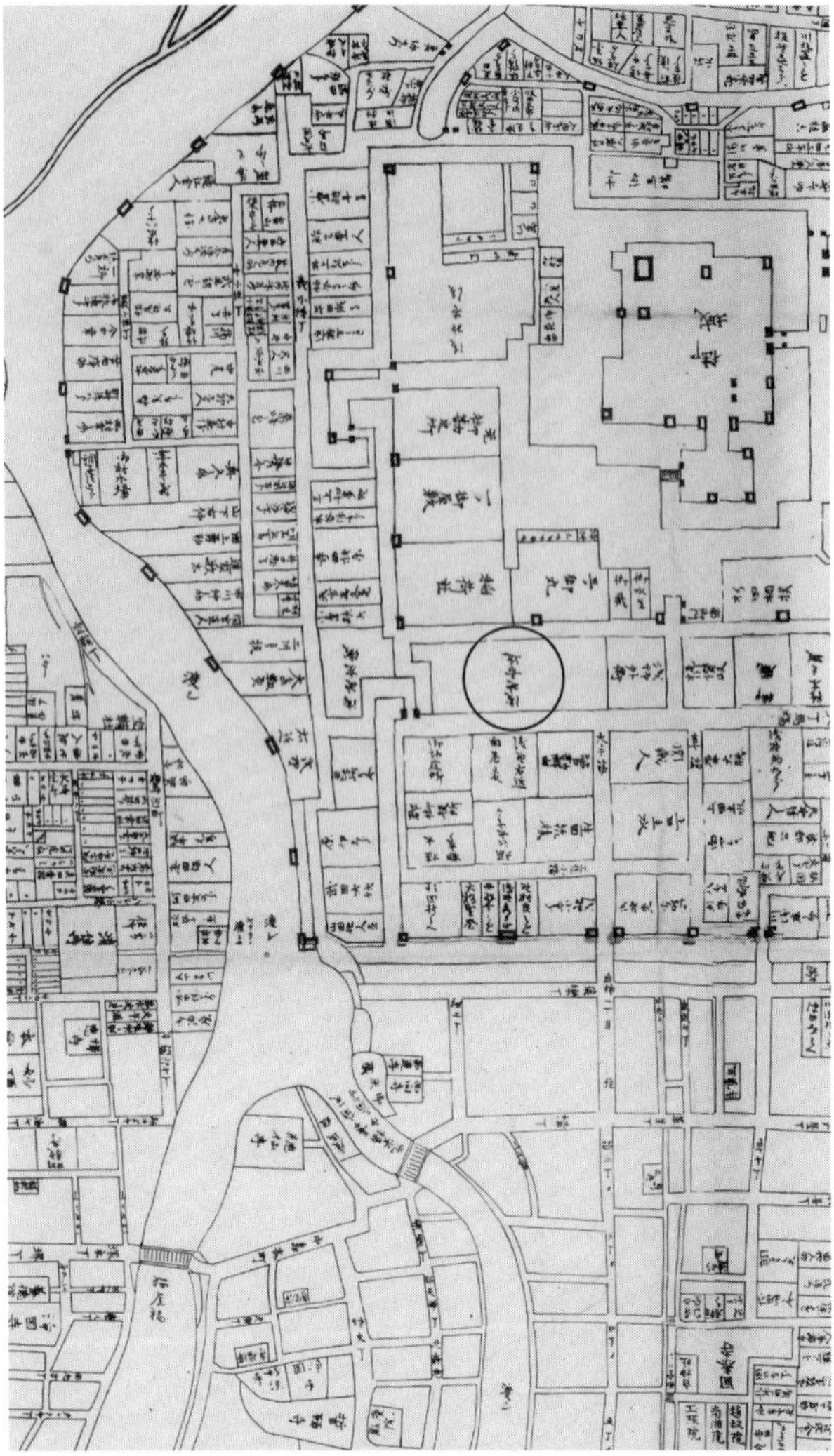

図5　浅野右近（丸印）の屋敷に徳川慶勝本営がおかれた

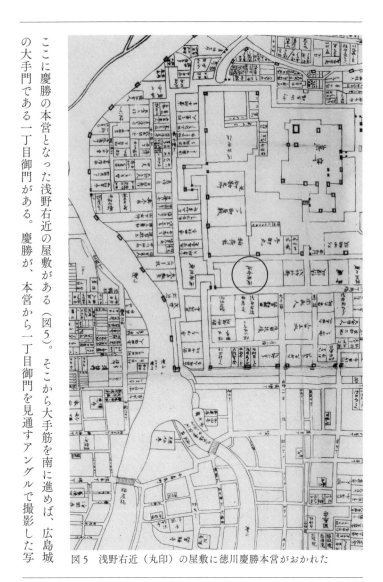

真があり、幕末の広島の様子がよくわかる。

また、本営の北側から広島城の中堀越しに南御門を遠望する写真もあり、幕末の広島城の実相をリアルに伝えている（徳川林政史研究所編『写真集　尾張徳川家の幕末維新』）。

一丁目御門から南に大手筋が延びている。大手筋と直角に交わっているのが西国街道（現在の本通り）である。西国街道を東に向かうと、城下町を屈折しながら進み、城下を抜ける。その東北には、壮大な東照宮が描かれている。東照宮は、徳川家に忠誠を現す証として、各藩が競って造営した。その規模の大きさが巧みに描かれている。

先ほどの地点に戻って、大手筋と交わる地点から西国街道を西に向かうと、元安橋を渡り中島本町（現在の平和公園）に至る。元安橋の北には広島藩の御米蔵（現在の原爆ドームの地）がある。このあたりは、川船交通と海上交通の要衝であり、広島の商業の中心地であった。西国街道をさらに西に進むと城下を抜ける。その途中で、石見国《いわみ》に向かう路が分かれて北上している。

このような広島城下町の基本構造の上に、家中屋敷と町人街が巧みに配置されていた。本図は、その一軒一軒に名前を記し、さながら現在の宅建地図を見るようである。短期間の滞在の間に、これほどの地図を作成した春江の力量に驚嘆せざるをえない。

なお、本図の原本は、現在所在不明である。『月刊古地図研究』（一四号）の「新複製図紹介」に簡単な記事があるが、筆者は、広島県立文書館所蔵ほかの複製図しか見る機会をえていない。記事によれば、原本は彩色が施してあるとしており、美しい仕上がりになっていることであろう。いつの日にか、原本に出会って、その美に触れたいと念願している。

第2部

変わりゆく社会と文化

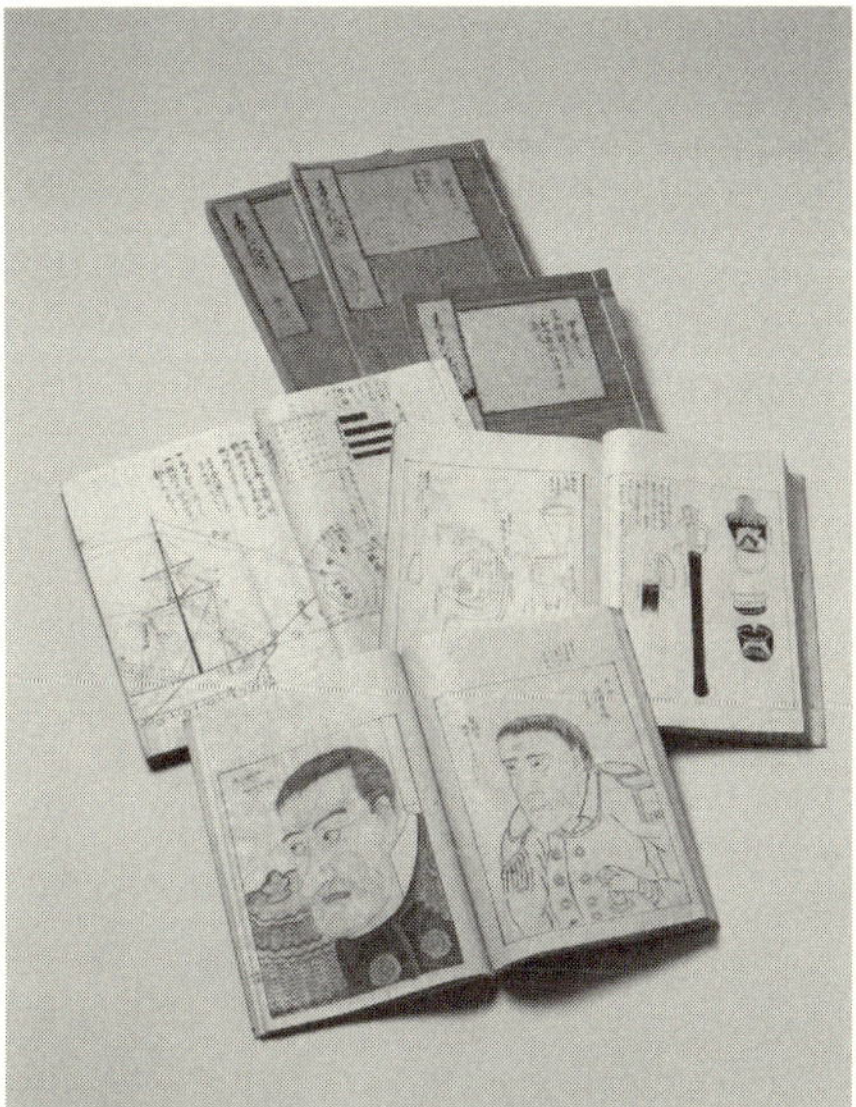

「青窓紀聞」名古屋市蓬左文庫蔵

第1章　水野正信と「青窓紀聞」――幕末名古屋のソーシャル・ネットワーク

木村慎平

1　柳河春三と「新聞紙局」

徳川慶喜《よしのぶ》が朝廷に大政を奉還した慶応三年（一八六七）十月、幕府の洋学研究教育機関である開成所教授の柳河春三《やながわしゅんさん》は『西洋雑誌』を発刊した。その序文で、春三は西洋における「新聞紙局」の活動を「西洋諸国には新聞紙局ありて、公私の報告、市井の風説を集め、或は毎月、或は毎七日、或は毎日これを印行して互に新報を得るを競う」と紹介している（二頁）。

名古屋の商家に生まれた春三は、三歳にして「学ばずして能く書き、習わずして能く書を読《よ》む、奇異の童子」であった（「金鱗九十九之塵」『名古屋叢書』第七巻、一四三頁）。春三はやがて、蘭方医・本草学者の伊藤圭介《けいすけ》に入門し、わずか十歳で圭介の著書『洋字篇』を校訂するなど抜きん出た才能をみせた。その才は彼を名古屋に留めず、江戸に出て幕府の開成所に出仕し、その頭取にまで上り詰めることになる。稀にみる立身出世だが、例えば福沢諭吉や大隈重信も、同じ時代に洋学修行によって身を立てたのであり、春三の経験にもそうした時代背景が刻まれている。その春三が、西洋の「ニュースペーパー」「マガジン」を輸入し、みずからその刊行を試みたことは理解しやすい。だが、春三にとって新聞雑誌刊行の試みは、単に西洋文明の輸入だったのだろうか。少し時代をさかのぼって、このことを考えてみたい。

2　水野正信と「青窓紀聞」

安政五年（一八五八）十月二十七日、柳河春三は、一通の手紙を故郷の名古屋に送った。

「このたび思いがけず紀州様に召し出され、寄合御医師を仰せ付けられ、蘭学所へ勤めるよう申し渡されました。ありがたき幸せに存じます。このことを皆様にご吹聴申し上げたく存じます」。安政三年に名古屋を発って江戸へ出奔した春三は紀伊徳川家の附家老水野忠央《ただなか》に見いだされ、同藩の蘭学所に取り立てられた。そのことを春三は故郷に自慢したかったのであろう。

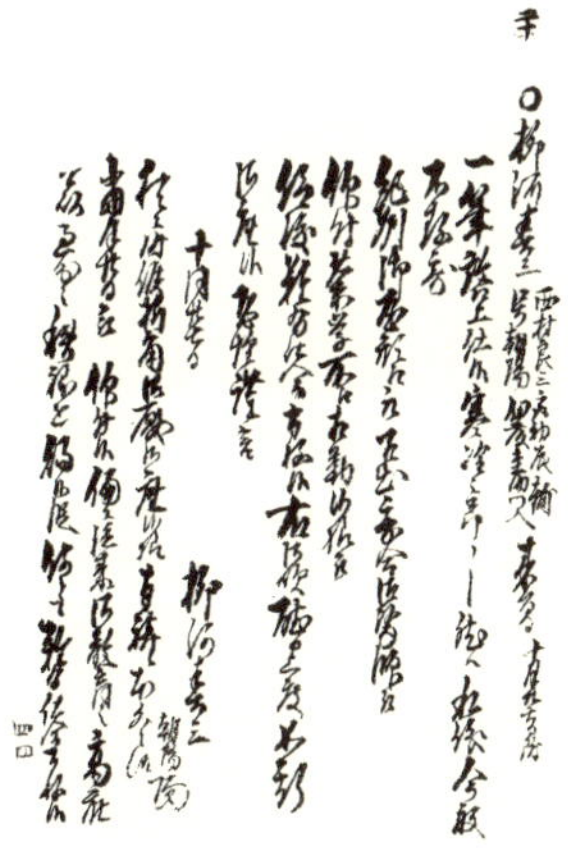
図1「青窓紀聞」巻92
名古屋市蓬左文庫蔵

実は現在、この書簡の原本は確認できない。いまこの文面を知ることができるのは、この書簡が「青窓紀聞」という記録に書き写されているからである。「青窓紀聞」には何通か春三の書簡が書き写されており、あて名には「水野清太郎様」という名前が見える。この人物こそ、本章の主人公にして「青窓紀聞」の編者、水野正信《まさのぶ》（一八〇五－六九）である。「青窓紀聞」は、正信が文化十一年（一八一四）から明治元年（一八六八）にわたり書き記した、全二百四冊におよぶ編年の記録である。ちなみに先ほどの書簡は巻九十二に記されている（図1）。「青窓紀聞」以外にも、八百点余りの水野正信旧蔵書が蓬左文庫に伝わっている。これほどの記録を残した水野正信とは、いったいどのような人物なのだろうか。試しに郷土人物事典として定評のある『名古屋市史』人物編を手繰ってみても、残念ながら正信の項目は存在しない。そこでまずは正信の経歴と「青窓紀聞」の成り立ちをみてみよう。

水野正信の家系と経歴

正信は文化二年（一八〇五）六月二十一日、尾張徳川家に仕える大道寺家家臣・水野正廸《まさみち》（一七七八－一八三二）の嫡子として生まれた。家系図によれば、水野家は寛永十一年（一六三四）に死去した水野正利まで遡るが、正利の次男正義、正義の跡を継いだ正房に至るまで身分は不明で、正房の嫡男孫左衛門は浪人であったとされる。正信につながるのは、正房の三男伊兵衛から続く家系である。伊兵衛は宝永三年（一七〇六）に亡くなり、墓所は遠州日坂《にっさか》宿の相《そう》

表1　水野正信の国外出張

和暦	西暦	発	帰	用務など	目的地
文政8年	1825	9月	10月	女御入内御使御供	京都
文政10年	1827	9月		勢州参宮	伊勢
文政11年	1828	2月		江戸御使、正信御供御側認物引受	江戸
文政12年	1829	5月カ	翌年	正信御供江戸詰、水戸へも御供、調物惣留引受	江戸
天保9年	1838	5月	7月	上州武州御菩提所御用弁江戸御用御使	江戸
天保12年	1841	2月	4月	江戸御供	江戸
嘉永6年	1853	10月24日	翌年8月	正信・正明御供詰日阪駅相伝寺立寄参詣	江戸
元治元年	1864	10月	翌正月21日	第一次長州征討	広島

＊「御年表」（名古屋市蓬左文庫蔵）などにより作成

伝《でん》寺に設けられた。正信は嘉永六年（一八五三）に江戸へ下った際、相伝寺に立ち寄って墓参している。その伊兵衛に続く正種、正躬の墓所は名古屋城下の隆正寺になっている。その正躬の三男が正廸である。正廸は寛政五年（一七九三）、大道寺家の側に召し出され、同十二年には表御用人に取り立てられた。そして文化二年、長男正信が誕生したのである。

大道寺家は、後北条氏の家臣から松平忠吉《ただよし》、徳川義直に仕えた家で、尾張藩の年寄を務める三千五百石の重臣である。その大道寺家では正信が生まれる前年、当主直方に嫡子直寅《なおとら》（玄蕃《げんば》）が誕生し、文化十三年（一八一六）に直方が死去すると、直寅が十二歳で家督を継いだ。直後の文化十四年、正信は直寅の側に召し出された。そして天保十一年（一八四〇）には「表御用人」を仰せ付けられ、その後も一貫して当主の側で仕えた。また、しばしば「認物《したためもの》」すなわち記録や文筆に関わる仕事を任されていた（「御年表」）。家族についてみると、天保五年九月に坂野氏の女しゅうと結婚し、翌年には長男正明（正遠）、同九年には次男釜次郎（養子に出て村上義鋪）、同十二年には三男豊三郎（養子に出て池田洸三郎）が誕生した。

正信は大道寺家に従い名古屋を出ることも少なくなかった（表1）。とくに江戸には文政十一年に大道寺家にともなって初めて参府して以後、嘉永六年までに五回も赴いている。元治元年（一八六四）、第一次長州征討の際には、尾張家隠居の慶勝が征長総督として芸州広島に出陣したのに従い、正信も広島まで赴いた。

これ以後、正信は尾張を出ることなく、明治元年（一八六八）十二月に重病を発し、同二年二月十八日、膨大な蔵書を残してこの世を去った。戒名は「雄風正信居士」である。維新後、水野家は大道寺家の知行地があった知多郡内海《うつみ》に主家ともども移住した。そして、大正～昭和初期、正信の旧蔵書は尾張徳川家に献納され、現在に至る。

「青窓紀聞」の成り立ち

では、正信はいつから「青窓紀聞」をまとめはじめたのだろうか。「青窓紀聞」は巻一が欠けており、第一冊目は「巻二」になっている。その巻二の記述は文化十一年（一八一四）から始まる（名古屋市蓬左文庫　二〇一八）。しかしながらこの年、正信はわずか八～九歳であり、この年から編纂を始めたとは考えにくい。正信自身も文化年間の記事については「まだ幼少の頃のことなので、のちに他から書き写したものも少々ある」と記している（「大道寺玄蕃殿家来水野三四郎蔵書目録稿写」）。

そこで巻二の記事をみると「反古《ほご》」や神野仲雄の随筆から書写したとする記述が随所に見える。神野は大道寺家に仕えた正信の先輩にあたる人物である（太田　二〇〇五）。また、巻二の冒頭には「郁李園随筆　巻之第三」という内題が記されている。実は水野正信旧蔵書のなかに、「青窓紀聞」とは別に「郁李園随筆」一冊が伝わっている。この「郁李園随筆」の記事は文政以前に限られ、やはり神野の随筆や反古の写しが多く含まれている。これを踏まえると、正信は「青窓紀聞」以前に「郁李園随筆」をまとめ、それをもとに初期の「青窓紀聞」をまとめなおしたのではないだろうか。

記事の内容と記述量の変遷

記事の内容についてみると、ペリー来航以前には、尾張におけるローカルな出来事が中心である。特に寺社の開帳や祭礼、城下での殺人事件などが多く目につく。また初期の記事には、尾張藩士の高力種信《こうりきたねのぶ》が著した『猿猴庵《えんこうあん》日記』に類似した記事もみられる。その後、正信の関心は徐々に広がりを見せていった。とくに江戸参府を果たして以降、江戸の話題が増加している。例えば天保九年（一八三八）の巻十七には、江戸城西の丸が火災で全焼した事件について「西丸炎上一件」と題して、一冊丸ごと費やして記録している。この火災の直後、正信は江戸に下っており、あるいはこれに関連して参府したのかもしれない。

また、災害に関する情報の多さも目を引く。地震、風水害、大火といった災害情報は、当初から数多く見られ、「青窓紀聞」全体を通じた主要な題材の一つになっている。例えば弘化四年（一八四七）の信州大地震（善光寺地震）については一冊（巻三十三下）を費やして記録している。そして安政年間に続発したいわゆる「安政地震」についても巻六十四、六十五、六十九、七十、七十一の五冊を費やしているのである。

記述量をみると、嘉永六年（一八五三）六月のペリー来航が大きな画期である。単純に冊数だけ見ても、それまで年一、二冊程度のペースであったのが、これ以後は年平均九冊程度まで増加している。内容の面でもこれ以後は政治情報が他を圧倒して増大している。このように、記述する情報が増大するにともない、正信は内容やテーマに沿って記事を冊ごとにまとめ、必要に応じて各巻に副題を付して整理するようになった。

さらに、正信は「青窓紀聞」と並行して、①「青牖叢書」（百四冊、名古屋市蓬左文庫蔵）、②「資治雑笈」（九十四冊、同上）、③「青窓謾筆」（十五冊、同上）を編纂した。①は、蝦夷地の地誌や海外漂流者の紀行文などをまとめた叢書である。②は、海防に関する諸侯や有識者の意見をはじめ、政治的な色合いの強い情報をまとめたものである。③はそうしたテーマに収まりにくい雑多な情報がまとめられている。情報の収集整理は「青窓紀聞」だけでなく、他の写本類にも及んだのである。

図2　『環海異聞』(出典:「青牖叢書」巻97、名古屋市蓬左文庫蔵)

異国への関心

こうした正信の編纂物や蔵書からは、一貫して蝦夷地や異国への強い関心がうかがえる。例えば①には蝦夷地の地誌や『環海異聞《かんかいいぶん》』などの著名な漂流記が丁寧に筆写されている(図2)。正信と同じ時代、名古屋では小寺玉《こでらぎょく》晁《ちょう》や奥村徳義《かつよし》、細野要斎《ようさい》といった正信の友人たちも、多くの記録や随筆を著しているが、それらと比較しても海外情報の豊富さは群を抜いている。万延元年(一八六〇)、正信は「外国へかよふみちさへひらけつる　とよあしはらの根こそかたけれ」という歌を詠んでいる(「葎の滴　感興漫筆」二十五『名古屋叢書』第二十一巻、一八六頁)。条約締結によって海外への道が開けたことを、正信は「豊葦《とよあし》原《はら》の根」の堅固さ、すなわち日本の先行きの盤石さを示すものとして歓迎したのである。

そして正信は単に漂流記などを筆写するだけでなく、自ら海外渡航者に取材して見聞録をまとめることまでおこなった。②の第四輯・巻十二に収録された「二夜語《ふたよがたり》」である（日米修好通商百年記念行事運営会　一九六〇）。これは万延元年の遣米使節に随従した飛騨出身の加藤素毛《そもう》が名古屋を訪れた際に正信に語ったことを、素毛の日記と合わせてまとめたものである。聞き書き部分を読むと、正信は実に詳細にアメリカの事物や旅の様子について尋ねており、知識豊富な優れたインタビュアーとしての姿が垣間見える。正信は②に、万延遣米使節の記録として勝海舟『米国航海紀行』、玉蟲左太夫《たまむしさだゆう》『航米日録』なども収録しており、これらを通じて事前に知識を得ていたと思われる。

だが、正信はこれに満足せず、素毛のアメリカ滞在が短期間にとどまり、話を聴く時間も短かったことを嘆いた。「もう少し素毛のアメリカ滞在が長く、大黒屋幸太夫《だいこくやこうだゆう》と津太夫《つだゆう》に、桂川甫周《かつらがわほしゅう》と大槻玄沢《おおつきげんたく》が何度も質問したように尋ねることができれば精細を尽くしたであろう」。ロシアに漂流した津太夫からの聞き書きを大槻玄沢がまとめた『環海異聞』と、同じくロシアに漂流した大黒屋幸太夫からの聞き書きを桂川甫周がまとめた『北槎聞略《ほくさぶんりゃく》』は異国漂流記の双璧とされる。正信はそれらと並び立つ作品を残したかったようである。

3　「青窓紀聞」の情報源

自らの見聞

では、「青窓紀聞」に記された膨大な情報を、正信はどこから手に入れたのだろうか。すでに述べたように初期には自身が身の回りで見聞したことについての記事が多いが、ペリー来航以後にも自身の見聞は記されている。例えば安政元年（一八五四）、五度目の江戸参府を果たした正信は、故郷の家族に書き送った江戸湾周辺の見聞記を巻五十九に書き留めている。ペリー来航直後の江戸湾における緊迫した状況を伝えようとしたのだろう。

また、元治元年（一八六四）の第一次長州征討のときには、安芸広島まで出陣した道中の紀行文を、巻百四十四と百四十五の二冊にわたって「広州越年日記」としてまとめた。そのなかには道すがら立ち寄った名勝の風景を描いた挿絵（図3）や、道中で収集した藩札のコレクションなどが書き留められており、戦争に赴く緊迫感は感じられない。総督の慶勝が当初から戦闘を避ける方針だったことも影響したのか、正信は明らかにこの「広島旅行」を楽しんでいたようである。人一倍強い好奇心を持ちながら、普段は名古屋を離れることができない正信にとって、京都以西に足を運ぶ初めての（そして最後の）機会であったのだから、無理もないかもしれない。だが、正信が「青窓紀聞」に記した自身の見聞は、全体から見ればごくわずかで

図3　兵庫港と神戸の風景。台場が見える（出典：「青窓紀聞」巻144）

ある。むしろ多くを占めるのは、次に見るような知人からの書簡などを通じた情報である。

書簡を通じた情報

「青窓紀聞」には「江戸来簡」「京師来簡」などといった項目が多く見られる。これらは正信や知人に宛てて送られた手紙を書き写したものであり、おそらく量的にはこうした書簡情報がもっとも大きな割合を占めている。その情報源を個別に取り上げればきりがないが、ここでは特に重要な人物として、間瀬権《ませごん》右衛門《うえもん》、伊藤圭介《けいすけ》、池田溌三郎《はっさぶろう》の三人を紹介しておきたい。

まず、ペリー来航後の嘉永から文久期において最も精彩を放っているのが、江戸詰めの尾張藩士間瀬権右衛門を通じた情報である。正信が間瀬と知り合ったのは、嘉永六年（一八五三）に江戸へ赴いたときであると思われる。土井康弘氏によれば、間瀬は江戸詰めの御小《おこ》納戸《なんど》として江戸屋敷で藩の蔵書を管理していた（土井　二〇〇三・二〇〇四）。正信の旧蔵書には間瀬を通じて入手した書物が含まれ、その一つである「蝦夷紀行」（「青牖叢書」巻十九）に、正信は「間瀬君は長年、書物を好む友と広く交際している」と記している。間瀬からの情報で特筆すべきは、勝麟太郎《りんたろう》（海舟）が記した書簡が数多く転写されていることである。間瀬は幕臣たちとも交流をもち、勝とも親しい関係を築いていた。正信は間瀬からの情報を通じて、幕府海軍建設の最前線に関する詳細な情報を得ることができたのである。

伊藤圭介もまた、正信にとって情報の結節点として重要な役割を担った。名古屋の町医者西山玄道《げんどう》の家に生まれた圭介は、本草《ほんぞう》学者水谷豊文《ほうぶん》に師事し、長崎に遊学してシーボルトに西洋植物学の教えを受けた。その後、圭介は幕府の蕃書調所物産方《ばんしょしらべしょぶっさんかた》に取りたてられ、維新後には日本初の理学博士号を授与された。正信と圭介がいつ知り合ったかは不明だが、生年が近くともに名古屋で育ったことを考えれば、早くから親しい関係にあったとしても不思議ではない。「青窓紀聞」には圭介の蕃書調所出仕時代における手紙が書写されているだけでなく、長崎に遊学中の圭介の門弟から、圭介に宛てて送られた手紙も書写されている（土井　二〇〇五）。また、柳河春三と正信を結びつけたのも圭介であった可能性が高い。

さらに、正信は圭介を通じて蝦夷地探検家として知られる松浦武四郎《たけしろう》とも交流をもった（土井　二〇〇五）。圭介と松浦は、圭介が蕃書調所に出仕して江戸に滞在していたさいに知り合った。そのとき圭介が正信の蝦夷地関係蔵書について話したところ、松浦が強い関心を示し、正信との交流を求めたのである。松浦から正信に送られた手紙は「青窓紀聞」にいくつか書き留められており、二人が書物や絵図の貸借を中心に交流をもったことがわかる。

正信の三男である池田浚三郎も、二人に劣らず重要な情報提供者であった（コラムも参照）。浚三郎は万延元年に幕臣（根来同心）池田伊右衛門の養子に入った。伊右衛門は箱館に居住しており、浚三郎が伊右衛門の養子になったのは箱館に向かうためであった。安政二年（一八五五）に開港した箱館は、同年に蝦夷地が幕府直轄領になって以降、幕府による蝦夷地支配の拠点となった。同時に洋学研究教育のため諸術調所《しょじゅつしらべしょ》が設けられ、洋学研究の拠点ともなったのである。浚三郎は箱館で幕府の洋式帆船亀田丸の乗員となり、測量術や航海術を実地で学ぶかたわら洋学修行に励んだ。そして航海中の見聞や箱館の様子、自身の近況などについて、こまめに正信に書き送ったのである。そして正信は浚三郎から送られた書状の多くを「青窓紀聞」に書き留めた。浚三郎からの手紙は、単に息子からの音信というだけでなく、蝦夷地に強い関心を持つ正信にとって興味深い内容だったに違いない。

藩の組織を通じた情報

次に、藩の組織を通して得られた情報も重要である。特に後半には「御城書」と題された記事が非常に多くみられる（表2）。御城書とは江戸城で尾張藩の御城附《おしろつき》（留守居）が、日々幕府

表2 「青窓紀聞」中の御城書

巻	和暦	西暦	副題
118	文久3年	1863	癸亥之六　御城書
129	文久3年	1863	癸亥十七　御城書之部
131	元治元年	1864	甲子二　二条御城書　御留守方御城書
138	元治元年	1864	甲子九　御城書　自五月至九月
140	元治元年	1864	甲子十一　御城書　自九月至十二月
150	慶応元年	1865	乙丑之三　御城書之部　正月より七月に至　全
155	慶応元年	1865	乙丑之七　上方御城書之部　閏五月十四日より
161	慶応2年	1866	丙寅二　丙寅之正月より　上方御城書之部　上
164	慶応2年	1866	丙寅三　丙寅正月より　御留守御城書
166	慶応2年	1866	丙寅之七　上方御城書　下
172	慶応3年	1867	丁卯二　上方御城書之部
173	慶応3年	1867	丁卯三　御留守方御城書之部
183	慶応4年	1868	江戸御城書

＊副題に「御城書」を含む巻のみ抜粋。

から受け取る文書のことである（白根 二〇〇四）。そこには幕府からの令達や諸種の情報が記された。御城書は藩主や在府年寄衆に供覧のうえ、記録方で写本が作成され、尾張にも厳封のうえ送付された。

これは幕府から尾張藩に提供されるもっとも基本的な情報であるが、本来は広く藩士に流布されるものではない。実際、「青窓紀聞」における御城書の初出は文政九年（一八二六）、巻七の「手に入候御城書写」だが、これは断片的な抜き書きに過ぎない。だが文久三年（一八六三）以降には御城書が毎年丸ごと書写されており、正信がこれを継続的に入手できたことがわかる。正信の主家大道寺家は尾張藩の重臣であるため、主家を通じて入手することは困難ではなかっただろう。また、慶応四年（一八六八）、尾張藩を含む新政府軍の東海道進撃が始まった後にまで、江戸城で御城書のやり取りが継続されていたこともわかる（巻一八二）。

このほか、藩の組織を通じた情報として七里《しちり》飛脚《ひきゃく》を通じた「一文字便」「十文字便」、飛脚問屋を通じた情報、あるいは江戸や京都詰め藩士、御用商人茶屋家からの情報など、広い意味で藩の組織を通じて入手できた情報も大きなウェイトを占めている。

他の人物による記録からの筆写

このほかに、正信は他の人物が著した記録や紀行文を数多く筆写している。例えば巻四十五、五十七、五十八の三冊には、熱田出身の高橋（笠亭《りゅうてい》）仙果《せんか》がペリー来航直後の出来事や風聞を記した「平穏録」（西尾市岩瀬文庫蔵）を抄写し、ところどころに自身のコメントを付している。この「平穏録」は、正信の友人で尾張藩右筆《ゆうひつ》の安井重遠《やすいしげとお》が著した『夏南破男志《げなばなし》』（蓬左文庫蔵）にも筆写されているが、そこには正信が記したコメントまで筆写されており、「青窓紀聞」からの転写であることがわかる。

さらに文久期以降には、「近国人筆記」なるものからの写しが頻出する。例えば慶応三年（巻一七二）の「近国人筆記」には、京都からの情報として、御室宮《おむろのみや》（仁和寺宮入道純仁、のちの小松宮彰仁《こまつのみやあきひと》）に召し出され、孝明天皇が天然痘で崩御した際の様子を宮から詳細に聞いた旨を記した書簡が書写されている。この手紙の主は、宮から皇太子（のちの明治天皇）が幼少時に中山忠能《ただやす》邸で密かに種痘《しゅとう》を受けていたため、天皇の側で看病できたことを聞いて、朝廷でも種痘を全面的に導入すべきだと宮に進言したという。仁和寺宮と親しく言葉を交わし、宮に朝

図4 「平穏録」から模写されたペリーの肖像（出典：「青窓紀聞」巻58）

廷での種痘実施を建言した手紙の主は、いったい誰なのか。

手掛かりは当時、仁和寺宮《にんなじのみや》の侍医に江馬《えま》榴園《りゅうえん》という人物がいたことである。榴園は嘉永二年、伝来したばかりの牛痘苗《ぎゅうとうびょう》を用いて、京都でいち早く牛痘種痘を実施した蘭方医であった。まさに手紙の主にふさわしい人物像である。そして榴園が医学を学んだ江馬家の本家は美濃大垣にあり、代々大垣藩の藩医を務める家であった。当時の江馬家当主は五代春齢《しゅんれい》（信成）であったが、その父活堂《かつどう》（一八〇六～九一）も、いまだ健在であった。この江馬活堂こそ、「近国人筆記」の「近国人」であり、正信は彼が著した全百冊におよぶ記録「近聞雑録」を筆写していたのである。この「近聞雑録」を含む江馬家文書は、現在岐阜県歴史資料館に寄託されており、先ほど紹介した書簡は「近聞雑録」巻七十三に記されている。「近聞雑録」には活堂の人脈を通じた貴重な情報が満載されており、「青窓紀聞」後半の重要な情報源になったのである。

正信が「近聞雑録」をどうやって手に入れたのかはよくわからない。だが、活堂と正信、両者と親交のあった伊藤圭介をはじめ、尾張には活堂の知人や門弟が多く存在し（青木　一九九八）、「近聞雑録」が名古屋にまで回覧される回路は豊富に存在したと考えられる。

4　風説留と文人結社

ここまで「青窓紀聞」に記された記事の内容や情報源についてみてきた。だが、この膨大な記録を残した正信の営みを、どう理解すればよいのだろうか。

全体としてみれば、「青窓紀聞」は、現代の新聞や週刊誌に近い内容を持っている。そこには政府の公報、真面目な政治記事、海外情勢を伝える記事から怪しい噂話まで、実に多彩な情報が記されている。実は幕末の日本では、このようなタイプの記録が各地で作られていた。宮地正人氏は、こうした記録を「風説留《ふうせつどめ》」と総称し、そこに「新聞」につながる公論形成の端緒がみられると指摘した（宮地　一九九九）。実際、「青窓紀聞」には幕末に刊行された数多くの新聞や官報が筆写されており、「風説留」から「新聞」への移行を如実に示しているようにみえる（表3）。

表3　「青窓紀聞」中の新聞・官報

巻数	紙名	号数	発行者	刊行地
巻127	日本貿易新聞	17～37号（欠有）	会訳社	横浜
巻139	日本貿易新聞	51～90号（欠有）	会訳社	神奈川
巻157	ヒコ海外新聞	1～17号	浜田彦蔵	横浜
巻158	日本貿易新聞	91～99号	会訳社	神奈川
巻158	日本新聞	5～19号（欠有）	会訳社	横浜
巻158	鹿特堤新聞	1、2号	会訳社？	横浜？
巻158	日本新聞外編	1～9号	会訳社	横浜
巻167	日本新聞	25～43号（欠有）	会訳社	横浜
巻167	日本新聞外編	13、15号	会訳社	横浜
巻169	ヒコ海外新聞	18～24号	浜田彦蔵	横浜
巻175	万国新聞	1～5号	ベーリー	横浜
巻175	倫敦新聞紙	1、2号	オスカート	横浜
巻181	万国新聞	6～10集	ベーリー	横浜
巻187甲	太政官日誌	1～15	新政府	
巻187甲	行在所日誌	1～7号	新政府	
巻188	中外新聞	1～11号	柳河春三	江戸
巻188	内外新報	1～11号	海軍会社	江戸
巻189	中外新聞	12～27号	柳河春三	江戸
巻189	中外新聞外篇	1～7之抄	柳河春三	江戸
巻190	遠近新聞	1～7号	辻理之助	江戸
巻190	知新館内外新聞	1～5号	知新館	大坂
巻190	もしほ草	1～7号	バンリード	横浜
巻191	公私雑報	1～7号	公私雑報会社	江戸
巻191	江湖新聞	1～12号	福地源一郎	江戸
巻191	日々新聞	1、2号（抄）	博聞会社	江戸
巻191	新聞事略	1～3号	撒兵社	江戸
巻191	随時新談	1号		
巻191	都鄙新聞	1号	至誠館	京都
巻192	内外新報	13～26号	海軍会社	江戸
巻193	内外新報	27～47号	海軍会社	江戸
巻194	太政官日誌	16～25号	新政府	
巻195	江城日誌	1～15号	新政府	江戸
巻195	鎮台日誌	1～8号	新政府	江戸
巻196	市政日誌	1～8号	新政府	江戸
巻198	太政官日誌	26～36号	新政府	
巻199	太政官日誌	37～47号	新政府	
巻201	もしほ草	8～20号	バンリード	横浜
巻202	太政官日誌	48～66号	新政府	

そしてこの初期新聞刊行の中心にいたのが柳河春三であった。春三は文久三年（一八六三）、江戸で会訳社《かいやくしゃ》という結社を立ち上げた。会訳社の当初の活動は、春三らが翻訳した海外新聞を、幕府の要路や出資者に回覧することであった。この初期新聞の伝達経路の先に、「青窓紀聞」に筆写された膨大な「新聞」が位置づけられるだろう。さらに慶応元年（一八六五）十一月、春三は会訳社の同僚たちが日々入手する「新聞報告」が散逸するのを惜しみ、それを書き留めて記録するために「新聞薈叢《かいそう》」を社内に据え置いた。そして「新聞のたぐひ」であれば何でも書き留めるよう求め、誰でも望んだ者が閲覧・書写できるようにした。「新聞薈叢」は「青窓紀聞」のように個人が編集していた風説留を、集団で運用するような形態であったといえる。

だが、そもそも「青窓紀聞」をはじめ名古屋で筆録された数多くの風説留も、仲間内に集積する情報を整理編集したものであった。例えば正信の友人小寺玉晁が著した風説留には「青窓紀聞」と重なる記事が多くみられるし、すでに指摘したように安井重遠の「夏南破男志」にも「青窓紀聞」からの転写が見られる。また、尾張藩士奥村徳義が著した随筆「松濤棹筆《しょうとうとうひつ》」には、正信宛書簡が書き写されている。明らかに彼らは各々が得た情報を交換し、互いの筆録を参照していたのである。

ここで注目すべきは、名古屋には天保期以降、「天保会」と「同好会」という文人たちの結社が作られ、詩文・俳諧・絵画などを通じた交流が広範かつ継続的におこなわれていたことである（羽賀　二〇一八）。「天保会」は当時の尾張を代表する儒者深田正韶《まさつぐ》（一七七三〜一八五〇）が天保元年に立ち上げた結社であり、この世のあらゆる事象を記録することを目的としていた。天保会で収集された情報は「天保会記」として筆記され、その数は五十四冊に達した。正信が天保会に参加した形跡はないが、正信と深田は書物の貸借を通じて深い交流があり（「松濤棹筆」『名古屋叢書 第三編』第九巻、二五九頁）、深田の影響を受けていたことは間違いない。実際、「青窓紀聞」巻十一には「天保会記」から抜粋した記事が見られる。

一方、「同好会」は正信や玉晁を主要なメンバーとする結社であった。その活動が最も盛んになったのは安政年間であったという。主要な参加者には正信と玉晁のほか、『尾張名所図会《ずえ》』の編者である小田切春江《しゅんこう》、岡田啓、野口道直、深田門下の儒者である細野要斎など、名古屋の文人、蔵書家たちが一堂に会していた。彼らは毎月会合を開き、詩文や絵画、故事古物など、それぞれが好むものについて時を忘れて語り合ったのである。こうした会合の場が、同時に情報交換の場となったのは当然の成り行きであろう。

このように、幕末の名古屋には「公私の報告、市井の風説を集め」「互に新報を得るを競う」ような結社がすでに形成されており、春三ならずとも西洋の「ニュースペーパー」「マガジン」の意義を理解する基盤が用意されていたといえるのではないか。

5　幕末尾張の「ソーシャル・ネットワーク」

ここまでみてきたように、「風説留」はローカルなサークル内で回覧・書写され、場合によっては別のサークルへと伝達された。そのなかで情報は取捨選択と改変を経ながら増殖を繰り返した。多くの場合、風説留の編纂者は情報の収集者であるとともに、熱心な発信者でもあった。このような「風説留」をとりまく情報空間は、新聞よりもウェブ上のＳＮＳ（ソーシャル・ネットワーキング・サービス）に近い面があるのではないか。ＳＮＳは新聞やテレビと比較して、誰もが発信者になり、誰もが受信者になるという双方向性に特徴があるからである。

たとえば、正信は和紙を束ねて自前でメディアを用意し、驚くべき筆まめさによって「青窓紀聞」という「ホームページ」を更新し続けた、と考えてみてはどうか。正信はそこに自前の情報も書き込んだが、しばしば他人の優れたサイト（例えば「近聞雑録」）から記事を転載（コピペ）した。時には自分の「コメント」を付して。正信のホームページには小寺玉晁、安井重遠、奥村徳義ら常連の読者が存在した。彼らもまた自身が開設したサイトに他のサイトから記事を転載し、情報が拡散するのを助けたのである。もちろんこのネットワークにアクセスできたのは一部の知識層に限られた。だが各地に残る膨大な風説留の存在は、このネットワークが相当な厚みと広がりを持っていたことを示している。ことに名古屋では情報を交換する文人たちの結社が盛んに活動していた。それは知識人と情報が集積する、成熟した大城下町ならではの特徴といえるだろう。このような、いわば幕末名古屋の「ソーシャル・ネットワーク」の存在こそ、「青窓紀聞」をはじめとする膨大な記録を生み出す基盤であったといえる。

明らかに正信は、ペリー来航に衝撃を受けて、政治情報への関心を著しく高めた。淡々と情報を書き留めたようにみえる「青窓紀聞」のなかにも、ときに正信の政治的な見解が注記されており、そこに「公論」を担う主体の形成をみることもできるだろう。だが、そのうえで付け加えれば、正信や玉晁が残した常軌を逸した量の記録を目にするとき、筆者には彼らがこうした営み自体の魅力に憑りつかれていたとしか思えないのである。正信はなによりも、情報を集めて整理・発信し、友人たちと共有すること自体を楽しんでいたように思える。正信自身はかなり慎重に情報の質を吟味していた節がみられるが、そこには真偽不明の怪情報を伝播させてしまう危険性もはらまれていた。そして実はSNS全盛の現代に生きる人々こそ、このような営みの楽しさと、それと表裏の関係にある危険性を実感できるのではないだろうか……。

ところで水野正信の号「青窓」に込められた意味は、正信も周囲の人物も、何も書き残していない。あえて想像を広げれば、名古屋の居室にある青い空の見える窓から、世界大に広がるネットワークへとアクセスしようとする一人のサムライの姿が、思い浮かびはしないだろうか。

【コラム】蝦夷地への視線

木村慎平

水野正信の蝦夷地関係蔵書

名古屋市蓬左文庫が所蔵する水野正信の旧蔵書には、蝦夷地《えぞち》に関する書物が数多く含まれている。正信の蝦夷地関係蔵書には、蝦夷地探検家として著名な松浦武四郎《たけしろう》も目を付け、伊藤圭介《けいすけ》を通じて書物の貸し出しを頼んだほどである（図1）。

十九世紀の日本における対外危機は、ペリー来航で突如として生じたわけではなく、ラクスマンの根室来航を端緒とするロシアとの関係が先んじていた。そのロシアとの関係で大きな焦点となったのが、蝦夷地をめぐる国境問題であった。

正信が蝦夷地に深い関心を抱いたのも、こうした政治情勢が大きく関係していたことは間違いない。そしてこうした蝦夷地への関心の高まりは正信に限った話ではなく、幕末には名古屋から蝦夷地を目指す人々も現れたのである。

蝦夷地開拓の夢と現実

安政二年（一八五五）、ロシアとの国境紛争の激化をきっかけに、幕府は蝦夷地を直轄化し、箱館《はこだて》に奉行所をおいて蝦夷地支配の拠点とした。幕府が蝦夷地開拓の主力として期待したのは、

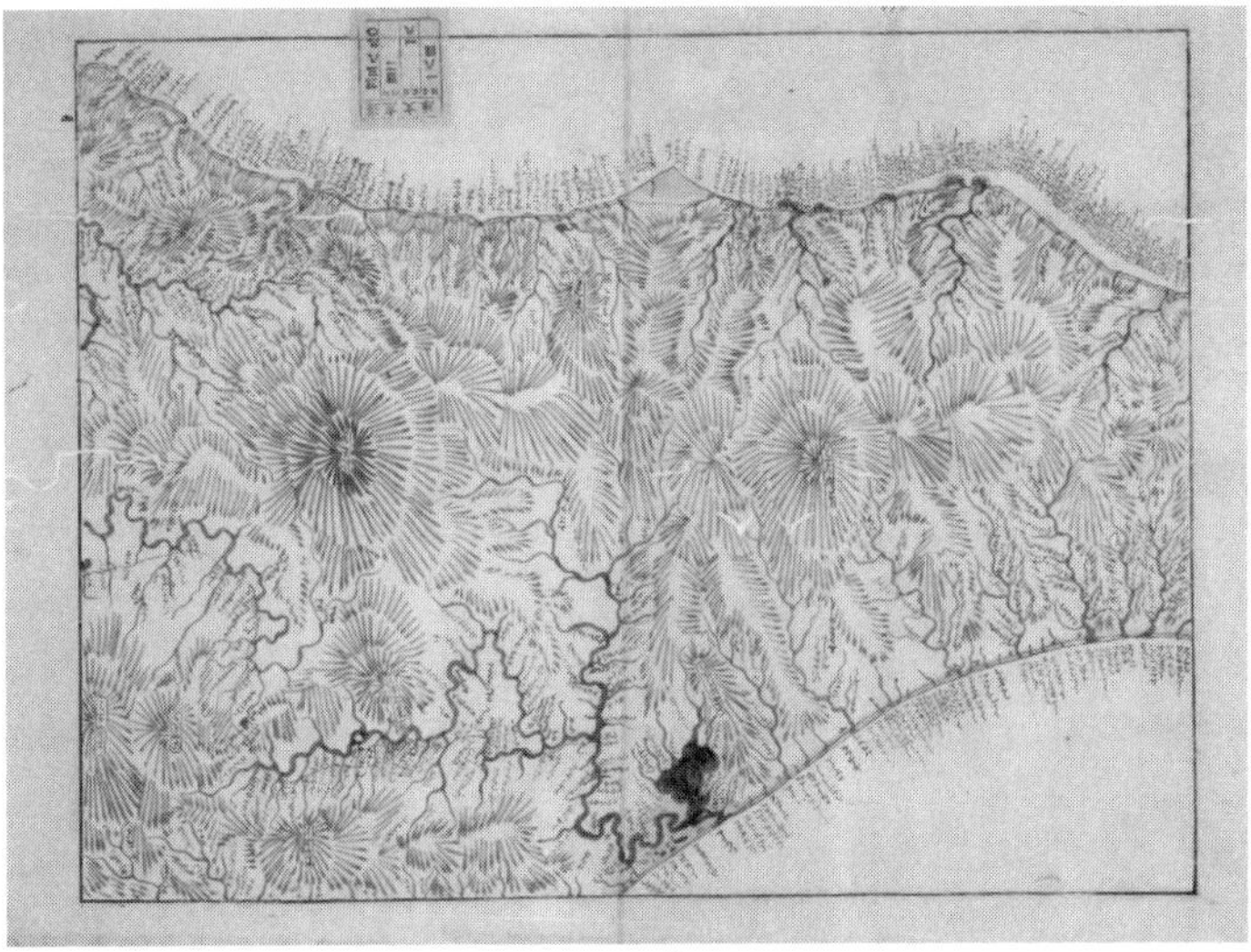

図１　蝦夷地割図　名古屋市蓬左文庫所蔵
松浦武四郎が水野正信に贈った自筆のカラフト図の一部。

旗本・御家人や八王子千人同心の二男、三男であった。彼らのなかから志願者を募って蝦夷地に送り込み、江戸の過剰人口緩和と蝦夷地開拓の一挙両得を狙ったのである（檜皮　二〇一四）。

これを知った尾張藩士のなかからも、蝦夷地移住と開拓を志願する者が現れた。奥村得義《かつよし》の『松濤棹筆《しょうとうとうひつ》』（『名古屋叢書三編』第十巻、三三〇―三三二頁）には、寄合組の佐久間岡太郎（三百石）らが、安政二年十二月に提出した蝦夷地移住願が書き留められている。

私は従来、蝦夷地の風土人情に関心を持ち、探索しておりました。当今のご時勢、蝦夷地はご要害第一の場所柄ですので、万一の節には一廉の役目を果たす覚悟で居りました。

そうしたところ、このたび蝦夷地がすべて公儀の支配となり、荒れ地御開発を御旗本・御家人などに望み次第に出願させ、元の身分に応じて在住するよう仰せ付けられたと承りました。できましたら、何卒私にも相応の御用を仰せ付けられ、彼の地にまずは試みとして差し下し仰せ付けられますようお願いいたします。

だが、彼らの夢には冷ややかな視線も投げかけられていた。奥村は、江戸在住のある人からの書簡として、大要次のような見解を書き留めている。

蝦夷地行きの儀は、旗本・御家人は別として、浪人などは文武芸道の師範のような一芸が無ければばかないません。その上、蝦夷までの旅費は自分持ちです。さて彼の地へ行ってみても屯田《とんでん》をしなければなりません。雪国生まれならともかく、都会育ちで農業漁業に疎い者は必要ありません。

蝦夷地に渡っても、寒さで死ぬ人が出ることは必定です。尾州人は江戸詰になっただけで、気候の変化でよく病気になることからも察せられます。

実際、幕府の募集に応じて蝦夷地開拓に赴いた人々は、ほぼここに指摘された通りの困難に直面した（檜皮　二〇一四）。蝦夷地開拓の夢は決して生易しくはなかったのである。しかしながら、遠く名古屋の地から「御要害第一」の蝦夷地で、武家としての本懐を遂げようと志す者がいたこ

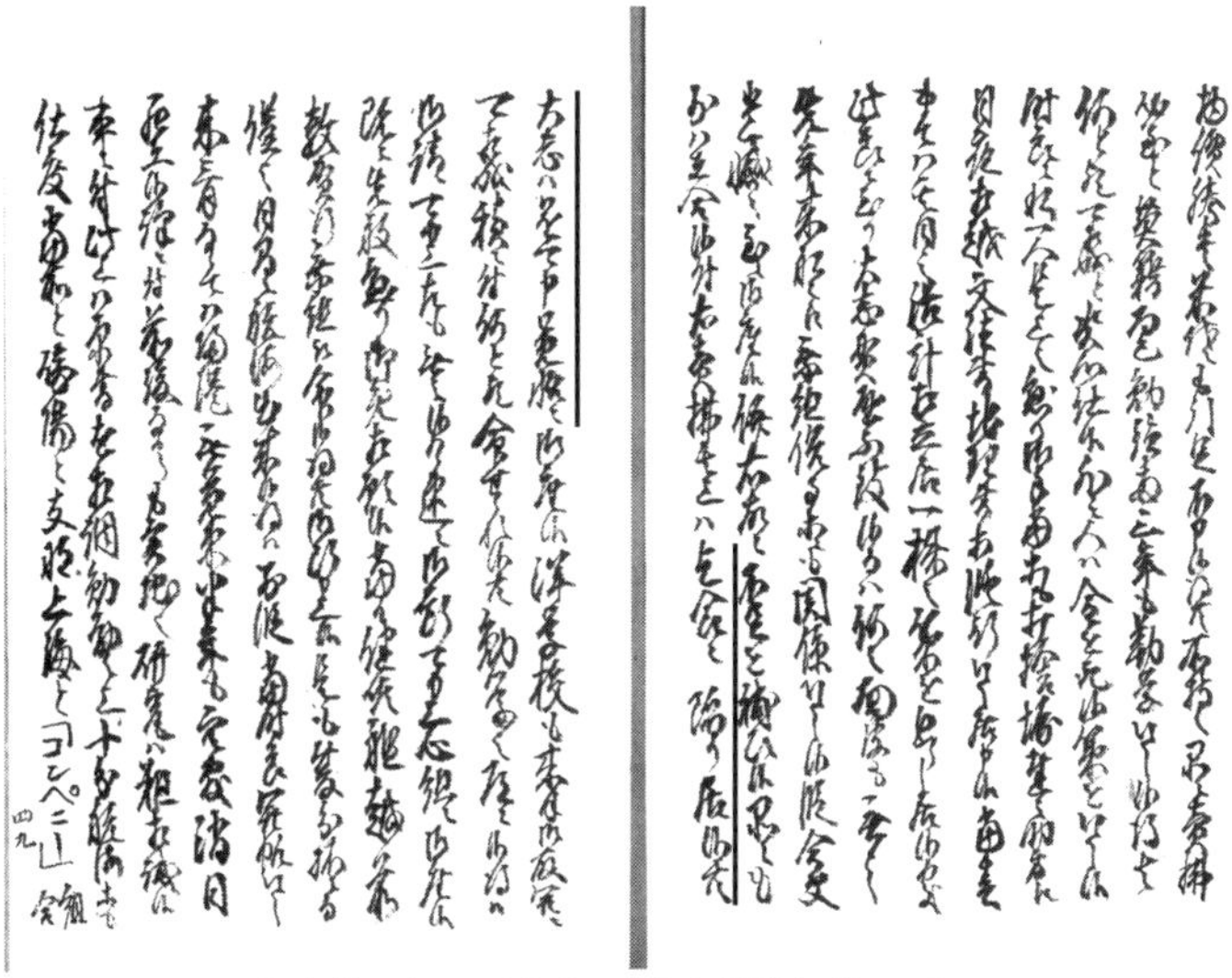

図2　池田湙三郎書簡の写し（出典：「青窓紀聞」巻170）
中央辺り（傍線）に「乞食ニ陥り居候共、大志ハ遂可申覚悟」とある。

とは注目に値する。

箱館と洋学

一方、こうした開拓志願とは異なる目的で名古屋から蝦夷地を目指し、実際に移住した者がいた。水野正信の三男、豊三郎である。万延元年（一八六〇）、豊三郎は箱館在住の幕臣（根来《ねごろ》同心《どうしん》）池田伊右衛門の養子となって池田湙三郎《はつさぶろう》を名乗り、箱館に向かった。

湙三郎が箱館に向かったのは、この地で航海術と洋学の修行を積むためであった。安政二年（一八五五）に開港した箱館には、洋学研究機関として諸術調所《しょじゅつしらべしょ》が設けられ、洋学者武田斐《あや》三郎《さぶろう》（五稜郭を建設）が教授として赴任していた。湙三郎はこの諸術調所に出仕し、幕府の洋式帆船亀田丸に乗船して航海訓練を積むかたわら、洋学修行に励んだのである。

だが箱館での洋学修行は、開拓と負けず劣らず厳しいものであった。厳寒の地で、各地に航海しながら学問を修めることの困難は言うまでもないが、箱館の物価高騰も滊三郎を苦しめた。慶応二年(一八六六)には「米代も足りなくなりましたが、所持品を売り払って、英語の書籍ばかり三年も勉強すれば何とかなるだろうと決心しました」「乞食に陥っても大志を遂げる覚悟でございます」と、父正信に悲壮な覚悟を書き送っている(図2、「青窓紀聞」巻一七〇)。では、滊三郎を支えた「大志」とは、いったい何だったのだろうか。

池田滊三郎の「大志」

慶応元年、滊三郎は亀田丸で航海中に、偶然伊豆国網代湊《あじろみなと》に停泊する尾張藩の洋式帆船・神力丸に遭遇し、船長の尾張藩士千賀竹三郎《せんがたけさぶろう》と出会った。二人は意気投合し、竹三郎は滊三郎を尾張藩に取り立てようと誘った(『東西紀聞』二、四七一－四八一頁)。

千賀竹三郎は代々尾張藩の船奉行を務め、知多郡師崎《もろざき》に屋敷を構える千賀家の一族であり、叔父の千賀与八郎信立《よはちろうのぶたつ》は藩の海防政策を取り仕切る立場にあった。亀田丸で航海の経験を積み、測量技術と洋学の知識をもつ滊三郎は、千賀家とって有用な人材であったに違いない。この誘いを受ければ、滊三郎にとって破格の出世が期待できただろう。だが滊三郎はこれを断り、こう言った。

私はもともと五大洲を航海することを志し、一銭の蓄えも無いまま厳寒のなか昼夜勉学に励んでいます。もし交易がおこなわれなくなれば、山にでも籠るつもりです。

これを聞いた竹三郎は、その「大志」に感心し、「御国の御仕置」が悪いために「有志の者」が藩内からいなくなってしまうことを嘆いたという。文久期以降の尾張藩では「金鉄」と呼ばれる攘夷派が勢力を増しており、江戸にいた名古屋出身の洋学者伊藤圭介と柳河春三《やながわしゅんさん》が、外国と内通しているというデマまで流布していた（「青窓紀聞」巻百十五）。優秀な洋学者を輩出しながら、それを取り入れられない藩政の現状を、竹三郎は嘆いたのであろう。

いずれにしても、澆三郎のなかに尾張藩には収まりきらない「大志」が芽生えていたことは確かである。この「大志」は、澆三郎のことばを借りれば「国家のために一命を捨てる覚悟」という、ナショナリスティックな心情を基底にしていた。「蝦夷地」は澆三郎が藩を超えた「国家」へと自身を同一化する径路になっていたのである。そして澆三郎の蝦夷地への視線を形作った背景に、蝦夷地に関心を抱き続けた父正信の姿が浮かび上がる。

第2章　幕末の熱田と名古屋城下――勅使・将軍・藩主家族の通行

羽賀祥二

1　文久二年の熱田宿

幕末の熱田宿

図1は、十九世紀の多彩な尾張文化から生まれた優れた地誌、『尾張名所図会』前編巻四に載っている「七里渡船着《ふなつき》　寝覚里《ねざめ》」と題する挿し絵である。熱田の湊に集まる帆船やはしけ船、中央には常夜灯が見え、その左に㊇の旗印を付けた尾張藩の御座船も描かれている。船からの荷下ろしに忙しい人々、一の鳥居や街道を行き来する旅人や荷車を引いた人など、繁昌する町の様子がうかがえる。びっしりと家屋が建ち並んだ町並みの左上の方へ行くと、東海道や熱田社へと続いていく。一の鳥居の左側が西浦、右側が東浦と呼ばれた地区で、東浦の対岸に大きな建物がある。「御茶屋」（熱田浜御殿）である。この挿し絵から幕末の熱田宿の姿を知ること

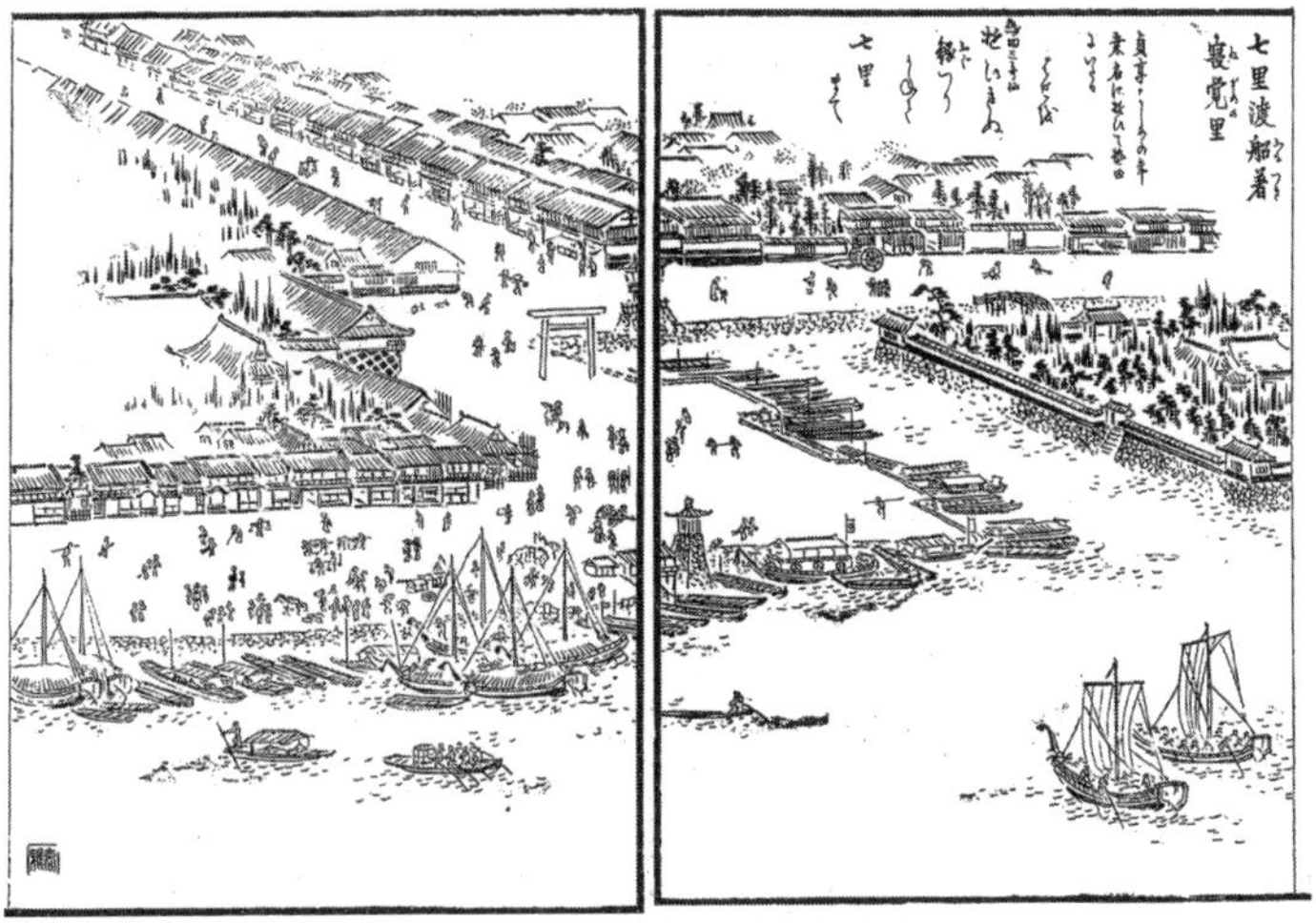

図１　「七里渡船着　寝覚里」（出典：『尾張名所図会』前編）

ができる。

熱田宿の神戸町について『尾張名所図会』は、熱田の神の恵みで旅宿、物資の集荷場、そして遊楽地として繁栄し、春夏秋冬それぞれに祭礼や風景をみるべき地として、東海道第一の要地であったと書いている。

参勤交代の大名、武家・公家の公用旅行、学問や武術の修行者、商業活動、物見遊山の旅人、芸能や宗教者など、身分に関わらず多くの人々がこの熱田宿に往来した。幕末になると、京都や大坂が政治の一方の中心となったことによって、大きな変化が熱田宿にも生まれた。朝廷の意向を奉じた勅使や大名の通行、二百年ぶりの将軍の上洛、政治的な変動に伴う臨時の大名の通行（時には武装した軍団をともなっていた）などが、たびたび熱田宿や尾張藩領内を通行するようになった。

大原重徳・島津久光の通行

文久二年（一八六二）の熱田宿にとって大きな出来事は、勅使とそれを守衛する大名の通行だった。薩摩藩主島津忠義の実父・久光は文久三年四月、幕政改革をめざし藩兵千人余を率いて上京し、さらに五月二十二日、勅使大原重徳《しげとみ》を擁して江戸に向けて京都を出発した（第1部第2章参照）。四月後半になると、名古屋にも島津の動きは噂として届いていた。入京した薩摩藩兵は三千人ほどの大軍で、長州や土佐の藩兵なども上京しており、天皇から攘夷の勅命を得て、関東に下り、「異人征伐」をおこなう計画だという報もあった。また京都で戦争が始まるのではないかと噂された（『東西評林』一、一五一—一七頁）。他方、東海道での人馬継立《つぎたて》の混乱も伝えられるようになった。鳴海宿では五月八日、江戸に向かう長州藩士が、鳴海代官に継馬を出せと突然要求し、先触れのない来訪に宿場は混乱した。彼らは「禁裏御用」を言い立て、急いで用意するように強引に迫ったという（「青窓紀聞」巻一〇八）。

こうした噂が飛びかうなか、五月二十五日に勅使一行は桑名に到着、二十六日佐屋街道を取り、夕方には熱田に到着した。大原に対する人馬の提供は武家伝奏の通行の先例に準じ、また久光の下宿や供立などは薩摩藩主通行時よりやや好待遇であったという（「青窓紀聞」巻一〇八）。国学に通じた尾張藩士の山田千疇《ちうね》の記録によれば、一行は一七〇〇人余で、長持八〇棹、馬荷六〇駄余りであった（「椋園時事録」五）。久光の駕籠の前後を鉄砲や鎗をもつ薩摩藩士が警護し、諸荷物を運んだ。一行の中には家老の小松帯刀もいた。この諸荷物を運ぶための人足

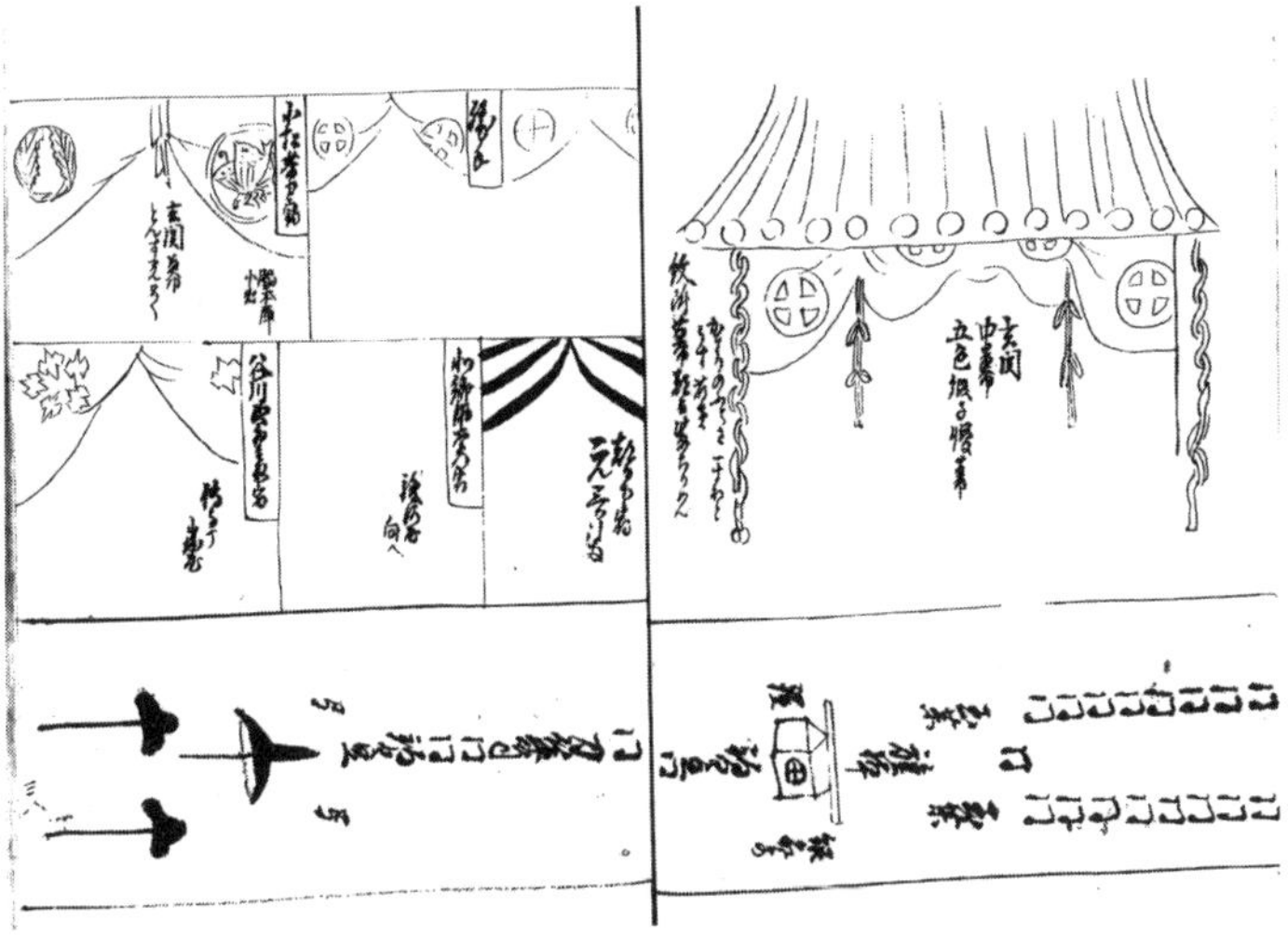

図2　熱田宿泊所玄関幕（出典：「青窓紀聞」）名古屋市蓬左文庫蔵

は七〇〇人ほどだった。大原の行列は久光に比べると、こぢんまりしたものだった。また別の記録によれば、一行は鉄砲二六挺、駕籠三四挺、総人数六八九人、日雇人足六三〇人、継人足四三九人、馬六〇四であったという（『東西評林』一、一一七－一二二頁）。熱田宿では本陣以下旅籠一二四軒に宿泊し、大原勅使は赤本陣（南部新五左衛門）、久光は白本陣（森田八郎左衛門）、小松は脇本陣（小出太兵衛）、大原家人北郷助右衛門は駿河屋に宿泊した。

図2は久光一行の行列図（下段）と宿泊先の玄関の幕（上段）を描いた図の一部である（「青窓紀聞」巻一〇八、『東西評林』一、一二一－一二八頁）。上段の右は白本陣の玄関の幕で、島津家の紋が付いた紫縮緬《ちりめん》の幕が掛けられていた。図の左には小松帯刀などの宿の幕が描かれている。また「島津三郎宿」と記した関札《せきふだ》が熱

田浜、源太夫社前、姥堂《うばどう》前の三か所に立てられた。

勅使の帰京と熱田宿

勅使大原と島津久光の一行は、京都への帰りも東海道を通っている。閏八月一日、大原勅使と久光の一行は熱田に泊まった。この宿泊についてはいくつかの記録によって興味深いことを知ることができる。

熱田宿問屋の藤田勝四郎・堀田兵次郎の書付（閏八月二日付）によれば、島津の荷物は江戸に下った時より長持が八棹も増えて、中身は大砲だと言われていたという（『東西評林』一、二五九頁、「青窓紀聞」巻一一〇）。熱田宿からの別の書付によると、長持の総数は一二七棹《さお》で、このうち脇本陣の小出太兵衛方へ持ち込まれた四七棹はいずれも重そうに見え、中に金塊か武器が入っているのではないかと噂になったという。この書付では宿泊者の名前がある分は二九九人、その他、従者と日雇い者を合わせると、総人数は一六三四人だったという（『東西評林』一、二六〇―二六三頁）。

また、「島津三郎登り熱田宿問屋書上」という記録によると、宿割や人馬案内の責任者は、舟生弥兵衛・門松覚兵衛・深栖仁左衛門の三名だった。久光は本陣泊まりであったが、随行のうち小松帯刀は山城屋、町田民部（久成）は京屋、大久保一蔵（利通）は中根屋、松方助左衛門（正義）は竹中屋、大山格之助（綱良）は升屋、伊地知正治は長門屋を宿所としていた。こうした維新の歴史に大きく関わることになる人もそのなかにいた。宿泊先となった旅籠や商家は名前があがっているものだけでも八〇軒を超えている。これ以外を含めると、宿所は一五〇軒ほどになるようで、これらに一五八六人が宿泊した（『東西評林』一、二三一－二五九頁）。

大原勅使の和歌

　閏八月二日早朝、大原勅使は佐屋街道を進み、佐屋宿へ到着した。しかし木曽三川の増水によって宿泊を余儀なくされた。久光は出立直前に佐屋の渡船ができないとの報を得て、そのまま熱田に滞在し、三日に出発し、大原と同じ道をたどった。大原は乗船の際、大船頭組頭山田彦助に和歌一首（「真心の／こりかたまりし／玉なれハ／やまとたましひに／なりてみ給へ」）を与えた。山田は幕末尾張を代表する国学者植松庄左衛門の甥であり、そのことを大原に告げると、大原は植松にも和歌一首（「真こゝろの／こりかたまりし／玉なれハ／忘れたまわて／常に見玉へ」）を授けた。大原は植松と面識があり、その安否を尋ねつつ、和歌を渡すように山田に依頼した（『東西評林』一、二二八－二二九頁）。

　この年十月十二日、孝明天皇の攘夷の意向を受け、諸大名に布告することを幕府に要請するために、二度目の勅使として三条実美《さねとみ》（議奏加勢）・副使姉小路公知《あねがこうじきんとも》の一行が京都を出発した。この前日には、勅使を守衛する土佐藩主山内豊範《とよのり》一行が京都を発して江戸に下った。三条らは十五日には桑名に泊まり、翌十六日乗船して、七里の渡しで熱田宿に着き、「南部本陣」を宿舎とした。尾張藩の使者が本陣に挨拶に訪れた（「大日本維新史料稿本」文久二年十月十二日条）。姉小路一行は一四名、三条一行は一四一名であった。「富田基建日記」によれば、熱田宿における十六日夕の「御朱印拝見之者引合い」（身分改め）は厳重であったという（同日条）。『姉小路公知伝』によれば、随行者は諸大夫西本近江、同柳川左門（本名は土佐藩士武市半平太）ら十数人で、ほとんど土佐藩郷士であった（一〇五—一〇八頁）。

2　将軍徳川家茂の上洛

上洛計画とその変更

将軍の上洛は大原勅使へ与えられた孝明天皇の勅意であった。すでに幕府は六月一日の政治改革令（第1部第2章参照）で、寛永十一年（一六三四）以来途絶えていた将軍上洛を復活させ、公武一和の上で改革を実行する方針を示した。その後、幕府役人を東海道筋に派遣して、街道・宿駅などの調査をおこなった。しかし幕府は十二月二十七日、通行する宿駅の疲弊、助郷など地域の負担を考慮して、陸路での上洛を断念し、当時整備されはじめていた軍艦を使用することに計画を変更した。軍艦で品川を出発し、大坂城を経て、淀川を上って伏見から二条城へ入ろうという計画であった（「青窓紀聞」巻一一四）。

文久三年一月二十五日、幕府は陸路で上京する先行隊を東海道・中山道に分け、二十八日から二月十一日までに出発させることになった。この期間の諸大名の家族や家来の通行は、急用や従者のみ引き連れた旅行以外は避けるようにと命じた（「大日本維新史料稿本」文久三年一月二十五日条）。継人馬の不足、宿駅の混雑を避けるためであった。しかし幕府は二月十日になって突然、軍艦での上洛を止め、陸路（東海道）で上洛することとし、十三日に江戸を発することを達した。当時横浜では、生麦事件の償金支払問題で日英交渉が紛糾しており、イギリス軍艦の横浜や大坂湾への来航が予想され、海路の安全を考慮して変更された（「青窓紀聞」巻一一四）。

将軍を迎えた熱田宿

将軍本隊に先行する先発隊の一部は、十二月二十八日に熱田に宿泊し、その後連日、随行の人々が熱田に到着した（『甲子雑録』一、二〇一－二八頁）。本隊は予定を大幅に遅れ、二月六日に江戸城を出て、東海道を進んだ。熱田宿泊は予定より一日遅れの二月二十七日となった。二日後の二十九日には、上京途上の水戸藩主徳川慶篤《よしあつ》の一行も熱田に泊まり、翌日も滞在しており、二月末の熱田宿は混雑を極めることになった。

尾張藩は二月二十三日、将軍が二十六日に熱田に宿泊し、翌日佐屋で昼休みを取ることを通達し、家中の者の心得を達した（『東西紀聞』一、一五三－一六四頁、「青窓紀聞」巻一一四）。その内容は、（1）将軍が領内を通行中は、発砲を禁止し、その他騒がしくしないこと、（2）火の元に用心し、必要以外に他出しないこと、(3) 普請は通行道より十町 (約一・一㎞) 以内は停止し、木遣り歌も城下、近在とも遠慮すること、(4) 家中やその家来ともに、行列拝見に出かけないこと、などであった。

将軍の行列通行の際の規制は実際には緩かったようで、「道中筋至って制止も弱く、何の障りもなかった。一人旅の者なども容易に旅行ができ、問屋場も至って静かだった」という江戸からの情報も伝えられていた (「青窓紀聞」巻一一四)。徳川慶篤一行は鉄砲が多く、とくに慶篤の駕籠付近に目立っていたため、「囚人駕籠」のように見え、道中で嘲笑されたという。また一行の取り締まりが十分ではなく、賃銭・旅籠銭も支払わず、宿駅から幕府代官へ訴えることもあったともいう。これに比べて将軍の通行は穏やかなものであったという (「青窓紀聞」巻一一四)。

将軍上洛を前にして、供奉する大名・役人の名前や石高、槍印、行程などを記した行列図が出版された。また東海道を京都へ向かう宿場ごとに、安藤広重の「東海道五十三次」にならって、宿場や東海道の名所に将軍の姿や行列を描きこんだ錦絵が出版された。二代広重や芳虎、二代国貞ら多くの浮世絵師は、文久三年の将軍家茂の上洛について東海道行列図を描いて、四月から五月にかけて出版している (東京大学史料編纂所「錦絵データベース」では七〇数点を見ることができる)。この上洛に対する人びとの関心がいかに高かったのか、こうした行列図や錦絵によって知ることができる (久住　二〇〇九、二〇一八)。

図3　東海道宮宿（芳虎画）東京大学史料編纂所蔵

図3は、当時刊行された「将軍上洛東海道行列図」の内、芳虎が描いた「東海道　宮」と題する錦絵である。手前に大きな熱田社の鳥居、その向こう側に七里の渡しの常夜灯、海に浮かんだ御座船を描き、熱田の海に視線を向ける床机に腰掛けた家茂の姿を配置したものである。もちろんこれは想像図である。家茂は陸路で桑名へ向かったのであり、七里の渡しを描かれているような御座船で渡海したのではない。また桑名宿の錦絵（芳形画）には、旗本らが拝伏するなか、馬に乗ろうとする家茂の姿が描かれている。二人の従者が必死に馬を静めようとする姿や、拝伏しながら馬の鞭を家茂に差し出している姿がたいへん印象的な一枚である。（福田　二〇〇一）。

姿を見せた将軍家茂

将軍家茂一行を迎えた熱田宿の様子は水野正信の「青窓紀聞」に、次のように記されている（巻一一四）。

一、家茂は歩いて浜御殿（熱田御殿）に到着し、すべての人々が民の父母である将軍の姿を拝礼できるようにさせた。家茂はもとどり（髻）の頭で、顔つきはぼってりとして肥えていた。天晴れ勇ましき大将軍様であった。
一、幕府からは万事寛大にするようにとの触があり、道沿いの板囲いも突然取り払われた。
一、伝馬所の関外まで拝観の人が出て良いとのことで、そこに敷物を敷いて子供を座らせ、女は床上ではなく土間で拝見した。
一、「下に居らふ」という声もなく、町役が拝観者を制止するだけであった。
一、二〇〇軒の宿舎が必要で旅籠屋だけでは不足したため、他の大きな商人宅や社家へも下宿したという。旅籠代はすべて二五〇文で、一汁一菜以外には手厚くしないようにとの触があった。
一、本陣の襖・唐紙は張り替えや畳の総替えは無用で、厠《かわや》は持参しているので構わなくてもよい。

別の記録によると、家茂の前後は講武所の剣術師範ら一〇〇人ほど、鉄砲一〇〇挺ほどが固めていた。しかし家茂の駕籠の両側の窓は開けられ、士民は拝礼することができたという（「椋園時事録」八）。

家茂が二月二十八日熱田を出発した時の様子は、「椋園時事録」八に「聞書」として残っており、たいへん興味深い内容である。熱田から城下へ向かう本町通をしばらく北上すると、西へ折れる佐屋街道との辻がある。尾頭《おとう》と呼ばれる場所だが、その周辺では間道口などに板で囲われ、家の戸は打ち付けられ葭簀《よしず》などで隠されていた。厳重な警戒のためであったが、それらも幕府の命令でみな取り払われた（「青窓紀聞」巻一一四）。

今朝卯の上刻、将軍一行は出立した。家茂は青竹の杖を突きながら歩いていった。拝見の者は触書とは違って、警護の者の制止もなく、ゆっくりと拝見することができた。家茂にお供していた武役は講武所・八王子千人同心組で、鉄砲は六四本、いずれも西洋筒で弓は全くなかった。鎗も三本持たせていただけであった。ある人が言うには、将軍の馬も金ぐつわをはめた「異国振」で、まるで「アメリカ」のようであった。

出立した時にも、人々は家茂の姿を目の当たりにした。しかしその一行は異国風の武装をした集団であった。家茂一行は佐屋宿で木曽川を船で渡り、桑名へ向かった。

3　慶応元年将軍進発と名古屋城

長州再征と将軍進発

徳川慶勝は征長軍の総督に任命され、元治元年（一八六四）八月藩軍を率いて、大坂から中国道を通って広島へと進軍した（コラム「征長の軍議と軍令状・黒印下知状」参照）。長州藩は毛利敬親父子の謹慎、福原越後ら三家老の処分によって、征討軍に恭順の意を示し、征長総督慶勝もこれを受け入れ、撤退した。慶勝は慶応元年一月十八日参内して、孝明天皇へ復命した（『連城紀聞』一、二七―二八、四六―四七頁、「青窓紀聞」巻一五二）。しかし幕府は三月二十九日、長州藩の恭順の姿勢に疑義を示し、将軍家茂が速やかに進発して、長州藩への措置に着手すると布告した。長州征討で諸藩が疲弊していることを考慮し、「今般ハ将軍家御一手ニて御征伐可被遊との上意」であること、前尾張藩主徳川玄同（茂徳隠居後の号）は家茂に供奉して長州へ派遣されること、慶勝も帰国療養中であるが同行するようにとの幕府の意向が名古屋に伝えられた（『連城紀聞』一、九八―九九頁）。家茂は征長にきわめて積極的で、「興廃存亡ハ時之運」とまで発言し、長州藩との決戦に挑む姿勢があるとの情報や、駒場野で旗本床机隊や歩兵隊、砲兵・騎兵を大動員した親閲調練を実施したといった情報が江戸から伝えられるようになった（「青窓紀聞」巻一五二、『連城紀聞』一、九八頁）。

表1　慶応元年将軍徳川家茂進発の諸隊・進発日

進発日	部隊名	指揮者	兵数	馬数
5月5日	1番隊（歩兵1小隊・騎兵2小隊）	歩兵頭戸田肥後守・騎兵頭貴志大隅守等	1150	60
5月6日	1番隊（歩兵1大隊・持小筒3小隊・大砲1座）	歩兵奉行河野伊予守・持小筒頭大原鐄次郎等	1562	83
5月9日	2番隊	大番頭米倉丹後守・同斎藤摂津守等	1127	7
5月9日(11日)	3番隊	書院番頭本多日向守・同大田筑後守等		
5月11日	4番隊	講武所奉行渡辺甲斐守・鎗奉行花房近江守等		
5月12日	4番隊（千人頭鎗隊・千人同心鎗隊）	講武所頭取佐久間真輔・同秩父栄橘等	1325	171
5月13日	5番隊（銃隊1大隊・大砲1大座）	講武所奉行遠藤但馬守・歩兵頭並榊原鏡次郎等		
5月13日	6番隊	中奥小姓蜷川左衛門尉等		
5月14日	8番隊	旗奉行山名壱岐守等	1764	140
5月15日	9番隊の内（歩兵1大隊・大砲4門・持小筒組1小隊）	陸軍奉行竹中遠江守等	1652	83
5月16日	中軍（家茂本隊）	将軍徳川家茂、老中酒井河内守・同阿部豊後守・同松前伊豆守・同松平周防守、若年寄遠山信濃守他3人、側衆村松出羽守他4人	1632	314
5月19日	9番隊（中軍）	徒頭蜷川邦之助・新番頭岡部備後守等	3872	159
5月21日	10番隊・6番隊の内	書院番頭八木但馬守・小姓組番頭松平河内守等	1807	161
5月23日	11～14番隊（左右備）			
5月27日	左右備	松平伊予守（信州上田）・内藤若狭守（同高遠）・牧野河内守（丹後田辺）	609	3
5月29日	15番隊	奏者番松平弾正忠・同内藤志摩守		
閏5月2日	16番隊	歩兵頭久世下野守・同平岡越中守・持小筒頭松平信濃守等	1780	40
閏5月4日	後備	松平式部大輔（伊予松山嫡子）		
閏5月5日	後備	内藤備後守（日向延岡）・松平丹後守（信濃松本）		
閏5月6日	後備	紀伊中納言		

小寺玉晁『連城紀聞』1、325-350、354-372頁による。
山田千疇「椋園時事録」二十には人馬数之記載はない。

表2　継立人馬入用高（『連城紀聞』一、484-486頁）

江戸出立日	人足数（人）	馬数(疋)	名古屋泊予定日
5月5日立	1119	69	5月23日泊
5月6日立	1562	83	5月24日泊
5月9日立	527	107	5月27日泊
5月11日立	1325	171	5月29日泊
5月13日立	1764	41	閏5月2日泊
5月15日立	1653	80	閏5月4日泊
5月16日立中軍	3272	159	閏5月5日泊
5月19日立	610	250	閏5月8日泊
5月21日立	1807	161	閏5月10日泊
5月23日立	10	1	閏5月12日泊
5月25日立	16	1	閏5月14日泊
5月27日立	609	3	閏5月16日泊
閏5月2日立	1780	40	閏5月20日泊

征長軍の名古屋城下宿泊

進発軍は五月五日の一番隊（一六五〇人）を先発として、閏五月六日の後備軍に至るまで、各隊が続々と江戸を出発した。表1は進発軍の諸隊と出発日を小寺玉晁『連城紀聞』から整理したものである。進発軍は一番隊から十六番隊までに編成され、その中には歩兵隊、その他銃隊・鎗隊・砲隊が含まれていた。家茂の中軍、そして老中や紀伊藩主などが指揮する後備軍で構成されていた。後備軍を除いて、兵数約一万五千人、馬数千二百頭余であった（『連城紀聞』一、三三五―三五〇、三五四―三七二頁、「椋園時事録」二十）。

五月二十一日、江戸を出発した書院番頭八木但馬守・小姓番頭松平河内守が率いる十番隊と六番隊の一部は、閏五月二十五日名古屋城下に宿泊した。その宿舎は城下の西光院・総見寺・七寺・東懸所・性高院など、四五か所の寺院などであった。多い所では八〇～九〇人が宿泊し、東懸所では二〇〇人を超える人数が泊まった（『連城紀聞』五一四―五二九頁）。

宿泊にあたっての人数の割り振り（宿割）と人馬の継立（宿駅での人足・馬の用意）が、もっとも大きな問題となった。宿割は伝馬所の年寄役が担当したが、幕府役人も町絵図を見ながら宿所を指定することもあった（「見聞雑剳」十六）。伝馬所の年寄役は城下各町ごとに担当の町人が決められており（『連城紀聞』一、四八一－四八三頁）、それぞれの町の宿割や馳走人の提供に当たった。また人馬の用意については、表2に示した。

五月五日から閏五月二日までに江戸を出た諸隊のために、名古屋城下各町が用意しなければならない人馬数である。家茂本隊の「中軍」には三千人を超える人足が必要だった。進発軍の供の乗馬数は一万疋、小荷駄馬は五千疋、継人足入用高は延べ二十一万七千人という数字を挙げている記録もある（「椋園時事録」二十）。宿場や東海道沿いの農村が多大の人馬を助郷として負担することで、進発軍は行軍できたのである。

兵士たちの振る舞い

当時の名古屋城下の戸数と人口は、寺社門前分、町続きの分を含めて、一万二二〇〇軒、七万四千人（男三万七千人　女三万七千人）ほどであった。ほかに寺院一八三か寺、土蔵や物置など二千棟余りがあった（「椋園時事録」二十）。こうした人口を抱える大きな都市に幕府・諸大名の部隊がつぎつぎと宿泊し、通過していった。「尾張国は広大で、旅宿も手広く、施設も行きとどき、また器物もすばらしく、夜具も美しい。魚菜の馳走は他に類を見ない。東懸所（東本願寺別院）の建物は大きく、善美を尽くしている。このように幕臣や従者は殊の外誉めたたえ、馳走してくれた宿所へ特別に謝礼を置いていく者もあった」と、名古屋での接待について賛美する者もいた（『連城紀聞』一、四〇八頁）。

五月二十三日に先発隊を迎えた町の様子を見てみよう。到着した二十三日の午前から翌朝の出立まで、町々からは部隊の宿所に給仕に出た。夜具・行灯《あんどん》・食器などを町々から集めて宿所に運び、夜も寝ないで応対した。それらを運ぶおびただしい数の車が通りを行き交っていた。宿所での食事は魚棚《うおだな》に命じてあらかじめ魚を調理させ、馳走する町へ渡された。幕府は一汁一菜と決めていたため、魚を食べようとしない者もいた。「これは宿の亭主から特別に差し上げる魚です」と言って食べさせたという。西懸所（西本願寺別院）では歩兵二〇〇人が泊まったが、それほどの人数が入る大きな蚊帳《かや》を懸けた。これは普通の蚊帳を紐解いて、縫い合わせて作った物だった。兵士達の行動について、次のような記録もある（「見聞雑割」十六）。

午時（正午頃）宿所に着いたため、夜まで暇で、内々に酒を買う者、衣服を作るために商品を取り寄せる者、瀬戸物や書を買う者など、さまざまなことをして過ごしていた。彼らはまず戦闘はないと思っているようで、酔っ払って言い合いとなり、召し捕らえられた者もいた。

幕府歩兵組は幕府が雇い入れた傭兵的部隊であり、規律の上で問題だったのかもしれない。

家茂の名古屋城到着

五月十六日家茂は江戸城を出立した。駿河国の沼津や興津では、代官江川太郎左衛門配下の農兵隊の調練を閲兵した。家茂が軍事司令官となった幕府軍の進軍であり、それにふさわしい軍隊の指揮がおこなわれた。進発軍は途中、小田原城、沼津城、駿府城、田中城、掛川城、浜松城、吉田城、岡崎城と、名古屋城に至るまで、東海道の各城に宿泊した。家茂一行は途中、天竜川の増水や浜名湖渡海の船の不足によって遅れ、予定より四日遅れて吉田城に着いた。岡崎でも矢作川の増水で日程に変更が加えられ、池鯉鮒宿での宿泊の予定が、一つ先の鳴海宿になり、六日遅れて閏五月十一日名古屋城に着いた（『続徳川実紀』第四篇、六七九－七〇一頁、「見聞雑剳」十六、『連城紀聞』一、四七六－四七八頁）。

家茂の本隊が城下に入る二週間前から、先発隊が城下に宿泊、通過しつつあった。五月二十一日井上信濃守ら先行役人、二十三日には歩兵組及び騎兵組が城下に入った（「見聞雑剳」十六）。歩兵組は太鼓を打ち鳴らしながら進軍し、また騎兵は背に鎗を差し、西洋馬具を使用していた。まさに洋式化された部隊で、城下の人びとには異様に映ったようだ。そのため「歩兵中ニ西洋人交リ居ル」と噂する者もいた（「見聞雑剳」十六）。進発軍の兵士たちのなかには、筒袖の者もいて「異人」のようであった。しかし、陣羽織や平常の羽織の者もいて、統一した出で立ちではなかったようだ。城下に入ると、行軍の列を正し、太鼓を打ち鳴らし、雨中では小太鼓を腰脇に付けて打って行進していった（『連城紀聞』一、四〇九頁）。

家茂一行は閏五月十一日、鳴海宿を六つ半時（午前七時頃）に徒歩で出発した。天気は快晴で、年寄渡辺新左衛門が前日鳴海へ迎えに出ており、先導役を果たした。笠寺西方院で小休の後、馬（名生号）に乗り、熱田浜屋形（浜御殿）で休息し、物見台から宿内外を遠望した。城下に向かう家茂は「萌黄《もえぎ》の羅紗《らしゃ》の陣羽織」を召し、乗馬のまま通行していった。行列の拝見を禁止する触が出されていたが、人々は屋敷のくぐり戸や鴨居《かもい》の外で拝見した。これほど人々が群集したことはなく前代未聞のことだったと、名古屋から江戸の茶屋良与へ送られた書状には記されていた（茶屋良与「手許記録　文久三年」）。家茂は途中、城下橘町の西懸所（西本願寺別院）で小休して、熱田から名古屋城まで続く本町通を通り、九つ半頃（午後一時頃）に名古屋城に着いた（「見聞雑割」十六、『続徳川実紀』第四篇、六九九－七〇一頁）。

本丸御殿と天守

家茂が名古屋城に到着した時の様子を見てみよう（『連城紀聞』一、四一四－四一五頁）。

ご着城の時は金色の陣笠をかぶり、萌黄《もえぎ》色の羅紗地の陣褶《じんしゅう》、紺地錦の馬乗袴（あるいは襠《まち》高袴《だかばかま》、野袴か）を着ていた。通行していく所で見たが、供の者が多く、くわしくは混雑して分からなかった。将軍は馬に乗り、その前後左右を十人程の騎馬侍が護衛していた。顔つきは色白で、疱瘡の痕が少し残っていた。かなり肥えており、二十歳にしては大ぶりの体つきだった。馬上の姿は立派で、側の騎馬侍と同服であったため、見分けが付きがたかった。しかし中央に金の笠をかぶっているのは将軍で、見誤らないのだが、見物の者の十人中七、八人はそれに気づかず将軍を拝むことができなかった。本町通の店先では見物人が多く、武士も忍んで見物に出てきた者も多くいたという。

大手門前では年寄衆が出迎え、本丸御殿の式台では慶勝と玄同が出迎えた。そして表書院に案内し、元千代・慶勝・玄同（茂徳）の使者の御機嫌伺い、進物を受けた。八つ時（午後三時頃）成瀬正肥《まさみつ》の先導で、御座所（上洛殿）に元千代・慶勝・玄同が入り、対顔し、茶菓の提供を受け歓談した。図4がこの時の本丸御殿における対顔の図である。玄関から西の端の上洛殿までの将軍の歩行の順路が赤線で示され、上洛殿の大広間一の間内に「上」と書き入れられている。その場で家茂は元千代・慶勝・玄同と対面した。一の間の北にある上段の間に家茂は上がらず、その席を空けていることは注目される。この対面後慶勝だけが残り、人払いをした上で家茂と話し合いがもたれた。その後、家老以下へのお目見が許された。

家茂はこうした儀式を終えた後、若年寄や側衆を伴って天守台へ登り、しばらく遠見を楽しんだ。家茂に従軍していた供の面々には暑気払の酒肴が出された。家茂が到着する一週間前、

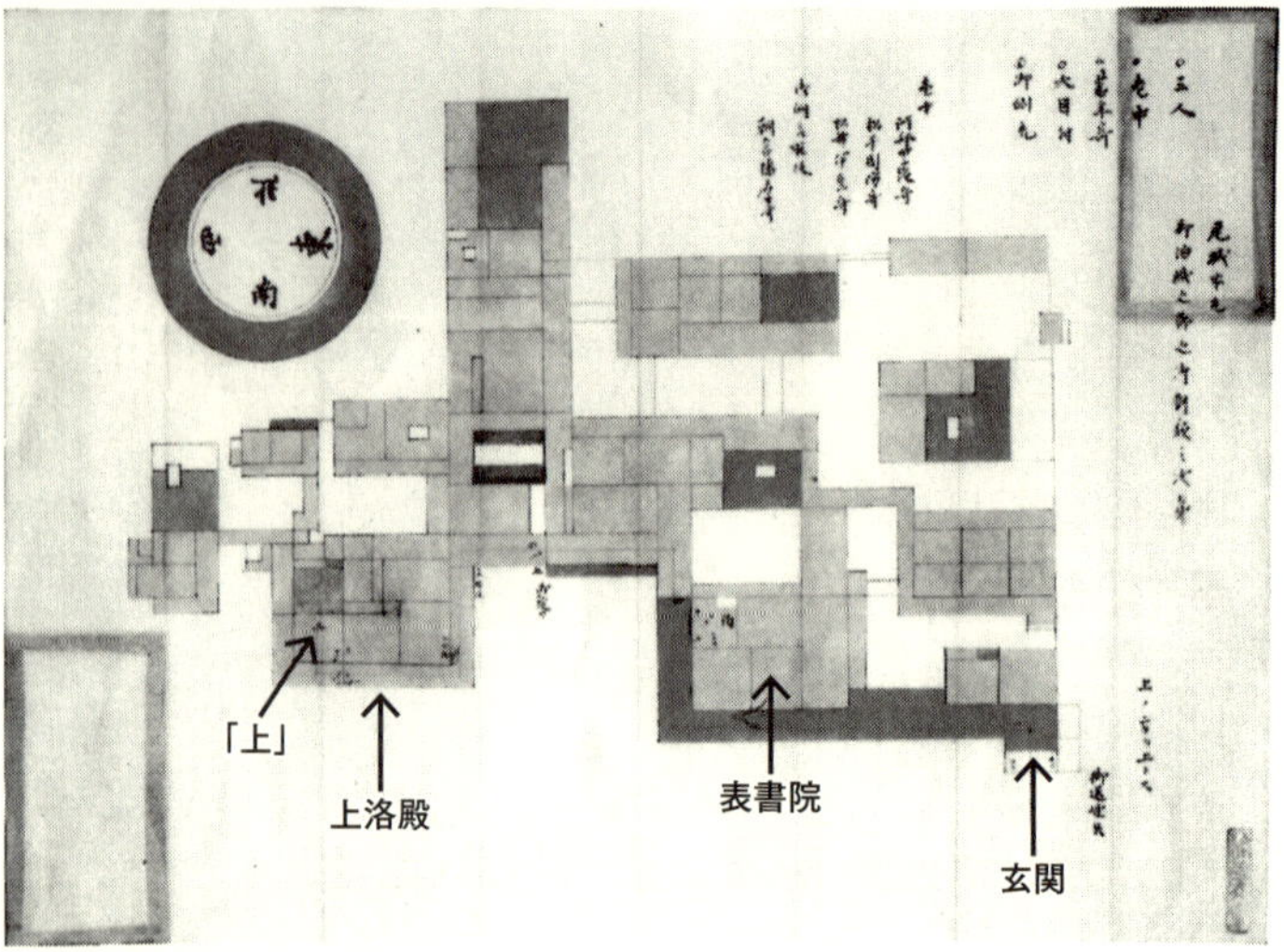

図4　名古屋城本丸御殿絵図　名古屋市蓬左文庫蔵

閏五月四日には幕府目付が本丸御殿と天守を見分しているが、この時には元千代・慶勝・茂徳の三人も同道した。

家茂を迎えるにあたっては周到な準備がなされた。「殿中の施設は美麗で、将軍の御座所は新しい畳に入れ替えられた。建具は由緒ある品ばかりで、将軍徳川家光が宿泊した際の品が使われた。それらは極彩色の箔絵《はくえ》が施されていた。美しい湯殿具も家光の時のもので、漱《すす》ぎ用の盥《たらい》に至るまで黒塗りの蒔絵《まきえ》で素晴らしい品であった」と記録にはある（『連城紀聞』一、四〇七―四〇八頁）。本丸御殿には狩野永徳筆の「竹虎」絵（玄関の間）、又平筆の「加茂競馬図」（対面所）、左甚五郎彫物・狩野古法眼唐画図（書院）、五間四方の総檜の湯殿（家康入湯）、周文筆の水墨画（黒木書院）があった。また本丸の石垣についても、東口の間口石（三間半余、高さ一間ほど）や、天守下の九尺ほどの石に刻まれた「加藤肥後守寄進　団扇図」が城の特徴として紹介された。本丸の修理が完成した後、五月二十一日井上信濃守が見分した時には、そのすばらしさに驚いたという（「見聞雑割」十六、『連城紀聞』一、四八六－四八八頁）。

家茂の出立

閏五月十二日、家茂は城を出る前、御座所に慶勝を招き入れ、人払いの上再び用談をおこなった。その後五つ半時（午前八時頃）、家茂一行は慶勝と玄同が玄関まで見送る中、馬に乗り、名古屋城を出立した。未明から一番貝、二番貝、三番貝が吹かれ、大砲が三発放たれた後、本丸から大小の陣太鼓が五つ拍子を打つなか、家茂一行は城を出た。「蛮服」（西洋服）の陣羽織を着た歩兵組が先頭で太鼓を打ちながら、美濃街道を稲葉宿・起宿《おこし》へ向けて行進していった。年寄成瀬能登守が起宿まで送った（『椋園時事録』二十）。美濃街道に向かう巾下《はばした》という場所で見物していた人たちは木戸の外に控えていたが、先導の役人が木戸を開けよと命じて、木戸が開けられたため間近に家茂の姿を拝見することができた（「見聞雑割」十六）。

家茂一行は起宿に泊まった。起宿に至る美濃街道の途次、土器野新田（清須市土器野）の天野左兵衛宅で休憩し、歩行して清須本陣林惣兵衛方、四谷の佐野勘助方を経て、稲葉宿本陣原所次右衛門方で昼食をとった。その後馬を召し、串作《くしづくり》村（一宮市萩原町串作）で小休し、七つ時（午後四時頃）に起宿本陣に到着した。この日は暑い日であったようで、串作村を出て萩原宿本陣で小休する予定であったが、本陣の手前で暑気払いの休憩となった。家茂は馬上のまま休息したという（『続徳川実紀』第四篇、七〇一―七〇二頁）。そして起湊で木曽川を渡り、大垣から中山道に入って京都に向かった。

4　尾張徳川家の家族の帰国

参勤制の改正

近世日本では、身分に関わらず多くの人々が街道筋を往来し、宿泊した。こうした人や物資の大量の移動、情報の伝達、それを支えた街道や宿場の発展、伝馬・助郷などの整備は近世社会の特徴である。しかし文久期になると、和宮《かずのみや》（孝明天皇妹）の家茂との婚礼のための江戸下り（文久元年十～十一月）など大がかりな行列も出現した。また勅使・大名・将軍のたびたびの通行や宿泊、将軍進発軍の一か月以上にわたる連日の東海道での宿泊は、城下や街道筋の人々に時代の急激な変化を実感させた。

多人数でのたびたびの行列は、宿場や助郷役を負担する周辺の村むらに多大の影響を及ぼした。そうしたことは、たとえば島崎藤村が中山道馬籠宿を舞台に描いた『夜明け前』を読むことで、理解することができる。文久三年の将軍上洛に軍艦を利用しようとしたことは、宿場と助郷の負担を考慮してのことだった。

幕末における交通上の最大の変化は参勤制の改正である。参勤制は平時における軍役の負担であり、また参勤に際しての江戸城内での将軍との対面は、将軍の権力を誇示する儀式であった。文久二年閏八月の幕政改革はそれまで大名が負っていた負担を軽減して、その費用を軍事改革に振り替えさせることを目的としていた。参勤制は隔年参勤・在府一年から三年に一度、百日の在府へと軽減され、さらに大名家族（嫡子と妻女）の帰国も許された。それにともなって文久二年末になると、つぎつぎと家族が江戸を離れていった。これによって将軍と大名の関係は根本的に変化することになった。

尾張藩主家族の帰国

こうした幕政改革が生みだした江戸の混乱のなか、尾張藩でも藩主家族の帰国が準備され、文久三年三月に名古屋に帰ることになった。当時はちょうど生麦事件で死傷したイギリス人への賠償金支払い問題が生じ、その解決を強硬に要求したイギリスが軍艦数艘を横浜に入港させ、幕府の回答次第では開戦し、江戸をも焼き打ちするという噂も流れていた。市中から退避する人々で雑踏するなど、横浜や江戸はきわめて緊迫した状況にあった。

長く慣れ親しんだ江戸屋敷での生活から離れなければならなかった貞慎院（猫姫、十二代藩主斉荘《なりたか》の正室、田安斉匡《なりまさ》の娘で前越前藩主松平春嶽は弟に当たる）は涙を流しながら輿を進めた。屋敷内も戦争に備えて大混乱していた。供の武士もわずかで、女中には駕籠もなく「哀れ至極」の様子であったという（「青窓紀聞」巻一一四）。
貞慎院、慶勝と茂徳の妻、元千代（慶勝の実子、茂徳の後継者）、斉荘の娘（釧姫《せんひめ》）は、三月四日江戸屋敷を発し、二十二日に名古屋に帰った。江戸屋敷内が混乱するなか、慌ただしい帰国の様子は次のようなものだった（「青窓紀聞」巻一一五）。

市谷屋敷（尾張徳川家上屋敷）は各部屋で雛祭りの最中で、帰国で取り込んでいたため雛飾りは崩れ、白酒もこぼれるなど騒々しかった。女中や末の者には江戸出身の者が多くいて、故郷には帰れず、そのままお供するものの駕籠も足りず、数十人が歩行するほかなかった。悲しみ嘆く声が満ち、平家の都落ちのようであった。道中でもさまざまな支障や奇談もあったという。名古屋に到着の際は、志水町から東大手門へ入る予定であったが、城下の人々が雑踏し志水町付近へ押しかけたため、突然片端筋から本町大手へ回り、そして東鉄門から城内へ入った。先頭は元千代様の行列で、一昨年の帰国と同じくお付きの女中駕籠が二〇挺あまりお供していた、その後に貞慎院様・前簾中様（慶勝の正室、矩姫《かねひめ》）・簾中様（茂徳の正室、政姫）が続いた。先箱・駕籠・日覆《ひおい》などはすべて鮮やかな赤で、朱色の位傘を駕籠に差していた。四人に随行した行列は壮観で、紅白に映え、貴賤老幼の目を射た。片端通、本町門内外、大名小路から天王の角を東に向かい、御堀端を進む行列は悠々として、その壮観さは筆紙に尽くしがたいものだった。折しも児之宮《このみや》参詣の時期で、

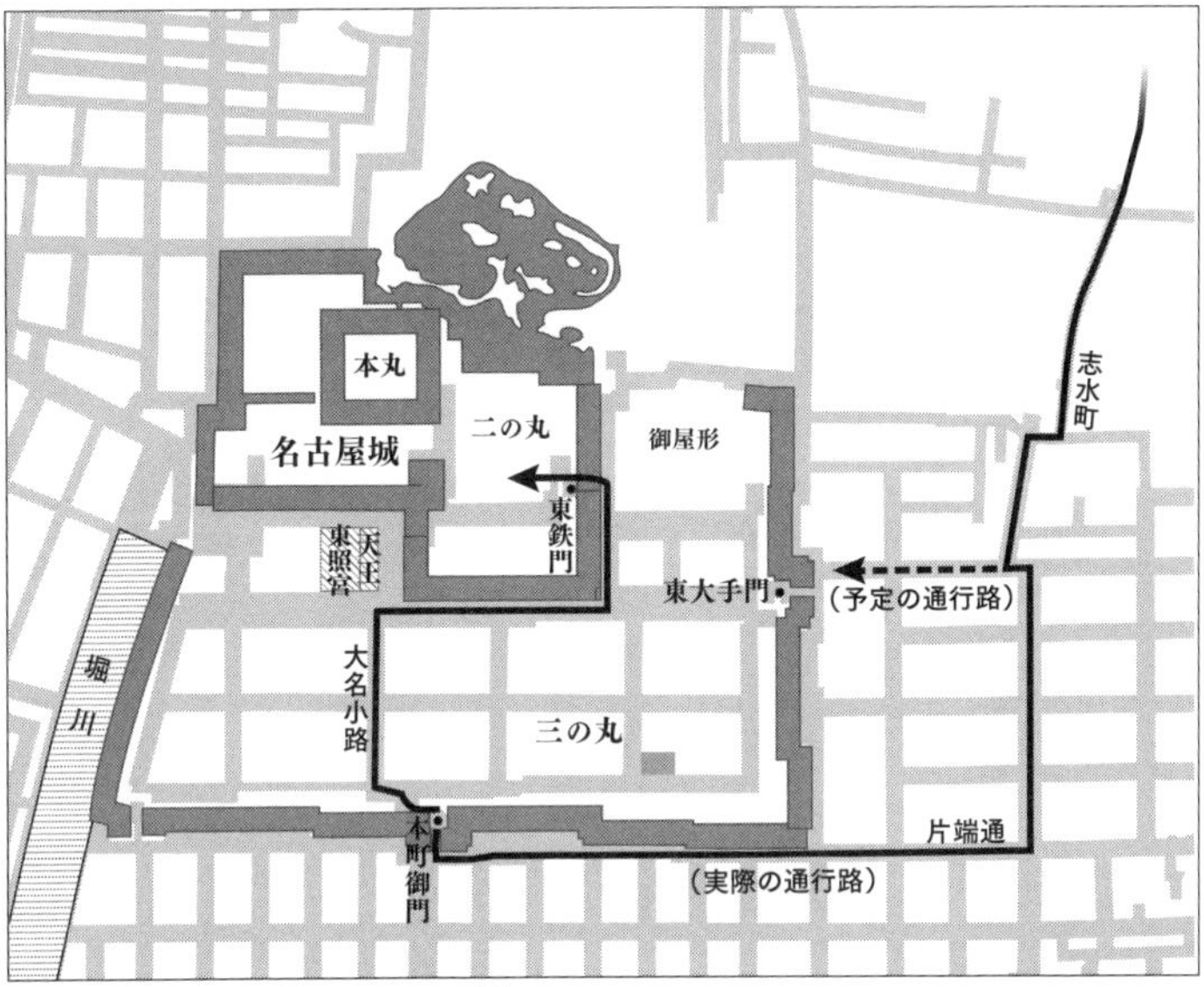

図5　藩主家族名古屋入場の道筋

割籠・竹筒・御膳籠を持ち出し、野辺から行列を拝見する人も夥《おびただ》しく、行列と児之宮の祭礼が重なったので、雑踏がいっそうひどくなった。江戸定府の人は初めて国の広大さに驚き、浅草観音の縁日のようだとの感想を持った。遠い山里から出てきて拝見する者が群集した。こうした夥しい群集はこれまでなく、またこれからもないと噂していた。

貞慎院ら一行は小牧宿から南へ道を取り、志水口から城下に入った。拝観人が群集したため、二の丸へ入る道筋の変更が必要となった（図5参照）。その行列の華やかさと賑やかな歓迎ぶりは人びとを驚かせるに十分だった。ちょうど名古屋城の北にある児之宮の祭礼と日が重なったため、いっそう雑沓ははなはだしいものとなった。「見聞雑割」も「当日の行列を見物するため多くの人々が群集し、志水町の商家前には筵《むしろ》を敷き、また予約席を設けられ、そこで人々が行列を拝見した。席料を取った商家もあった。志水口より北、御用水（黒川辺り）までの上街道沿いは群集で満ち、軒先では飯が振る舞われた」と記している。領民は藩主家族を初めて拝見する機会であったため、名古屋城下の祭礼を再現するかのような混雑が見られたのである。これより先、三月十五日には慶勝の子の静姫・時千代・常丸も帰国していた。このときにも志水口に至る上街道の道筋には拝観の人びとが群集したという（「見聞雑割」八）。

幕末の政治的変動は人と物の新たな移動をもたらし、熱田や名古屋城下、そしてここでは触れることはできなかったが、佐屋街道や美濃街道筋の宿や農村に大きな負担を強いることになった。その様相を明らかにする数々の史料が残されている。これまで目にすることができなかった将軍の姿や、大名や幕府の洋装の兵士や新しい武器がどのように人びとに影響を与えたのか、今後明らかにする課題は多い。

図　「青窓紀聞」所載の外国人肖像図

【コラム】小田切春江——紅旗征戎吾が事に非ず？

山本祐子

藩士にして時代を写す画家

幕末から明治を生きた尾張藩の中級藩士のひとりに小田切春江《しゅんこう》がいる。春江は、家禄百石の小田切松三郎の長子として文化七年（一八一〇）に生まれた。本名は忠近、通称は伝之丞、春江は画作や著作に用いた号である。他に、歌月庵・花月庵・喜笑も用いた。藩が編纂した藩士の履歴集「藩士名寄」（徳川林政史研究所ならびに名古屋市蓬左文庫所蔵本）によってその職歴を見ると、馬廻組、大番組などの番方の閑職を勤め、廃藩置県の前年に隠居している。まさに、藩の終焉とともに公務を終えたわけだが、その後も明治二十一年（一八八八）に七十九歳の天寿を全うするまで、絵師、画家としての足跡を刻んでいる。

小田切春江（一八一〇～八八）の職歴　「藩士名寄」による

文政八年（一八二五）十六歳、初御目見え（十代藩主斉朝）
天保九年（一八三八）二十九歳、家督相続、馬廻組（十一代藩主斉温）
天保十二年（一八四一）三十二歳、大番組（十二代藩主斉荘）
元治元年（一八六四）五十五歳、書院番（十六代藩主義宜）

慶応元年（一八六五）五十六歳、『尾張志』附属絵図の複本ならびに『美濃志』絵図の作成を拝命し、書院番は免除（同右）
明治二年（一八六九）六十歳、六等官、絵図認方御用、軍務格判事支配（同右）
明治三年（一八七〇）六十一歳、依願隠居、隠居料二人扶持（同右）

春江の画家としての第一歩は、模写に始まった。文政八年、十六歳で御目見えした直後から、同じく尾張藩士の高力猿猴庵《こうりきえんこうあん》（本名種信。一七五六〜一八三一）の著作（記録絵本）を模写している。その作品が、推定を含め二十種ほど伝わっているが、「細画家」の異名をとるほど精密な描写に秀でた猿猴庵作品を、要点をはずさずに写し取って見事である。猿猴庵は春江より五十五歳も年長で、しかも格上の三百石の家の当主。春江が家督をとった時には既に没していたから、どれほどの交流があったかは不明であるが、高力家も小田切家も、馬廻組・大番組をよく拝命する家柄で、春江の父、松三郎と猿猴庵は同僚だった時期もある。(1) 若輩の春江にして猿猴庵作品の模写が可能だったのには、こんな事情も影響していたのかも知れない。

さて、猿猴庵作品の眼目は、同時代の出来事をビジュアルに記録していることだ。当時として類例を見ない仕事だったわけだが、春江が模写によって学んだのは、画技というよりもその客観的な姿勢であった。猿猴庵没の翌年（天保三）から始まった『名陽見聞図会』（城下の出来事の絵入り記録）は、まさに猿猴庵を後継する仕事で、天保九年まで続いた。この年の家督相続が影響したか、この仕事は途絶えたが、この頃から関わった『尾張名所図会』こそ、春江の代表作だ。

図1　明治13年刊『尾張名所図会』後編 見返し

縮図の名手

『尾張名所図会』は、前編・後編・附録をあわせ全十八冊。尾張八郡にわたる、ほとんどありとあらゆる名所旧跡・神社仏閣・当世風俗等を五六九枚に及ぶ挿し絵を駆使して紹介した大著だが、この挿し絵の七五％にあたる四二七図を春江が描いている。絵画の世界では、限られた画面に広大な景色を描き収めることを「縮図」と呼ぶが、この仕事によって春江は縮図の名手と仰がれた。細部にこだわらず洗練された描線は、春江が出版物の版下と成り得る明解な図を目指していたことも示している。

『尾張名所図会』刊行の構想は、天保六年以前に始まっていたが[2]、当初、春江はメンバーに入っていなかった。春江が加わって、本格的に編纂事業が始まったのは「天保九年戌八月五日」と春江は記している（名古屋市博物館蔵「野口道直六十宴之図并賛」）。もともとの中心メンバーは岡田文園（一七八〇〜一八六〇）・野口梅居（一七八五〜一八六五）らだったが、挿し絵担当として若い春江が加わったことにより現地調査が活発化した。天保十二年には前編の原稿が出来上がり、同十五年に刊行が成った。後編も並行して調査・原稿作成が進められていたが、時局の変化に資金難などが加わり刊行は困難を極めた。そんな中、文園・梅居が相次いで没し、刊行は春江の手に委ねられた。しかし春江の念願が叶い、後編が世に出されたのは明治十三年（一八八〇）、愛知県の官版としてだった（図1）。この間の春江の奔走は、後編の序跋文などによって推し量ることができるが、時代を超えての出版には内容の改訂も加わった。幕末に作成されていた初刷りと、明治のものとは、「神宮寺」が削られるなどの改変が認められる（図2、3）。

ところで、前編が刊行された天保十五年という年には、藩撰の地誌『尾張志』も完成をみている。春江は、この附図の作成も担当していた。同じく『尾張志』編纂に関わった文園らの要請によるものと思われるが、『尾張名所図会』と『尾張志』とは私撰、藩撰の別はあるものの、同時並行的に編纂が進められていた。藩士としての春江の立場は不明であるが、『尾張志』附図の仕事は半ば公務の扱いではなかったろうか。元治元年（一八六四）、書院番の職にあった時には第一次長州出兵に従軍し、「芸州広島城下巨細図」を認めて、絵図師としての実力を発揮した（一六〇頁、三

図2（上）元治2年頃の試し刷り
名古屋市博物館蔵　三輪家資料
図3（下）官版（明治13年）
官版では、「四ッ屋」「神宮寺」「宮寺」が削り取られ、埋木（うめぎ）という手法で空間や樹木に変わっている。明治初年の神仏分離令の影響を反映した措置と考えられる

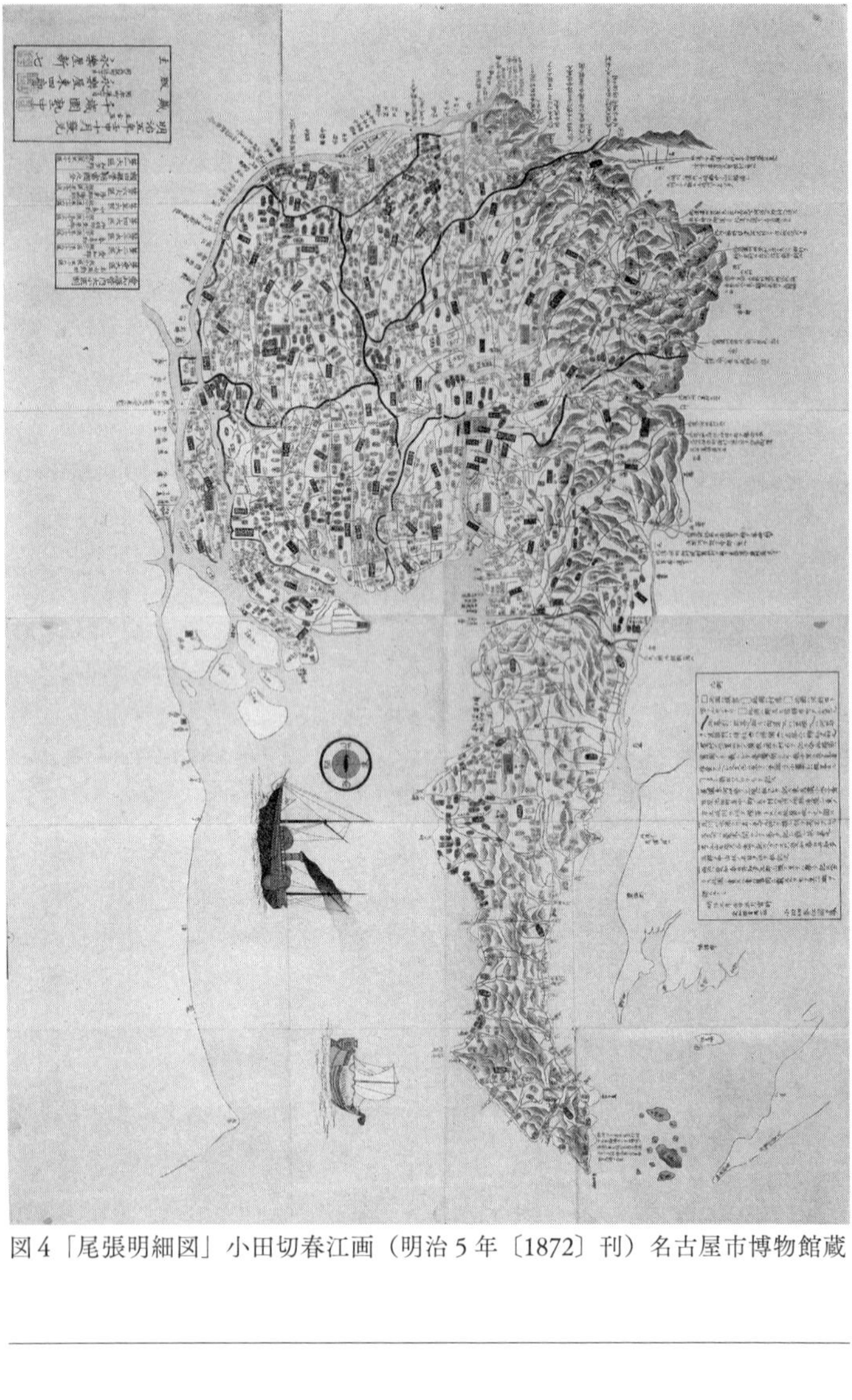

図4「尾張明細図」小田切春江画（明治5年〔1872〕刊）名古屋市博物館蔵

宅紹宣氏コラム参照）。これらの功績が認められたか、慶応元年（一八六五）には書院番の職務を免除され、『尾張志』附属絵図の複本ならびに『美濃志』絵図の作成を命じられている。さらに明治二年（一八六九）には、絵図認方御用を命じられ、名実ともに春江は尾張藩の絵図師となった。

廃藩置県後の春江の仕事も多様である。それ以前の延長ともいえる肉筆画や版本の挿し絵も多く描いたが、古代模様の模写や七宝の下絵などにも手を染め、新分野に分け入っている。もちろん得意な地図・絵図は尾張国全図のような広範囲なものから寺社の境内図のような小規模図に至るまで、手広く版下を描き出版されているが、中でも『尾張明細図』（図４）には和船と蒸気船が並んで描かれ、いかにも明治維新の時代を生きた春江らしい。

「温雅な人となり」と伝わる春江は[3]、動乱の時代を時局に与することなく、あくまで絵師、画家として生きた。春江が自らの本分を貫いていなければ『尾張名所図会』後編が今に伝わっていたかどうかわからない。その点においてだけでも春江の功績は小さくないが、しなやかに時代を受け容れ、淡々と我が道を行く生き様もまた、当時の藩士の一例であろう。

注

（1）猿猴庵は寛政四年から文化四年まで大番組、松三郎は寛政十二年から天保九年まで大番組だったので、寛政十二年から文化四年（一八〇〇～〇七）の八年間は同僚だった。

（2）山本祐子『尾張史料のおもしろさ 原典を調べる』名古屋市博物館、二〇〇四年、一三五頁

（3）『尾張名所図会』前編、深田精一序文。

第3章　尾張藩「定府」の幕末維新

松村冬樹

「定府《じょうふ》」とは江戸藩邸で定番につく藩士の謂《い》いである。とはいえ江戸で働く武士は定府だけではない。年限を限って江戸での仕事に就く藩士は、尾張藩では「定詰《じょうづめ》」とよばれる。定詰は国元に住居があることが定府との一番の違いである。

この小論では幕末の尾張藩の「定府」について考察する。定詰は国元に帰る場所があったが、定府は国元に居宅はない。藩の終焉時期、定府は江戸を離れ帰属先である名古屋に来たはずである。しかし明治三年の「尾府全図」などには、ほんのわずかな定府の人名が散見されるにすぎない。定府の士の大半はどこで、どのように藩の終焉を迎えたのだろう。

1　解任された「定府」たちのゆくえ

定府の江戸一斉引き上げの発端は文久二年の「文久の改革」にある。薩摩藩の島津久光による、朝廷の権威を後ろ盾とした圧力により、参勤交代の緩和とともに大名の妻子の帰国が許可された。政治史的には徳川幕府の権威崩壊の第一歩だが、その結果江戸には大名妻子の私的生活空間である「奥」が不要となり、家政官としての定府の士は大名妻子とともに国元への移住が始まることとなった。

さて、この分析には藩士の履歴である「藩士名寄」を用いた。藩士名寄に「定府」との記載がある人物は六五〇人ほど。「定府」との記載はないが、職名からして江戸勤めと考えられる人物もまだ数百人はいる。その中で今回の分析には、翌文久三年に在職していた二二〇名ほどを対象とした。とはいえ中には明治四年の廃藩置県以前に隠居や死亡した人もいる。そうした事例ではその相続人の動向も分析に加えた。

はたして、文久三年には百人を超える藩士に「定府被相解候」と命が下った。なかでも文久三年九月十八日には一度に五九名の藩士が定府を解任されている。これらの定府藩士はその後どうしたのか。履歴には「急卒可罷登候」とか「勝手次第尾州江可罷登候」と追記されたものもあり、三〇名ほどが尾張に登ったと思われる。他方で「当分此表ニ相詰是迄之通可相勤候」と追記された四〇名弱は、家政職から一般職に転任してそのまま江戸に留まった模様である。

さらに九月十八日以外で散発的に定府を解かれた約三〇名は、解任後の勤務先が書かれていない。たとえば家政職の一部では推測が可能な場合もある。「寿操院（利姫）御賄人並」とか「貞慎院様（尾張藩十二代斉荘の正室）御用人」などの場合である。彼らはこうした人物に帯同して尾張に移り、お側で仕えていた。また一般職の役方でも「戸山御屋敷奉行」などでは勤務地を判断できる場合もある。一方「広敷番」だけでは、日時を検討しないと江戸・国元の判断はできない。

一・二具体例を挙げれば、文久元年に寿操院（利姫）御賄人並として召抱えられた平松忠蔵は、同三年七月に定府を解かれた後、「慶応三卯二月三日、寿操院様御賄人本役被仰付」とあり、尾張で寿操院の御賄人を務めたようである。また「元治元子十月十日、寿操院様御賄人並被仰付、勝手次第尾州江可罷登候」という多賀保太郎の履歴記述も、寿操院の附役として尾張に居住していたことを裏付ける。

この文久三年の定府大量解任の結果、定府の約三分の一が尾張に来て、三分の一が江戸に残り、残りの三分の一が所在地不明となった。今後幕末期の組織変遷の研究が進むことにより、定府藩士のより詳細な動向が明らかになることを期待したい。

2　「定府」はいつから？

さて、尾張藩における「定府」と「定詰」の違いはすでに述べたが、一般的に次のように理解されている。定府とは江戸で雇われた輩で、江戸に住み江戸藩邸で奉職していた。身分的には最下層の士族または同心が大半である。したがって諸士の履歴である「藩士名寄」に見当たらない者も多いのだが、幕末期には時節柄士分として取り立てられたために、ある程度の人数の履歴が残っているのである。

ところが先に挙げた定府六五〇人のうち江戸中期をさかのぼる事例は見あたらない。さらに「定府」という表記の初出は、『士林泝洄』の渡辺長門守久綱の享保庚子（五）九月十一日の「於江戸ニ為老中江戸定府」である。その後次第に定府は増え宝暦頃から普遍的になる。たとえば正徳四年に御歩行同心（足軽ではない）で召出された小川丈右衛門の宝暦十一年の条には、「近年之内定府被仰付置候処、御馬廻組被仰付候付、尾州江罷登候筈」とあり、定府の小川氏が国元の馬廻組として尾張に配置転換されたと読める。宝暦の城下図にも石神堂南之筋車道西南角に彼の名前が確認でき、この記述が裏付けられる。

さらに服部藤治の例を引いてみよう。藤治は寛保三年に「勤引替之儀、願之通」仰付られて善良院（継友側室）の歩行役として出仕する。その後圓珠院（友著側室）や轉陵院（好君・宗睦室）の広敷詰や御歩行役を務めるのだが、宝暦十二年午六月三日に「江戸定府之儀、願之通相済申候」との記述がみえる。当時江戸での勤務は間違いないはずだが、「定府」を願って認められたと読める。とすれば江戸勤イコール「定府」ではない？との疑問が生じる。

藤治は親の職を引き継いだが、親の勤向きも確認しておこう。父の藤兵衛は元禄十年に召抱えられ、前述の如く寛保三年に悴の藤治と交代した。その間江戸で顕照院（通温）御中間頭や善良院歩行役を務めたが「定府」との文言は一切ない。これは宝暦頃に「定府」とある人物の先代も同様の結果となった。ちなみに元禄から享保初年頃の日記である『鸚鵡籠中記』の人事記録は意外にも信頼性が高い。この全文も確認したが定府との文字は見つからなかった。これらの事例から「定府」とは享保期以降に用いられ始めた可能性が高いといえよう。

3　問われたのは身分格式

いまひとつ幕末の定府の記録の内、七〇人ほどに「伺之趣有之、定府与可心得旨」という記述がみえる。これを解釈すれば、私の身分を尋ねたところ定府と心得なさいと言われた、ということになる。これが初出仕時に尋ねた返答ならば、江戸で務めなさいとも解釈できるが、すでに江戸で勤務している時期での確認なのである。とすれば確認しているのは勤務地ではなく、身分格式のことと考えられないだろうか。

その傍証となる事例も紹介しよう。文政九年に定詰同心から御広敷御賄人並となった三浦清治の履歴である。彼はその後御広敷御賄人や同御台所人を歴任し組頭にもなる。ところが嘉永五年の履歴に「定府之心得ニ而罷在候儀は心得違之事候間、定詰与可心得旨」とある。つまり、定府と思うのは心得違いだから定詰と心得よ、という意味であろう。時に江戸勤務二六年目のことである。さらに「(前略)御広敷御賄人並被仰付候日より弘化三午二月十一日迄ニ而十詰二詰相満居候間、同十二日より十詰之積可心得旨」とある。つまり文政九年から弘化三年で、十年一区切りの江戸詰は二度満了したので、今は三度目の十詰の途中と思いなさい、ということである。そして三〇年目の安政三年に「定詰相解候、交代ニ而可相勤候」となるのだが、その後も「当分定詰ニ而可相勤候」と差し置かれていたようだ。ようやく慶応元年に小普請組（無役）となり、一代限御徒格として尾張に戻る。結局彼は最後まで定府とは認められなかった。定詰同心（足軽）という低い出自ゆえと推測すれば、「定府」に格式という意味合いが含まれていることは否定できないだろう。

4　残された疑問

さて以上、文久三年に着目して定府の動静を検討してきたが、さらに二つの大きな疑問が残されている。一つは文久三年以降も江戸に残った定府の動向である。家政職の一部は尾張に移ったが、番方・役方は江戸に残った。その後の変遷を履歴の記述から捜すと、翌元治元年九月十日「今般御改正ニ付、御広敷番欠役相成付」とある。江戸広敷番が不要となったことの反映だろうか、この日に約三〇名の定府が小普請組や御普請役に配置換えとなっている。この時期焦眉の問題は黒船対策でもある。かの生麦事件は文久二年夏のこと。翌三年には薩英戦争が勃発している。江戸・国元の尾張藩士の履歴にもこの事件は反映している。定府番方の多くに「文久二戌五月七日、異国船渡来、万一御城内江一手之御人数御差出之節、右御人数ニ被成置与之御事候」との記述がみられる。もし異国船員が江戸城内に侵攻した場合の防備の人員に指名する、ということになろうか。この後、元治二年（四月、慶応改元）三月には一手組、六月には警衛組が組織され、一定数の定府番方が江戸に残っていたことがわかる。一方役方の御書院番や留書、御右筆なども、まだ江戸に居続けていたようである。

いま一つの疑問は藩主以下のすべての家臣団が江戸を去った時期である。一般的には上屋敷である市谷を引き払ったのは慶応四年（九月、明治改元）とされている。それがわかる記述を探ってみた。慶応四年三月十一日には御納戸役や留書の勤向が停止され、同閏四月十二日には「留書頭并御右筆組頭被廃止候」とあり、これらの役人が江戸で不要になったことが窺える。幕府との関係でも、磯野半次郎の慶応四辰三月十三日に「御城附被廃止候（後略）」とある。御城附とは江戸城の本丸や西丸へ日々参勤して、幕府と藩の調整業務をおこなう重要な役職であるが、それも廃止とわかる。一方で水野作右衛門の明治元辰十一月十八日「在京御留守居書役申付　市谷御屋敷吟味方兼可相勤候」とあり、本務ではないものの、江戸屋敷の管理業務がなくなったわけではないことが記されている。

さて、いわゆる御一新により明治と改元された後も、尾張藩主は藩知事として藩の組織は存続した。ただ藩士たちの役職名は政府の方針に沿って大きく変化し、○等官とか○等兵隊などの役名がうまれる。明治二年の版籍奉還で尾張藩は名古屋藩と名前を変えるが、組織の実態は変わらなかった。ところが明治四年の廃藩置県により名古屋藩は名古屋県となり、知藩事の徳川慶勝は解職され、すべての名古屋藩士はその身分を失うこととなった。多くの定府の士は尾張の地で藩の消滅をむかえたはずである。

5　転換期の武士たちの生き様

いま少し幕末の定府の分析をしてみよう。藩の消滅後、藩士たちの動向がわかる資料は極端に少なくなる。その中で「尾参士族名簿」という秩禄処分にまつわる名簿から、定府たちの維新後のようすを垣間見ることができる。この尾参士族名簿（以下秩禄名簿と略す）は、禄を離れた士族に金禄公債を給付するための申請書類と考えられている。基準となる年号は明治八年一月だが、同十年半ば頃までに提出された受給者の情報である。すべての名古屋藩士またはその相続人が提出し、「藩士名寄」にはない同心身分の者や定府の人物も含まれているはずの名簿である。

照合の結果「藩士名寄」の幕末定府武士の大多数が秩禄名簿でも確認できた。子細に分析すると、「藩士名寄」に見当たらないものの秩禄名簿に記載のある人物は、同心、後の卒属が大半と判断される。

前述した約二二〇名の定府のうち、当人が八八人、当人が死亡や隠居等で相続受給者が八〇名と、四分の三強が秩禄名簿に存在する。つまり定府の四分の三以上の人物は尾張で藩の消滅をむかえ、明治八年頃に旧名古屋県士族として公債給付の申請をしていたことになる。

　さらに彼らの提出書類の住所情報をみると、城東の志水付近の東西二葉町や、片山神社東の東芳野町という地名が目に付く。この地は文政十一年の地図では、成瀬・竹腰の陪臣屋敷となっていたが、幕末図では明屋敷となっている。比較的上級の定府の一部がこの地に割り当てられたようである。とはいえ圧倒的に城下域隣接地や同心屋敷地の地名が多い。定府という身分からして明き同心屋敷を割り当てられていたことがわかる。さらに約五分の一にあたる三三名が「同居」とあり、縁者を含め他人の屋敷に仮住まい、または共同生活をしていたようである。体制が混乱するなかで、江戸から流入した多数の定府たちの住まいの手当が容易ではなかったことが推察される。

　秩禄名簿には七五六四名（参州諸藩を除く、旧尾張藩士のみ。含犬山藩）の士卒が掲載されている。残念ながら「い」の巻を欠くので、全容を知ることは出来ないが、旧名古屋県士族の約五％にあたる約四五〇名が東京府に寄留したり、東京鎮台兵となっていることがわかる。つまり旧尾張藩士の五％が東京に新たな仕事を見つけたと考えられる。一方で定府たちの三八名（一七％）の申請書類に「東京府下寄留」などの記述が見られる。藩士平均の三倍もの高率であることは、事実上の東京への帰還を推測させる。またあくまでも雑駁な推論にすぎないが、「藩士名寄」に存在しながら秩禄名簿には該当のない四分の一弱（五五名）の定府たちは、端から愛知県に書類を提出せずに、東京府に移管して申請した可能性が高いことが推測される。

社会の大きな変化によって帰属する組織をなくした定府たちの、その後の動静を知る術は少ない。ただこうした資料の隙間から、故郷・東京へ戻り、地縁を活かす選択をした人も多かったことと、新しい時代に向き合い、模索する定府武士たちの生き方が垣間見えることだけは間違いないだろう。

佐藤重敏（「尾参士族名簿」8巻）徳川林政史研究所蔵

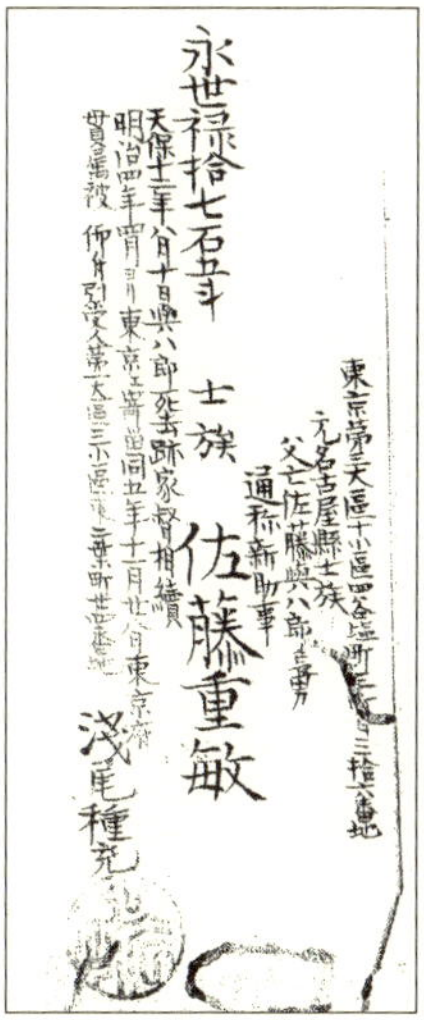

【読み下し】
東京第三大区十小区四谷塩町三丁目三拾六番地
元名古屋県士族
父亡佐藤與八郎長男
通称新助事
永世禄拾七石五斗　士族　佐藤重敏
天保十二年八月十日與八郎死去跡家督相続
明治四年四月ヨリ東京エ寄留　同五年十一月廿八日東
京府貫属被仰付　引受人第一大区三小区東二葉町廿
四番地　浅尾種充

内木信以（「尾参士族名簿」5巻）徳川林政史研究所蔵

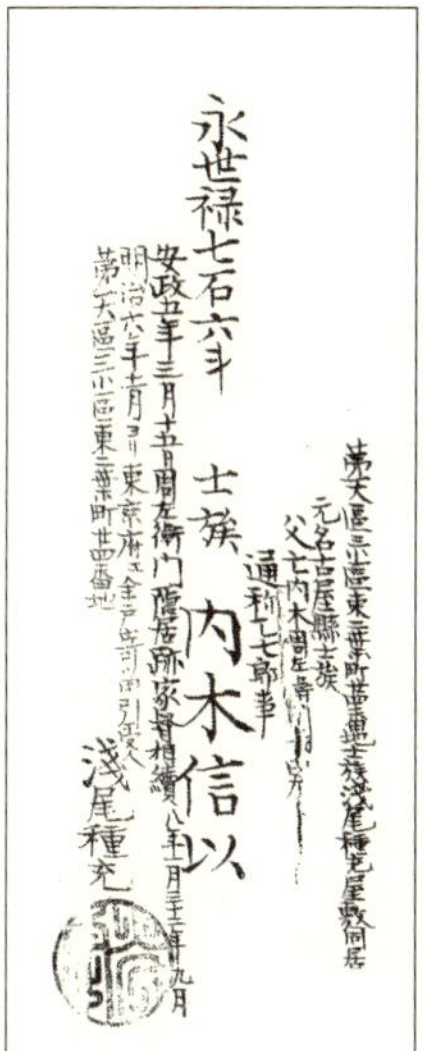

【読み下し】
第一大区三小区東二葉町廿四番地　士族 浅尾種充屋敷同居
元名古屋県士族
父亡 内木周左衛門□男
通称乙七郎事
永世禄七石六斗　士族　内木信以
安政五年三月十五日 周左衛門隠居跡家督相続　八年一月
三十二年九月　明治六年十一月ヨリ東京府へ全戸寄留　第一
大区三小区東二葉町廿四番地　引受人　浅尾種充

【コラム】尾張藩御文庫の幕末維新

桐原千文

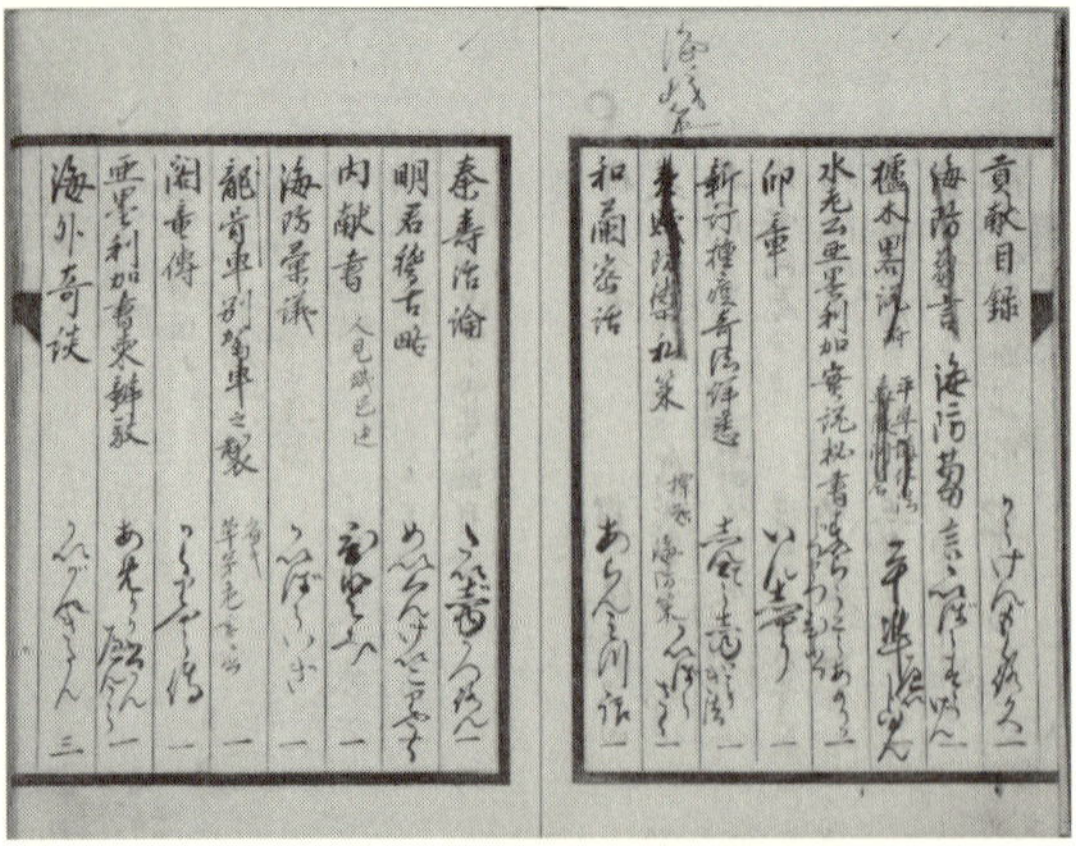

図１　御側御書物目録　　徳川林政史研究所蔵

十四代藩主慶勝の蔵書

尾張藩の御文庫は、紀州家・水戸家とともに尾張家に分譲された徳川家康の蔵書「駿河御譲本《するがおゆずりぼん》」を核に、自らの蔵書を形成し、十六世紀前半、大名随一の蔵書家と称せられた初代藩主義直により創設された。こののち御文庫には、歴代藩主、夫人、子弟等の蔵書が集積され、幕末の蔵書数は五万点余と推定されている。現在、蓬左文庫に伝来する御文庫旧蔵書や蔵書目録からは、義直、二代藩主光友に限らず歴代藩主たちの個性と書物への執着がうかがわれる。十四代藩主慶勝の蔵書も廃藩置県に遭遇する時代でなければ、没後は御文庫の蔵書として御書物蔵に納められていたはずである。

慶勝が自ら書写し収集した蔵書は、現在、徳川林政史研究所と名古屋市蓬左文庫に遺されている。隠居、謹慎を解かれる万延元年ころまでと推定される蔵書については、自ら整理、作成した蔵書目録（図1）も存在していて、その全体像を知ることができる。記載された総冊数は三六五冊、岩下哲典氏の調査でその他に分類された一〇三冊を除くと、海外情報が二割、西洋砲術など海防・軍学と対幕府関係などの改革関連が五割を占め、家政や慶勝が嗜好した学芸、教養に関する写本が残りの約三割を占める。藩政改革の実施や幕末の政局を乗り切る上での実務資料としての蔵書であり、海外事情や海防に関する最新の著作や記録を中心に、自ら筆写し、メモを加えたもの、抜き書きをまとめたものなどもある。ペリー来航以前に入手し急ぎ書写された来航予告情報含む『阿蘭陀《おらんだ》（別段）風説書』など、幕閣が発した機密情報を薩摩、宇和島、鍋肥前、越前、水戸などの有力大名との情報共有によって早くから入手し、幕府への働きかけにも関与している（岩下 二〇〇〇）。

幕末期の慶勝は和魂洋才を標榜し、最新の西洋の技術を自らどん欲に摂取しようとした。慶勝は、写真撮影の知識や技術の習得にも熱心で、薬剤のシミが残る写真術に関する蔵書とともに、自ら撮影した名古屋城内や江戸藩邸、長州征伐で訪れた広島、幕末の京都など貴重な写真が膨大に遺されている。当時の尾張藩内で、政治、経済から科学技術まで、慶勝は一番の海外事情通だったといっても過言ではない。

岩下氏は、前述の『阿蘭陀（別段）風説書』について「慶勝の書写態度はかなり大胆である」と記している。たしかに慶勝の写本からは、大きめの文字が幅広の罫線内を縦横によどみなく書かれている印象で、おおらかで大胆な人物像を想像させる。一方、写本の表紙には墨流しの紙や、装束の裂などが使用され、写本の装丁の細部にも自身の美意識にこだわる態度がうかがわれる。

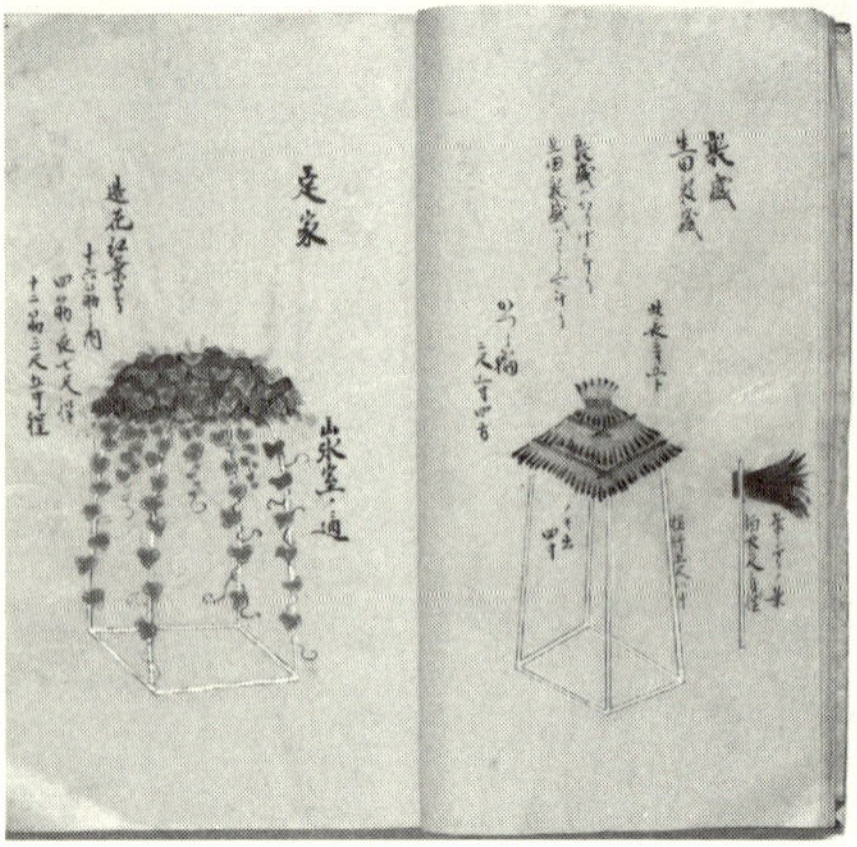

図２　宝生流能造物図絵　名古屋市蓬左文庫蔵

さらに、表紙には、分類や収納場所を示す直径二センチ大の円形が描かれ、白、赤、黒などに色わけがなされている。

海外情報や海防関係の書物が目を引く一方で、慶勝の蔵書からは、西洋の知識に限らず極めて幅広い知識と教養を持っていたことがうかがわれる。「宝生流能造物図絵《ほうしょうりゅうのうつくりものずえ》」（図2）は、宝生流の能に使用される小道具を彩色で描いた絵図集である。自ら製作にかかわったのであろう飾り物の花や木が繊細な筆で描かれ、材料と寸法が詳細に記入されている。不時登城の一カ月前安政五年五月二四日の写とある。

慶勝が軍制改革で西洋式の軍備を進める一方で、基本としたのが四代藩主吉通以来の長沼流軍学である。その基本文献である「兵要録」全二十二巻について慶勝はみごとな写本を残している。十冊におよぶ写本の文字は、太く強くよどみがない。最後までみだれることなく一気に写されたようである。最終巻の最後に力のこもった文字で「安政四丁巳年霜月廿九日　源慶恕書」とある（図3）。このとき慶勝は、名古屋在国中であり、同年十月、米国総領事ハリスが提示した条約案をめぐり幕府は諸侯に意見を求めていた。

箱の中央に「宗廟朝庭之礼《そうびょうちょうていのれい》」（図4）と慶勝自ら記した自作の貼り絵図集は、尾張藩主のポ

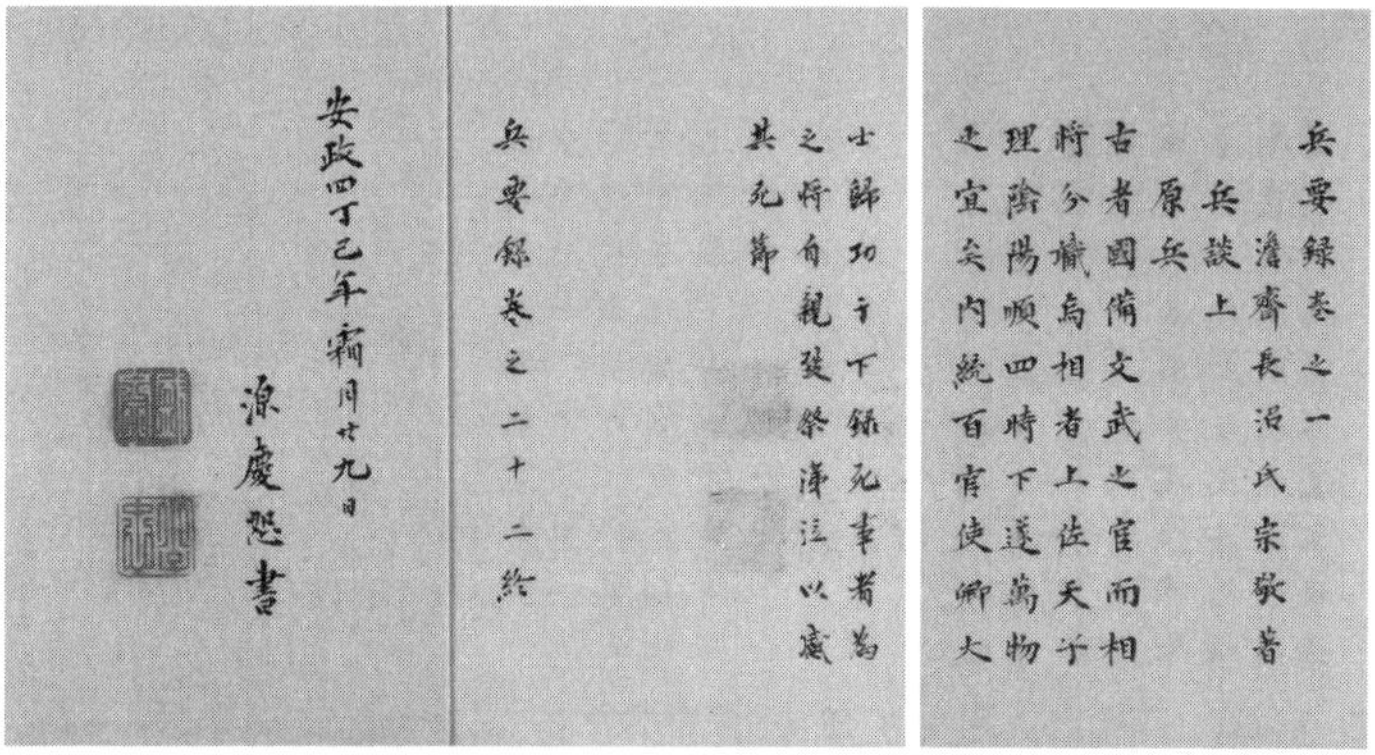

兵要録巻之一
滄齋長沼氏宗敬著
兵談上
原兵
古者國備文武之官而相
將分職爲相者上佐天子
理陰陽順四時下遂萬物
之宜矣内統百官使卿大

士歸功于下録死事者爲
之將自親殮祭淨注以藏
其死節
兵要録巻之二十二終

安政四丁巳年霜月廿九日
源慶恕書

図３　「兵要録」巻頭（右）と同巻末（左）名古屋市蓬左文庫蔵

ケット版幕府行事作法マニュアルである。書名の「宗廟」は、王宮の正殿、政治をおこなう建物をさし、「朝庭」は、王と臣下が一堂に会して儀式をおこなう場をいう。江戸城本丸御殿、幕府の政庁でおこなわれる儀式の作法を意味している。内容は、幕閣と在府の

図４　宋廟朝庭之礼　名古屋市蓬左文庫蔵

諸大名が一堂に参列する年賀・五節句などの公式行事、参府・御暇などの将軍謁見に際して、江戸城大広間等における席次と尾張藩主が取るべき行動を役職別に色分けされた三角の色紙によって示し、行動順に解説が付された五十六枚の図に目録、月別行事一覧、色分の凡例が付属する。いずれも縦六折、横三折で同じ大きさに折って表紙を付け、十五枚ごとに帙に入れて箱に納められている。箱は二重箱で外箱の蓋裏に「安政丁巳春於東部出来　慶恕自製」とある。箱、帙、表紙の文字も解説もすべて自筆、装丁も慶勝自身の製作であろう。本図が製作された安政四年（一八五七）春は、三度目の参府で江戸にいた。藩政改革に着手し、幕府宛に対外政策建白書なども提出して、次第に中央政界での発言力を強化しつつあった時期にあたる。

慶勝の残した写本は、激動する幕末期、尾張藩の命運を決し、維新の政局を乗り切った慶勝の繊細かつ几帳面な一面を示している。

明治維新と尾張藩の蔵書

明治四年（一八七一）七月、廃藩置県によって、名実ともに藩はなくなり、相前後して尾張徳川家のさまざまな所蔵品の払い下げがおこなわれた。御文庫の蔵書については、明治五年を中心に「駿河御譲本」も含め三分の一が処分された。尾張藩の学者として明倫堂の教授、督学を勤めた細野要斎は、四回にわたっておこなわれた売りたてで、二十両に近い金額を投じて、「駿河御譲本」二十四件を含む約百件の御文庫の蔵書を購入した。このときの心境を「忽然世移り時変りて、これを商人の手に附せらるゝ事、実に痛哭に堪えざる也」（「感興漫筆三十九」『名古屋叢書』第二十二巻）と記した。要斎が購入した御文庫旧蔵書の一部は、現在国会図書館に所蔵されている。

慶勝の蔵書は、手元蔵書として慶勝とともにあったため、廃藩にともなう道具や書籍の処分とはかかわることなく、尾張徳川家の蔵書として受け継がれた。明治政府による幕末期の旧藩主事績の編纂や尾張徳川家の維新史編纂においても活用され、慶勝の日記や書状など関連の文書類とともに一部を除きほとんどがそのまま遺された。

図５　「洋学館」旧蔵の蘭書　名古屋市蓬左文庫蔵

尾張藩の蔵書は、「御文庫」の蔵書だけではなかった。藩の公式記録を編纂した「御記録所（御日記所）」には編纂が開始された宝暦二年（一七五二）以降、尾張藩役所のみならず名古屋城下はじめ町方、村方にかかる資料も集められた。のちに「尾張資料」とよばれることになる地域資料群の原点となったものだが、一部の蔵書は処分の対象となった。処分後残された「御記録所（御日記所）」の蔵書は、「御文庫」の蔵書とともに尾張徳川家の蔵書となり、現在、名古屋市蓬左文庫と徳川林政史研究所に分蔵されている。

なお、蓬左文庫には語学・医学・兵学・地理学・物理学などのオランダ語の書籍とオランダ語学習のための辞書や教科書など四十三件六十七点の「尾張洋学館印」が捺された一群の書籍が伝来している（図5）。御文庫の蔵書目録には、これらの書籍の名称がすべて列記され「洋学所御書物　伊藤圭介江御預　慶応三年卯十月」と注記されている。

「洋学館」とは、天保八年（一八三七）頃、尾張藩士上田仲敏《なかとし》（一八〇八－六三）が上田家の三の丸の屋敷に藩の支援を得て開いた西洋兵学塾である。安政六年、西洋式軍制教育を主目的に藩営の洋学教育機関「洋学所」となり、伊藤圭介（一八〇三～一九〇一）は、上田仲敏とともに総裁として洋学所を統括して発展させた。文久三年（一八六三）、上田仲敏の病死によって「洋学所」は伊藤圭介の自宅に移された。慶応元年（一八六五）頃には明倫堂への移転の話もあったようだ。伊藤圭介を含め長州征伐に人材を奪われ、慶応三年には「洋学所」は運営不能となっていた。同年十月圭介が慶勝のもとに提出した洋学所の蔵書目録「慶応三卯年十月御側江差出候控　洋学所御書物目録草稿」（東京都立中央図書館渡辺刀水旧蔵書簡）に収録された内容は、前述の御文庫の蔵書目録と蓬左文庫に現存する洋学館旧蔵書に一致する（土井　二〇〇五）。洋学所の事実上の廃校に伴い、蔵書はいったん伊藤圭介の預かりとなったのであろう。返却は廃藩置県後となった可能性が高い。

蓬左文庫には、「御文庫」や「御日記所」の他に、「明倫堂」「寺社奉行所」「町奉行所」「軍務局」などの旧蔵書が伝来していることが書籍に捺された蔵書印から確認できる。ただしいずれも数件程度で、まとまって伝えられた書物ではない。「御文庫」についで尾張藩の中で多くの書物を所蔵していたのは、藩校明倫堂である。明倫堂は、天明三年（一七八三）、九代藩主宗睦により名古屋城の南、三の丸（現中区丸の内、東照宮内）に開設され、明治四年（一八七一）の廃藩置県によって廃止された。昭和七年『愛知教育』五三九に発表された「愛知県第一師範学校所蔵古書目録」に記録された浅野醒堂《せいどう》氏（一八五七～一九三四　旧姫路藩士、能書家・漢学者、愛知県第一師範学校教員）の話によると、「明治元年頃今の第三師団司令部前の倉庫（現在の名城病院付近）に明倫堂本が納めてあった」という。こののち明倫堂の蔵書は、文部省直轄の愛知師範学校を経て、愛知県師範学校に引き継がれ、現在はその後身にあたる愛知教育大学に引き継がれている。同大学が所蔵する尾張藩旧蔵書群のなかには、明倫堂旧蔵書の他に「御文庫」「御日記所」「寺社奉行所」「町奉行所」「国方役所」「軍務局」「神祇局」「科学局」などの旧蔵書が含まれている。藩政時代、「御文庫」「御日記所」と「明倫堂」との間で蔵書の移動があったことは、蔵書目録の記録からも明らかである。慶応三年、明倫堂の学制改革により明倫堂督学の御書物奉行兼務が決定し、御文庫と明倫堂文庫は明倫堂督学の一元的管理下におかれた。一方、昭和四十二年発行の『名古屋市蓬左文庫善本解題図録』第一輯巻末に収録された「名古屋市蓬左文庫略年表」慶応三年の項には、「三月書物奉行を廃し、蔵書を主として藩校明倫堂に移す」とある。この記述内容の正確性に疑問は残るが、幕末維新期、御文庫から明倫堂文庫へ蔵書の移動が顕著であったことがうかがわれる。

廃藩置県後の相次ぐ制度改革による各所の蔵書処分や再配分の結果として、諸役所の蔵書が蓬左文庫及び愛知教育大学に伝来しているのであろう。とくに愛知教育大学の蔵書については、廃藩置県後に愛知県が成立し、機構整備や組織の統廃合が進む過程で、明倫堂の旧蔵書に旧藩の各役所が所蔵した書籍類が統合され、師範学校に納められることとなったものと考えられる。

第4章　慶応四年の入鹿池決壊

鈴木 雅

1　五月十四日の暁天

慶応四年（一八六八）五月十三日。のどかで風光明媚な名所として知られた尾張丘陵ではこの日、降りしきる大雨が幾筋もの滝川となって、谷間に広がる入鹿池《いるかいけ》へと怒涛の勢いで注ぎ込んでいた。この巨大なため池は、築造以来尾張北部の平野を潤し続け、それにより広大な水田が拓かれてきた。しかしその恵みの水が、人の力を超えて牙をむく破局の時が近づいていた。

この年は四月末から半月の間ほとんど雨天続きで、入鹿池はぐんぐんと水位を増していた。五月二日には、田植えの水を流すために杁《いり》（水門）を開けて放水したが、それでも水位は増し続け、ついに七間四尺五寸余りに達した（一間≒一・八m、一尺≒三〇cm、一寸≒三cm）。入鹿池の直下に位置する神尾新田の庄屋天野浅右衛門が、名古屋の尾張藩杁方役所へ満水を通報すると、五月七日に杁奉行の下僚である手代が二人派遣され、泊まり込みの番をし始めた。八日・九日には八間二尺、十日は雨が上がり水位は均衡を保ったが、その夜から再び雨が降り出し、十一日には九間一尺五寸に達した。その夜、さらに手代長元役（＝主席手代）一名が派遣され、奥入鹿村・神尾新田に昼夜の杁番を申し付け、また入鹿用水の井組村々に人足を割り当てた。あまりの豪雨に百姓たちも心細くなり、何度も氏神に詣でて救いを求めるほどだった。また、小牧陣屋から代官自ら出張してきたが、手の打ちようがなく堤に土俵を積み重ねていくしかなかった。さらに十三日には、犬山代官も手代や人足を引きつれてやってきて、昼から夜まで休まず水防活動に従事した。

　ところが、小牧代官と犬山代官が並び立つことでひとつ問題が発生した。浅右衛門の残した記録には「小牧御代官・犬山御代官両所立合相成候故にもうす事もよういたさず」とある。つまり、両役所間では十分な意思疎通が図られなかったのである。二人の代官が陣頭指揮を執ることで、かえって水防活動の指揮系統が分断してしまった。その間にも水位は増え続けて九間三尺余りにも達し、これには役人たちもみな意気をくじかれ、青息吐息となった。その夜七つ時（午前四時）頃、堤から地響きがしたので、いよいよこれはもう無理だということになり、代官以下全員で蜘蛛の子を散らしたように逃げ出した。そして東の空が白み始めた頃、とうとう堤が決壊してしまった（「天野浅右衛門翁の手記」『入鹿切聞書』）。

　決壊から三日後の五月十七日に尾張藩杁奉行千村三四郎がまとめた報告書には、決壊した河《かわ》内屋堤《ちやづつみ》と呼ばれる箇所はまだ高さに余裕があったので見張りを置くのみにとどめ、杁のある堤（杁所堤）に土俵を積む作業をしていたところ、河内屋堤のほうから雷鳴のような音が聞こえ、様子を見に行った矢先に堤が崩壊し、命からがら山手に逃げて難を逃れたと記されている（「入鹿河内屋堤再興一巻」）。状況から判断すれば、浅右衛門は、小牧代官と犬山代官で杁所堤と河内屋堤を分担すべきと考えていたのかもしれない。

あるいは、堤を人工的に切って水を逃がす「違《たが》い切り」の実施をめぐって意見が対立した可能性も考えられる。江戸時代前期の尾張藩では、交通の要衝である枇杷島橋を保護するために、増水時に橋のたもとにある小田井村の堤を切らせて水を逃がすということをしており（鈴木二〇一七）、入鹿池でも違い切りを実施寸前で中止した事例が知られている（塚本　一九七二）。実際今回の決壊についても、後日の評価ではあるが、違い切りをせずに土俵を積んでいったことが決壊の原因であったと見なす人物もいた（「羽黒水災記」『入鹿切聞書』）。いずれにしても、効果的な水防活動が実施されることはなかった。

さてその頃、犬山城では小野木鉦三という十九歳の青年武士が夜勤で大手門番を務めていた。七つ時となったので、太鼓打ちの円七を起こして時の太鼓を打たせたところ、何かゴーゴーという音が聞こえてきた。円七に「どしゃ降りなのか？」と声を掛けると、円七は「雨も止んで風もないですし、空は晴れていますよ」と答えたので、何事だろうと不審に思っていたところ、大手門を叩く者がいた。門を開けると三人の百姓が立っており、「入鹿池の堤防が決壊しまし

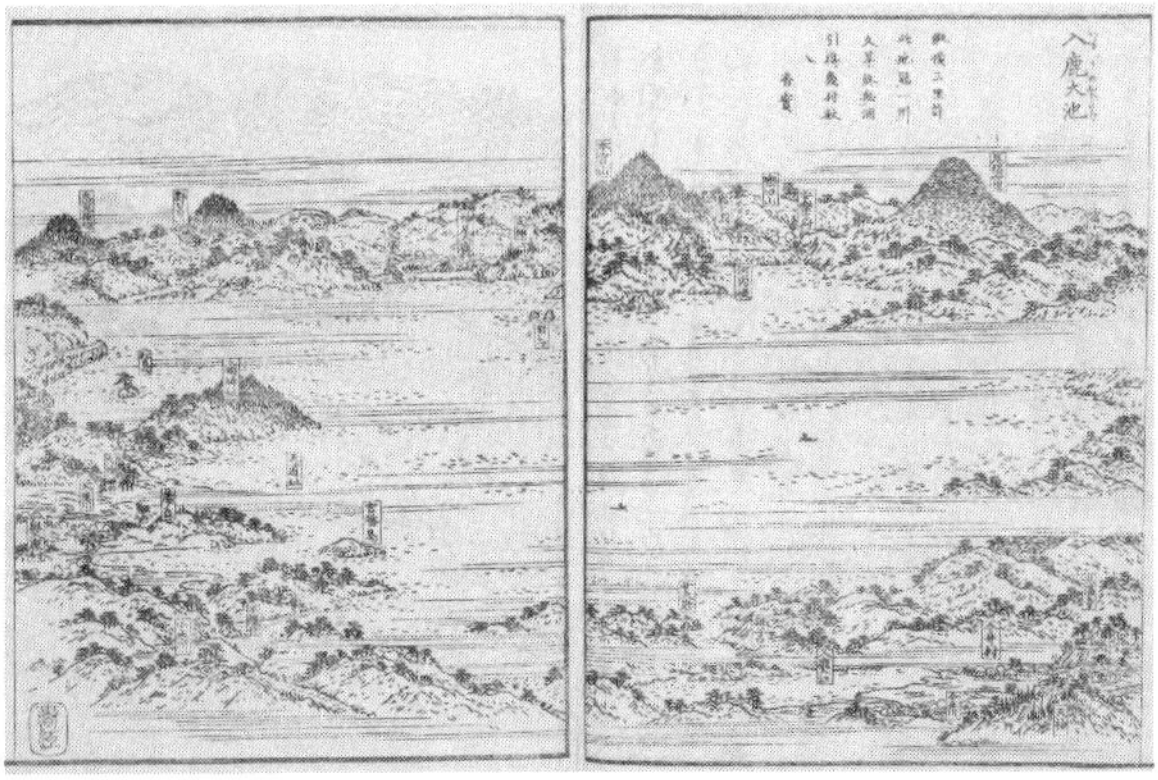

図1　入鹿大池（出典：『尾張名所図会』後編、巻六）

たので、ご家老様へご報告に来ました」と言った。話を聞いているうちに、ちょうど夜が明けて交代の者がやってきた。彼が「今朝、うちの親戚は河北村（現在の丹羽郡大口町）まで舟で行ったそうですよ」などと言うので、一緒に夜勤を務めていた同僚と現地へ確かめに出かけた。橋爪から五郎丸（ともに現在の犬山市中部）へ行く途中、髪結い床の壁が、二、三尺ほども濡れていて驚いた。そこから先は、道に根こそぎ抜けた松や岩などが散乱していて、往来にとても不自由した。いろいろと回り道をしながらようやく五郎丸にたどり着くと、橋は流され、付近の家々も流され、また壊されており、死者数百人という惨状だった。このあたりはちょうど田植えを済ませて、五月十五日は農休みとしてうどんのご馳走をふるまう慣習があり、他所へ嫁に行った孫娘などが帰ってくるのを楽しみにする家が多かった。そうして里帰りしていた母子が、無情にも流されて命を落とすことが少なくなかった。十五日になると今度は快晴となり、蒸し暑さで死体の腐敗が進み、あたりには耐えがたい臭気が立ちこめた。また、入鹿池の

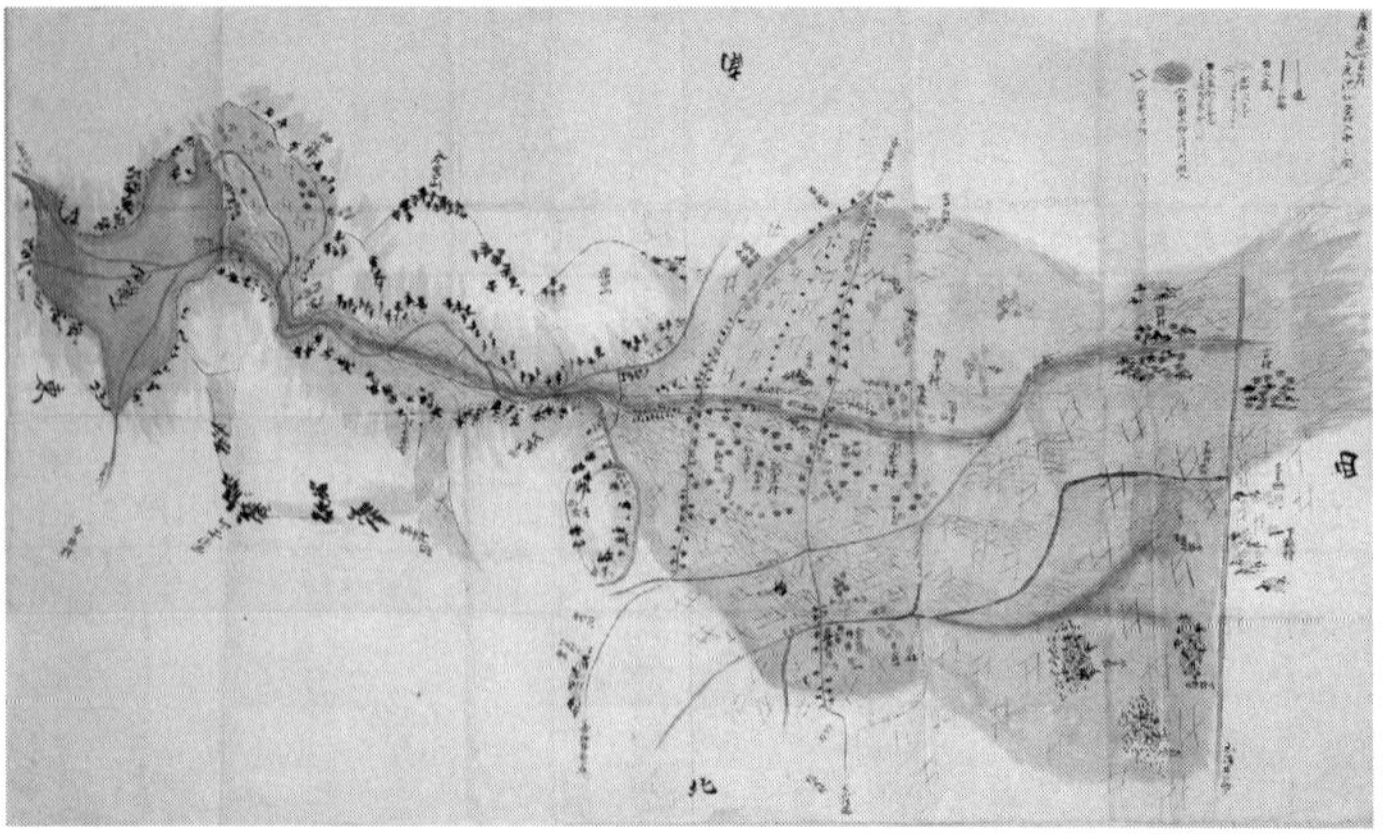

図2　慶応四辰年入鹿池切各村入水之図　犬山城白帝文庫蔵

水防活動に動員されていた人々が帰ってくると、帰るべき家は流され、待っているはずの家族も行方知れず。余りのことに涙も出ず、ただ呆然とするだけだった（「小野木鉦三翁手記」『入鹿切聞書』）。

　慶応四年五月十四日の暁天、入鹿池の決壊によって、一瞬のうちに多くの人々の命が奪われた。入鹿池から奔り出た激流は、尾張富士と本宮山に挟まれた鞍ヶ渕と呼ばれる渓谷に殺到した。狭い渓谷に水が集中したため、神尾新田は水底に没して四十軒の家屋が流失した。激流は両脇の山腹を削りながら鞍ヶ渕を抜け、岩石や樹木もろとも安楽寺《あずくじ》村へと押し寄せた。安楽寺村では家屋三十軒が流失し、田畑には深いところで一丈（約三m）もの土砂が堆積し、一面の砂河原となった。そして濁流は尾張平野に抜け、羽黒村（現在の犬山市中部）の朝日地区まで到達した。神尾新田や安楽寺村では入鹿池の危機を察知して山へ避難していた人も多く、溺死者は二名に留まったが、この朝日地区ではそうしたことがなかったらしく、溺死者が二百六十余名にも及んだ。濁流に削られた岩石などはこのあたりに流れ着くものが多く、田畑がごろごろとした河原のようになってしまった。大きなものでは長さ二間、直径四〜五尺という巨石もあったという。ここで濁流は三手に分かれ、一筋は稲葉地区、橋爪村、五郎丸村へと北上、そこから西流して河北・下野・小口・余野方面（現在の大口町）へと向かった。もう一筋は堀田地区、川原地区へと西流、残る一筋は南流して成海、長塚、楽田村（現在の犬山市南部）まで到達し、そこから河北村へ向かった。これらの流れはその先も五条川沿いを清洲方面へと流れ落ちていき、全体で溺死者一千人超、流失した家屋、堂社などは二千を超えたという（「羽黒水災記」『入鹿切聞書』）。

2　入鹿池の歴史と管理体制

巨大建設プロジェクト・入鹿池

小牧・犬山方面に壊滅的な被害をもたらした入鹿池は、しかし、この地域の人びとに非常に大きな恵みをもたらしてきた。

入鹿池が築造されたのは江戸時代前期にさかのぼる。ここはもともと入鹿村という村高五百石ほど、家数百六十軒の村で、周囲の山々から幾筋もの小川が流れ込んで大きな川筋となる谷底平野であった。この川筋は谷底を抜けると幼川と呼ばれ、さらに下流では五条川と呼ばれる。

この川が流れる谷底平野の出口は、両側から山が迫って狭くなっていた。この地形に目を付けたのが、小牧・犬山周辺に地盤を持っていた旧土豪層の浪人たちであった。彼らの家に代々伝わる由緒書によれば、彼らは寛永五年（一六二八）から「銚子口《ちょうしぐち》」と呼ばれるその部分に堤を築き、流れを堰き止めれば、巨大なため池となって荒れ野を新田に変えることができると犬山城主の成瀬正虎に進言していたという。その後成瀬正虎の取次で寛永九年に願意が認められ、翌寛永十年に普請が完成した（「入鹿旧記」『入鹿池史』）。

この普請では、現在池野小学校や白山神社のある小山の東の谷間に堤を築いて杁を伏せ、また西の谷間におよそ百間もの堤を築くという難工事が求められた。小山の西側を流れる幼川は水勢が激しく、築いた土が何度も押し切れてしまった。そこで、河内国から甚九郎という浪人を招聘した。彼は土木作業に実績のある人物であり、「棚築」という工法をもって普請を成功させた（「入鹿御池開発記」『入鹿池史』）。これは、両側から堤を築き、最後に残った狭間に燃えやすい松木で橋をかけ、そこに油を注ぎ、松葉、枯れ枝を敷いてから土を積み、火をかけて橋を落とし、一気に川筋を締め切るというものであった（『入鹿池史』）。

入鹿池が完成すると、次第に小牧台地の原野が水田へと拓かれていった。寛永十六年には最初の検地が行われ（「地方古義」『名古屋叢書続編』第三巻）、開発が一定の進捗を見せていたことがうかがえる。その翌年には尾張藩主徳川義直が入鹿池と新田を自ら視察し、小牧御殿に浪人たち六名を招いて彼らの功績をねぎらい、褒美として名字帯刀の特権と除地（免税地）十石ずつを与えた。その後も開発は進み、正保三年（一六四六）・寛文二年（一六六二）にも検地が行われた。最終的には六八三八石余の新田が開拓され、すでに存在していた本田でも入鹿用水の恩恵に浴したものが十二万石余もあったとされる。

入鹿池の管理体制

ところで、入鹿池はダムであるから水門の管理が必要となる。そのために、杁守《いりもり》と水練《すいれん》という管理人が二人ずつ置かれた。

杁守は、毎年年末から三月にかけて代官所へ水位を報告した。田植えの季節が近づくと、久保一色村（現在の小牧市）に置かれた水役所（後述）に代官の手代が出張してくる。水役所が井組村々の意向などをふまえて開扉を許可すると、杁守から水練に指示して、杁を開けさせた。

水練が杁所堤の上から呼びかけると、堤下にある神尾新田の百姓たちがそれに応じて集まってくる。水練が水中に入って杁戸に苧縄《おなわ》を取り付け、それを堤上の小屋にある大きな轆轤《ろくろ》に結ぶと、百姓たちが轆轤を回して杁戸を引き上げた。扉を開けると、再び水練は水に潜って、鉄栓を挿して扉を固定した。扉を閉めるときは、杁戸を槌で叩いて下ろした。杁の扉は十三段になっていて、配水状況に応じて段階的に開けられた。池の水が渦を巻いて杁に流れ込む中で潜水作業に従事した水練は、一歩間違えば命の危険もあったことだろう。その役儀の対価として、彼らには神尾新田と奥入鹿新田に合わせて五石の給地が与えられた。ちなみに、杁守にはそれ

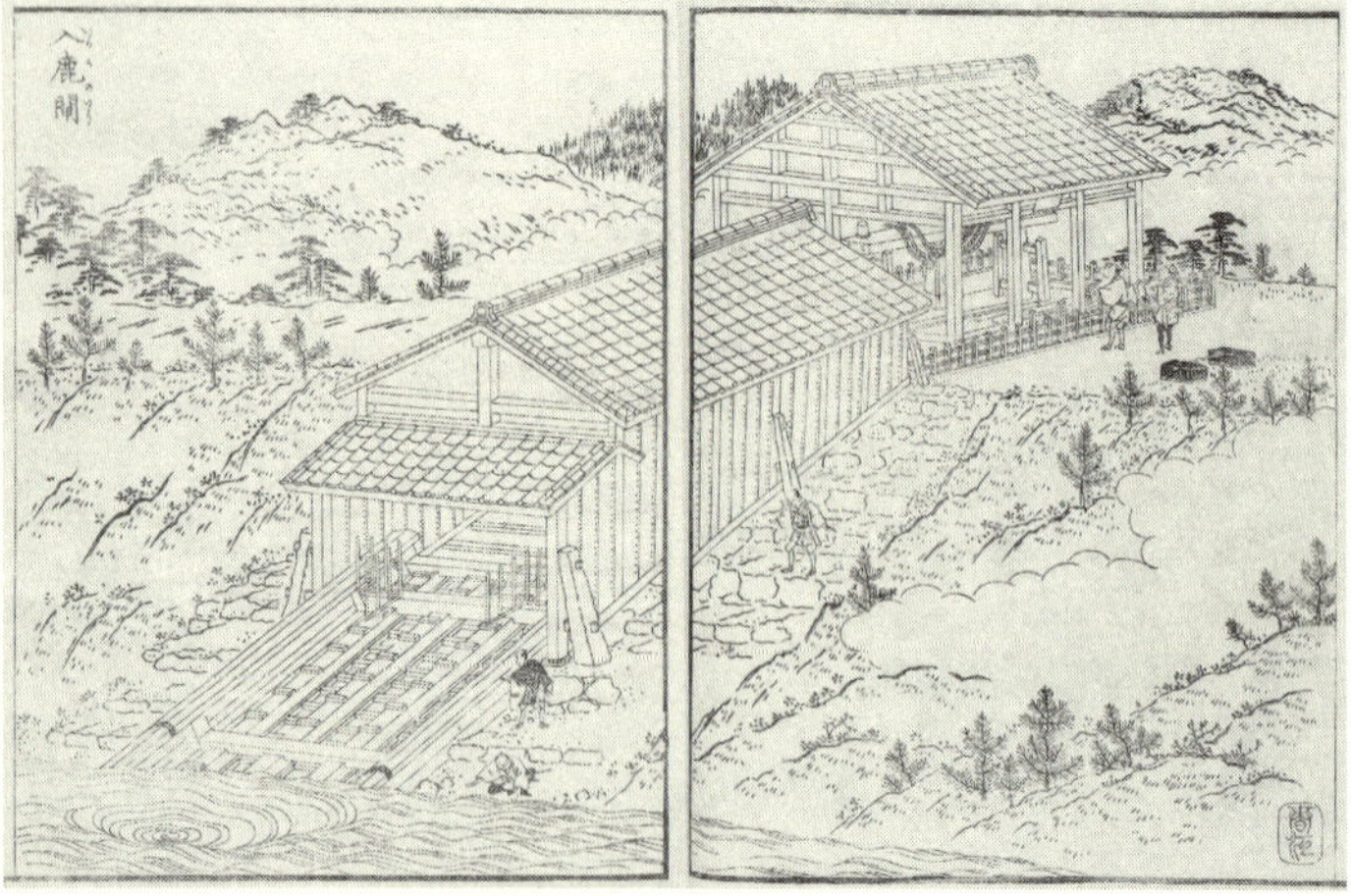

図3　入鹿閘（出典：『尾張名所図会』後編、巻六）

ぞれ切米五石と扶持米壱人分ずつが与えられていた。

そもそも、江戸時代のような農業社会において、用水の整備は支配者にとって最も重要な使命のひとつであった。尾張藩も用水を支配する官僚機構を整備しており、それは故・塚本学氏の研究に詳しい（塚本　一九七二）。

尾張藩に用水管理の職を確認できるのは、江戸時代前期の寛永期からである。代官たちの一部が用水奉行あるいは水奉行と呼ばれて一元的な用水管理の任を兼務した。寛永十年に入鹿池築造の監督を務めたのも、もちろん水奉行であった。

尾張藩の蔵入地（直轄領）を分担して支配した代官職には、いろいろと職種・序列があった。最上位が大代官で、次席が三ヶ村代官、水奉行はその次に来て、尾州郡《こおり》奉行や濃州郡《こおり》奉行よりも上位であった。主席代官である大代官は、自身の支配地を預かるだけでなく、民政全般を総括する国奉行の下で、代官支配地全体の取りまとめを行った。三ヶ村代官は、通常の支配地に加え、木曽山のうち美濃側の裏木曽三ヶ村（加子母《かしも》村・川上《かわうえ》村・付知《つけち》村）を管轄した職で、良質な材木を産出する尾張藩の巨大な財源を任される存在である。尾州郡奉行・濃州郡奉行は、自らが代官として支配する蔵入地に加え、尾張・美濃に広がる藩士たちの知行地の行政をも管掌した。彼らの職掌と並べてみると、水奉行がいかに重要な役職だったかがよくわかるだろう。

一口に用水を支配するといっても、水奉行の職掌は具体的にどのようなものだったのだろうか。その最も本質的な職務は、田植えの季節に藩領内の各村々に用水を配分することである。水奉行の出張所として水役所があり、これは宮田村（現在の江南市）・大塚村（現在の稲沢市）・久保一色村に置かれていた。宮田水役所は木曽川から取水する宮田用水の上流部、大塚水役所は同じく宮田用水下流部、久保一色水役所は木曽川から取水する木津《こっつ》用水・新木津用水や入鹿池から取水する入鹿用水を管理した。毎年田植えの季節が近づくと、これらの水役所へ水奉行配下の手代が派遣された。彼らの出張期間は二月中旬から七月いっぱいまでであり、この間には用水のかかる村々における稲の植付や生育の状況を見廻った。また、毎年旧暦六月には村々を巡回して、その様子を藩主在国中なら国奉行へ、江戸へ参勤中なら江戸詰の家老へ報告することになっていた。

水奉行は、他にも杁や用水路の開削・維持管理などを職掌としていたのだが、享保期からその職掌は縮小の一途をたどった。江戸時代、特に前期は国土の大開発時代であり、尾張に限らず盛んに用水体系の整備と大規模な新田開発が推進された。そうした情勢の下では、新たな用水慣行が確立するまではその調整が重要な課題となる。ところが江戸時代も中期に差し掛かる頃になると、そうした用水慣行も確立して特段問題が発生することも少なくなり、自ずと水奉行という役職は閑職化していった。

この頃、尾張藩では藩政機構の整理が進められており、享保十二年（一七二七）には杁奉行が新設された。杁奉行は水奉行の職務から杁の管理を独立させたものと言え、杁の製作・修繕のみならず杁守の支配などもその職掌とされた。この後、水奉行と杁奉行、土木工事全般を担った普請奉行との間で職務分掌の変更がしばしば行われ、次第に水奉行の職掌は縮小していった。

尾張藩では、天明・寛政年間に名君として名高い九代藩主徳川宗睦《むねちか》の主導によって藩政改革が進められた。天明元年（一七八一）、佐屋・北方・水野に代官所を設置し、それまで名古屋で執務していた代官を現地で執務させるように改めた。その後次第に代官所の数は増え、最終的には先の三ヶ所に加え、鳴海・小牧・鵜多須・太田・横須賀・上有知《こうずち》・清須の合計十ヶ所の代官所が設置された。これを「所付代官《ところづけ》」という（大代官のみは名古屋で執務し続け、名古屋周辺の地域を管轄した）。所付代官制の施行によって、それまで業務別だった代官の職種は均一化され、地域別の職務分掌に再編された。これに伴い、水奉行は完全に廃止され、杁奉行の所管も主要な杁のみに縮小された。用水支配は各所付代官が担うことになり、入鹿池は小牧代官所の管轄となった。また、代官たちの上司である国奉行も、天明改革の中で勘定奉行と統合され、地方懸り勘定奉行として再編されている。「地方《じかた》」とは、江戸時代の言葉で村方を指す。

尾張平野の用水は、尾張藩が江戸時代前期に整備した宮田や木津、入鹿など大規模な用水に依存した。このため、百姓たちの耕作基盤を整備する勧農権の実質は自ずと藩当局に集中し、その分藩士たちの領知権は脆弱なものとならざるをえなかった。塚本氏は、ここに尾張藩の水支配の特質を見出している。

ところで、こうして入鹿池の歴史をたどってみて気づくのは、犬山代官の関与が見られないということである。実は犬山代官というのは、尾張藩主に直接仕える存在ではなく、犬山城主成瀬家の家臣である。だから、ここまで概観してきた尾張藩の行政機構の一員ではない。それなのに、なぜ慶応四年五月十三日の入鹿池には犬山代官がいたのだろうか。入鹿池決壊の一因は、小牧代官と犬山代官が並立し、水防活動の指揮が混乱したことにあった。どうやらそこには、単に代官たちの個人的資質といった次元とは異なる問題が隠れていそうである。

3　犬山藩の独立と行政

尾張・紀伊・水戸の御三家には、その創設時に徳川将軍家から補佐役として家老が付けられた。これを「付家老」といい、尾張藩の場合は、成瀬正成と竹腰正信の二名が付けられた。犬山城主の成瀬家と美濃今尾に陣屋を構える竹腰家は、代を重ねるごとに自立心を強めていき、紀伊・水戸の付家老たちと協力して家格上昇運動を展開していった。江戸幕府健在の間に彼らの独立が実現することはなかったが、鳥羽・伏見の戦いから間もない慶応四年正月二十四日に、朝廷は御三家への牽制策として彼らを天皇に直接仕える「藩屏《はんぺい》」に列した。つまり、独立の大名として認めたのである。

とはいえ、最高幹部が急に藩政を放棄するわけにもいかない。朝廷のほうでもそこには配慮をしており、成瀬正肥《まさみつ》を藩屏として認めた達し書きにも、「但し、是まで取り扱い来たり候国政向き手放し難き儀モ候ハヽ、其旨国主より願い立て申すべき事」（『犬山市史』史料編六　近代・現代、十一号）と但し書きが記されている。これを受けて尾張藩主徳川元千代（徳川慶勝の息子）は、引き続き成瀬正肥に政治を委任したいと出願し、二月十日付で朝廷からの承認を受けている（同前）。

このように、成瀬家は犬山藩主として尾張藩から独立を遂げたものの、実質的には尾張藩付家老としての立場が継続していた。犬山藩自体も明治四年の廃藩置県によって犬山県となり、同年すぐに名古屋県と統合されてしまうため、これまでこの犬山藩という存在に対して独自の行政組織としての評価はあまり与えられてこなかった。

しかし、当の犬山藩では、近いうちに廃藩置県が断行されるという見通しを持っていたわけではない。当然ながら一個の藩として尾張藩から独り立ちするために動き出していた。尾張藩政下における成瀬家領の行政権は、治安維持や河川・用水の普請など、重要な部分を小牧などの所付代官が掌握しており、犬山代官は年貢収取や人身支配など基本的な権限しか持たなかった。しかし犬山藩の独立に伴い、犬山代官は成瀬家領に次のような触れを出した。

先般、藩屏の列に仰せを蒙らせ候につき、以来御領分中の儀、陣屋を引き離れ、諸事役所において取り扱い候筈に相成り候につき、是迄陣屋へ申し出候儀は、何事によらず当役所へ申し出づべく候（『犬山市史』史料編五　近世下、三四二号）

これは、犬山藩領の行政権が、所付代官から犬山代官に移管されたことを通達したものである。成瀬家は政治的には尾張徳川家を補佐し続けたが、所領の行政に関しては、やはり一個の行政組織として独立しようと動き出していた。

しかし、塚本学氏が水支配について指摘したように、江戸時代の初めから尾張国では尾張藩領としての一体的な支配が構築されてきた。そのため、犬山藩が自領の行政系統を独立させようにも、実務的に難しい側面が残されていた。試しに、尾張藩領と犬山藩領をまたぐ交通の問題を見ると、それが顕著である。例えば、慶応四年四月に出された、宿場から提出する交通関係の届出は今後江戸幕府道中奉行宛てではなく朝廷の太政官宛てに出すようにという触れは、小牧代官から犬山藩領の善師野宿《ぜんじの》へ通達されている。こうした街道・宿場関係の触れは、宿場から宿場へと伝達されるものであるが、善師野街道（いわゆる上街道）は尾張藩が整備した街道であり、この触れの始点となった小牧宿は尾張藩領だからである。また善師野宿は、戊辰戦争による信越方面への人員輸送や、入鹿池決壊による助郷村々の壊滅を受けて、犬山代官へ負担軽減を嘆願している。しかしこれらの問題は、結局のところ小牧代官への協議なくして対処できるものではなかった（同前三四三～三四六号）。

このように、慶応四年正月に朝廷が幕末政局における駆け引きの一環として犬山藩の独立を認めたことは、地域行政に少なからぬ影響を及ぼした。犬山藩は独立した大名としての行政を施行しようと試みたが、江戸時代を通じて尾張藩領として一体的に築き上げられてきた地域行政の構造を再編することは容易ではなかった。

入鹿池の用水が潤したのは、その多くの範囲が犬山藩領であった。「是迄陣屋へ申し出候儀は、何事によらず当役所へ申し出づべく候」とあるからには、犬山藩領の村々は入鹿池の増水を犬山代官へ注進したはずである。しかし、注進を受けた犬山代官が出動した先で小牧代官や杁守、庄屋たちとどのように関わるのかということについては、誰も経験したことが無く、何も決められていなかった。慶応四年に入鹿池が決壊した一因には、幕末維新の政治情勢によって生じた地域行政の揺らぎがあったと言ってよいだろう。それは中央政局の都合から作られた変化であり、地域の必要に応じて生み出された変化ではなかった。

4　河内屋堤の再建

二つの再建構想

入鹿池の決壊によって、広大な小牧台地は耕作の水源を失った。これは被災地域の復興にとっても、戊辰戦争を戦わなくてはならない尾張藩財政にとっても、非常に深刻な問題であり、一刻も早い堤の再建が至上課題となった。しかし、「百間堤」とも呼ばれた巨大な河内屋堤を完全な形で再建するには時間も財政も余裕がなく、どのような形で再建するかが問題となった。

当初は、杁奉行の設計に基づいて計画が進められた（以下「入鹿河内屋堤再興一巻」による）。その再建案は、杁所堤と河内屋堤の底面の高さの違いに着目したものであった。河内屋堤は幼川の川筋を堰き止めた堤であるだけに、本来の地面が杁所よりも三間低かった。そのため、杁を全開にして排水しきっても、杁所堤の底面から河内屋堤の底面までの三間分の水が「底水」として残ってしまう構造になっていた。そこで杁奉行岩田運九郎は、河内屋堤を再建する際に仮杁を伏せ込むことを考えた。こうすれば、三間分の底水を有効利用することができ、それによって堤の再建規模が高さ五間で済むというのである。

その一方で入鹿用水の井組村々は、入鹿池決壊の影響で取水できなくなっていたため、小牧代官の須賀井兵一郎に対して、幼川から分岐する三本杁のところを堰き止めて入鹿用水へ導水できるようにしてほしいと出願した。その主張の要点は二つあった。一点目は、今まさに青々と生い茂っている稲を枯らすわけにはいかないので、入鹿用水への取水再開を最優先にすべきこと。そして二点目は、被災した村々では河内屋堤の再建が水害の再来を招くのではないかと恐れる村民が多く、河内屋堤は当分そのままにしておくべきことである。

五月二十七日には、勘定奉行所で地方懸り勘定奉行の岡田喜太郎と須賀井・岩田が直接協議した。その結果、河内屋堤は杁奉行案の通り五間の高さで再興し、増水時の備えとして高さ三間のところに排水口を設けること、それと同時に入鹿用水への取水のため三本杁の手前を堰き止めることの二点が決定された。要するに、杁奉行案と入鹿井組案の折衷案である。この案は御側御用人を介して年寄衆の決裁を受け、正式に着手されることになった。

ちなみに、堤普請は本来杁奉行ではなく普請奉行の職掌である。しかし、入鹿池を決壊させた長雨は尾張各地で水害を引き起こしており、普請方役所はその復旧ですでにパンク状態であった。そこで普請奉行は入鹿池再建を杁奉行に一任したいことを地方懸り勘定奉行に伝え、杁方役所が河内屋堤再建事業を担うことになったのである。

また、千村と岩田が杁奉行を拝命したのは、入鹿池決壊当日の五月十四日であった。千村は大代官や勘定吟味役頭取を歴任した経験豊富な民政官、岩田は手代クラスを長年務めた叩き上げの役人で、特に地理・水理に明るい土木系のエキスパートだった。尾張藩は、実力のあるベテランにこの難局を任せたのである。

三本杁付近の堰き止めはすぐに完成したが、この頃天候は無情にも日照りが続き、入鹿用水への取水は思うようにいかなかった。そのため入鹿用水の井組村々は入鹿池の再建に対する意欲を失い、普請から手を引いてしまった。こうした状況を鑑みた須賀井は、六月五日付で地方懸り勘定奉行へ提出した意見書で、河内屋堤の再建は延期して、新旧の木津用水の再建を優先させるべきであると主張している。

しかしその後、八月一日に大雨が降り、入鹿池方面から押し寄せた大水が入鹿用水に流れ込んで流路の村々に水害をもたらした。せっかく蒔いていた大根などが壊滅してしまい、復興に向けて歩み出していた人々の心をまたもやくじいてしまった。

折しも麦蒔きの季節が近づいており、民心を再び奮い立たせるためにも、やはり河内屋堤を再建して水害の恐れを無くすことが必須となった。八月二十五日には小牧代官の本田三四郎（須賀井は七月十三日に入鹿池決壊の責任により罷免されていた）が地方懸り勘定奉行に対して民心の荒廃を訴え、勘定奉行は二十七日に杁奉行へ河内屋堤再建を急ぐように指示している。そして十月二十四日、高さ五間の河内屋堤が完成した。仮再建の決算は、全体で金一万四千五両余り、材木二百九十四本余り、米三十三石余りであった。

杁奉行の嘆き

さて、十月に仮再建が一段落つく前後から、今後の方針をめぐって議論が交わされ始めた。

九月に本多から入鹿井組村々に対して河内屋堤再建について思うところを述べるように促すと、入鹿井組惣代十二名が連名で願書を提出した。その内容は「今のように小規模の再建では大雨で再び決壊する恐れがあり、一時も安心して暮らせない。たとえ堅固に築いたとしても用水が乏しくては少しの日照りでたちまち旱損してしまい、年貢納入にも差し響く。このような見通しでは、とてもこの秋の麦作はもちろん、来年の稲作も安心して取り組むことはできないし、水害で砂入となった田地を復旧する途も開けない」として、河内屋堤の「元型之通」の再興を要求するものであった。

この願意を受けて、本多は地方懸り勘定奉行に河内屋堤の完全再興を働きかけ始めた。十月二十二日に本多が勘定奉行や杁奉行に対して行った演説では、さすがに高さ十五間半という規模を来夏までに再建することは不可能だが、過去の水高の記録から算定して高さ九間半まで再建すれば、本杁のところで深さ三間半の用水を確保でき、さらに「違井《たがい》場」を設ければ今年のような豪雨でも決壊を防ぐことが可能である、と主張している。「違井場」とは、増水時に堤を保護するため、あえて一部を低くしたり、杁を伏せ込んだりして排水口としたものである。

入鹿井組の訴願内容は、単に堤を高く築けば良いというものではない。杁奉行案に従って河内屋堤に伏せ込んだ仮杁を、決壊の原因になり兼ねないとして掘り出すことを要求するものである。せっかく資金と労働力を投下した再建の道を一度逆戻りしなくてはならない。

当然ながら、杁奉行は猛反対した。すでに翌年に向けて水を溜めこみ始めているため、今から仮杁を掘り出すとなれば、その周囲に堤を築いて水をよけなくてはならない。また、仮再建の五間という高さは、仮杁によって池の底水まで残らず用水として利用することを前提としている。そのため、仮杁を掘り出すことは、普請の手間から言っても、来夏の用水確保から言っても得策ではないのである。杁奉行は、ひとまず今年の仮杁掘り出しは見送るべきだと主張し、勘定奉行たちの同意を得た。

そこで、本多から入鹿井組に対して今年の仮杁掘り出しはあきらめるように説諭したが、入鹿井組は納得しない。用水確保については納得しても、やはり再度の決壊を恐れる気持ちが強いのだと言う。これを受けて杁奉行は、「杁持ち堪え方の儀は既に御請け合いに及び候次第には候え共、人気《じんき》相治まり難き段は是非無き次第」と述べて匙《さじ》を投げた。杁奉行たちとしては仮杁の安全性に自信を持っていたが、村々の民心（「人気」）が治まらないのであれば仕方ない、というのである。

ともあれ、職務である以上、彼らが仮杁掘り出しの計画を用意しなくてはならない。まずは、すでに溜まりはじめている水を堰き止めるための堤であるが、これについては小牧代官所支配の村々から「御冥加人足」（ボランティア）を出す用意があるということなので、小牧代官から諸事取り計らい、これが完成次第仮杁を掘り出すとしている。さすがに技術官僚としてのプライドが傷ついていたのだろう、不本意な普請は張本人の小牧代官に押しつけている。

仮杁を掘り出すことによって、入鹿池からの排水口は本杁のみとなるため、杁奉行は新たに

「違《たが》井《い》杁《いり》」の伏せ込みを提案している。先述の「違井場」を五間掘り下げ、そこに緊急時の排水口となる杁を伏せ込むのである。入鹿井組も、堤の一部を低くし、石畳の排水路（岩流し）を設けるように要求していたのだが、この杁奉行案には、今後堤を嵩上げしていく際に圦を少し改造するだけで違井を維持できるという長所があった。

堤の増強については、仮杁周辺に堤を築けば土を運んでくる舟を近くまで付けられなくなるため、来年四月末までには高さ九間半ではなく八間までしか嵩上げできないだろうと見積もっている。その場合、用水は深さ三間半ではなく二間ほどしか確保できないが、それでも良いかと地方懸り勘定奉行へ念を押している。さらに、仮杁を掘り出せば深さ三間の底水は用水として利用できなくなるが、それによって旱損が生じても差し支えないという請書を小牧代官所や東方総管所（旧水野代官所）の村々から取ることを求めている。杁奉行たちがこの計画の先行きに大きな不安を抱いていたことがうかがえる。

復興は誰がために

この見積もりをもとに、十一月八日に地方懸り勘定奉行は、年寄衆を説得しようとする演説書を取次役の御側御用人に提出した。そこでは、「河内屋堤を八間まで嵩上げするには三万両余りもかかるが、普請に際しては節約に励み、また村々から御冥加人足も出させるように努める。杁奉行の見積もりでは期日までに完成する見込みは保証できないとされているが、事の成否は人心の向背にかかっており、あくまで完成するという姿勢を示さなくては民心が治まらない。ここは国民撫育を第一と見なし、すぐさま決断を下してほしい」と述べられている。

この演説が功を奏したか、普請の着工が認められ、冬から春にかけて仮杁の掘り起こしと堤の嵩上げが進められた。その途中、二月二十日に大雨が降り、池の容積がまだ小さいこともあって急激に増水したため、目標の高さは十間にまで引き上げられた。これに伴い、入鹿池で陣頭指揮を執る岩田から、追いこみをかけるため滞っている人足賃の支払いを進めてほしいと矢のような催促が出されている。堤再建の人足賃は、被災した窮民たちの現金収入を確保する意味でも欠かせなかったが、一月に藩主徳川義宜（元千代）が明治天皇の東京再幸に供奉したこともあり、この時期、藩の資金繰りは一層悪化していた。

ともあれ、堤自体は目標の十間まで嵩上げを完成させることができた。しかし実は、違井杁の埋設についてまだ入鹿井組の同意を得ておらず、増水時の危険性が残されていた。

また、この頃小牧代官は、本多が病気休職中で大代官の松平竹蔵が兼務していた。彼は、違井場を設けて豪雨時に排水することはその分五条川流域で水害の危険を高めることでもあると考えた。そして、大代官・清須代官・佐屋代官や参政衆など関係役職者が一堂に会して現地を見分し、判断すべきことを主張して、話を大きくしてしまった。

実地見分を前に、大代官所・清須代官所・佐屋代官所支配の流域村々から請書を取り、違井杁埋設についての合意を取り付けた。そして五月七日、勘定吟味役頭取・小牧代官・清須代官

（佐屋代官は委任欠席）・杁方役人（杁奉行は病欠）が現場へ出張し、川沿い村々の惣代たちを召集して具体的な違井杁の伏せ込み方について議論した。その結果、杁所の底面から高さ五間のところに違井杁を伏せ込むことに決定した。この決定に基づいて違井杁の埋設が進められ、七月二十九日に完成した（「入鹿河内屋堤御普請所覚帳」『入鹿池史』）。こうして河内屋堤の再建は、ひとまず完了したのであった。

河内屋堤の再興過程を通観してみると、その特徴として民心安定の重視が挙げられるだろう。杁奉行（岩田運九郎）の再建案は、用水確保・経費節減・工期短縮いずれの面から見ても技術官僚らしい合理的な計画だったと評価できる。しかし、実際の再興は、入鹿井組村々の「人気」つまり民心への配慮によって、一見非合理的にも思える過程をたどった。

図4　入鹿再築碑

水害からの復興を誰が担うのかと言えば、結局のところそれは被災地域の住民たち自身であった。幕末維新の政局下で臨時の出費がかさみ、尾張藩は入鹿池再建の少なくない部分を地域住民の「御冥加金」や「御冥加人足」つまり自発的な資金・労働力の奉仕に依存せざるをえなかった。また、入鹿池の再建までは藩が主導できても、被災した田畑を復旧し、生産活動を再開するのは地域住民たち自身にしかできないことであった。それゆえ、彼らが安心して復旧作業や農耕に励める環境を整え、復興への意欲を高めることが優先され、河内屋堤再建にあたって住民たちの合意調達に心を砕かねばならなかったのである。

おわりに

河内屋堤の再建は、その後も断続的に進められた。明治三・四年に尾張藩（名古屋藩）が修築を加えた後は、廃藩置県を経て愛知県に引き継がれた。愛知県も明治五年および七年に修築を加えたが完備にはいたらなかった。そこで明治十二年十一月、国費六千円・県費二万六千円・民費五百円の支出と、黒川の開削で有名な愛知県土木課長黒川治愿《はるよし》の設計によって大規模な改修が着工され、明治十五年四月にその完成をみた。堤防は長さ九十五間・高さ十五間の規模となり、ついに「元型之通」の再興が実現した。それだけでなく、慶応四年の決壊をふまえて堤の西北の山に排水溝を開削して増水時の備えとし、そこから出た砕石を堤に使用した。江戸時代の堤は土砂でできていたから、その強度は格段に向上した。

水害の恐れが去り、安寧なくらしが戻ってきたことで住民たちは感泣に堪えず、入鹿池再建の功績を記念して一基の石碑を築いた。この「入鹿再築碑」は、今も入鹿池のほとりでひっそりと水災と復興の歴史を伝えている。

第5章　東照宮祭の変容

井上善博

1　旧暦四月の幕末名古屋

江戸時代、名古屋城下で東照宮祭が始まったのは、一般的には家康の三回忌にあたる元和四年（一六一八）とされる。しかし、郭内三の丸へ東照宮が造営されたのは翌五年のことであり、また神輿渡御が執行されたのはさらにその翌六年のことという。いずれにせよ、当初はごくささやかな祭礼であった。それが時代が下るとともに、からくり人形を載せた九輌の名物祭車の曳行や、警固《けいご》とよばれる仮装の練り行列に城下の町内が総出で関わり、その準備から執行までのすべてを町奉行が取り仕切るなど、名古屋城下の一大イベントとなっていった。

この東照宮祭が江戸時代を通して幕末の慶応三年（一八六七）まで、ほぼ二百五十年間にわたって途絶えることなく連綿と続けられてきたのには、幕藩体制の強化・維持にかなうという

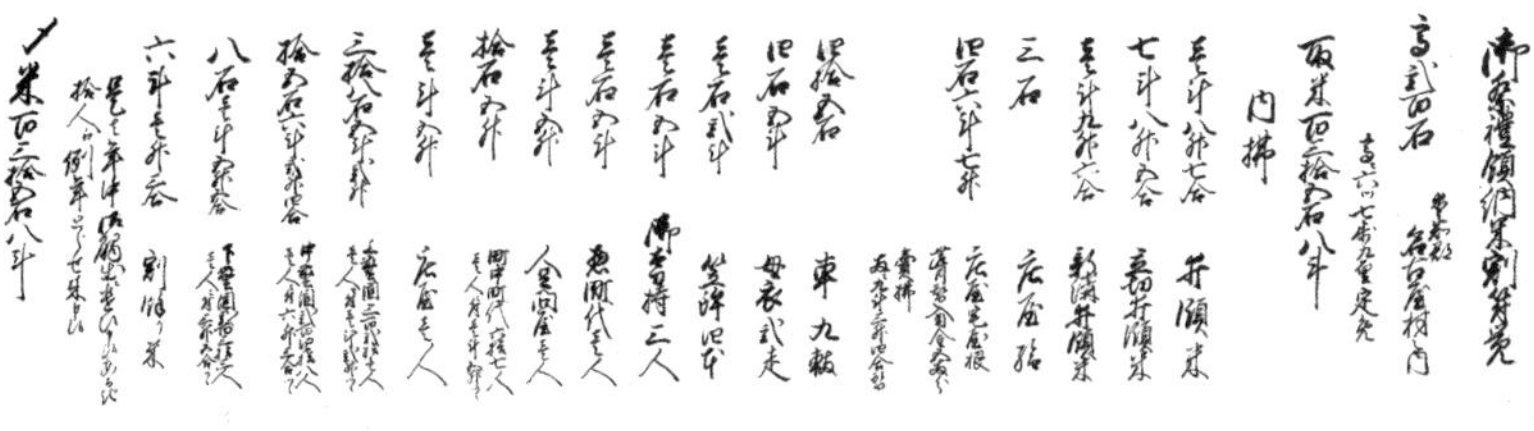

図1　御祭礼領納米割符覚（文政12年〔1829〕）名古屋市博物館蔵

観念上での名目もあろうが、現実的には、慶安二年（一六四九）より、城下西郊に位置する名古屋村（現在の西区新道あたり）に石高二〇〇石の東照宮御祭礼領が設けられたことが大きかった。この祭礼領からの収納米は、「庄屋引受専ら執事し総町代へ納之、それより車警固など差出せる町々へ配当」されていた（『名古屋府城志』）。これは祭礼での役割や人数によってきめ細かく計算して配分されており、江戸時代後期、文政十二年（一八二九）の「御祭礼領納米割符覚」（図1）によれば、山車一輌につき五石（慶安二年当初は三石、万治二年より四石とされ、その後五石となったが年代は不明）、母衣《ほろ》二走には四石五斗、警固には上中下のランクと定員があり、上警固は一人につき一斗二升、中警固は一人六升三合、下警固は一人三升五合と定められていた。

　山車を曳き出した町内の祭り勘定において、これがどの程度の費用であったのか、幕末の嘉永四年（一八五一）、上長者町二福神車の「御祭礼入用払方控帳」（伊藤次郎左衛門家資料、『新修名古屋市史資料編民俗』所収）を例に算出してみると、この年の支出総経費「金二十一両一分二朱ト銭三十九貫九百三十五文」に対して、「御祭礼米　五石　両ニ五斗六升替　代金八両三分十匁七分（金八両三分銭一貫百四十四文）」であった。したがって、全体経費のほぼ三分の一がこの御祭礼米によってまかなわれていたことになる。これは、いわば東照宮祭への出演料としての助成金のようなものだったと言えよう。しかしながら、この御祭礼領からの収納米の支給に対しては、「毎年無懈怠御祭礼可相勤者也」（前掲『名古屋府城志』）という条件が付されていた。こうした安定した経済的な裏打ちと、それに対する義務に支えられて、藩政時代の東照宮祭は、雨天順延はあっても必ず毎年執り行われたのである。

行列の先駆（馬上で先導）を務める町奉行にとっても一年で最大の職務でもあったが、ではいったい、どのような祭礼であったのか。文政〜慶応頃の様子を記した『東照宮御祭礼濫觴之記』（「東照宮御祭礼記」所収）より、かいつまんで記してみよう。

四月、といっても旧暦を使っていた頃の四月は、今で言うならば一か月半ほど後の時期にあたる。名古屋城下は青葉の季節も過ぎ、そろそろ梅雨の走りに入りかける時分で、人々は蒸し暑さを感じ始める頃である。そんな四月の声を聞くと、城下の碁盤割では笛や太鼓、鼓など、にぎやかなお囃子の音があちこちから聞こえてきた。毎年恒例、卯月《うづき》十七日の御神事「東照宮祭」にむけての準備が始まるのである。その嚆矢がお囃子の稽古開始であった。

四月朔日から十二、三日頃まで、山車九輌を祭りに曳き出すそれぞれの町内では車切《しゃぎり》・道行《みちゆき》などと称した道中囃子、人形囃子、帰り囃子といった様々なお囃子の稽古が始まり、この稽古を「内囃子（ナイバヤシ）」といった（前掲『東照宮御祭礼濫觴之記』）。二福神車を曳き出す上長者町では、このお囃子の稽古の折には宿元へ「内囃子」の札を掛けたという（「祭礼車取調書」）。祭りもせまる四月十日、十一日の両日には、山車の組み立てがおこなわれる。今のように組み立てたまま一年中保管できる山車蔵などはない時代で、祭りが終わると翌年の四月までそれぞれの部材に解体し、町内の家々で保管していた。その部材を取り出して来て、組み立てるのである。これをカラキダチといった。記録では「空木立」「素木建」などの字があてられている。

そして祭りの三日前、十四日には「車の引初（ヒキゾメ）」といって、山車を所有する町内や、その周辺の町内を曳いて廻った。夜には提灯も灯してゆらゆらと曳いた。そして、翌十五日には、警固（競子とも）とよばれる仮装の練り行列に出る町内の人々が「けい子揃」（「足揃」とも称した）として、町々を試し歩く。こうした引初やけい子揃を見物する客も多く、また、仕出し屋の立ち並ぶ魚の棚通りでは、各町内から注文を受けた料理や重詰を作る作業で慌ただしさがつのる。こうして町々の準備が着々と進み、お祭り気分は一気に高まってゆく。

ところで、祭りの準備をするのはこうした町民だけではなかった。祭りの行列には町奉行をはじめとして位の高い僧侶など、馬に乗る役職者も少なからずいた。祭りに出るこれらの馬を調教する練習もお囃子と同じく、四月の朔日から祭り直前の十六日まで、祭りの会場となる本町通りでおこなわれたのである。

曰く「一日に何遍となく、朝より暮るまで、御厩（三の丸にあった）より御旅所辺（南の若宮八幡宮）まで、そろりそろりと、乗足をつめるようにおしへ、本町通りを上り下りする事　屡《しばしば》なり。これを詰馬《つめうま》といふ」（前掲『東照宮御祭礼濫觴之記』）。馬たちにとっては、歩幅を狭め、なおかつ「走り出さない」という日常とは正反対の練習を課せられたのである。

また御作事奉行は東照宮境内に舞楽の舞台を設置し、その周囲にお偉方の見物席を遺漏なく用意する。寺社方は火消装束でしげしげと境内のあちこちを見廻り、警備に余念がない。前日の十六日にはいよいよ本町通りの北端から南の末広町若宮辺に至るまで、両側の店先に人除けの竹矢来《たけやらい》を組み、当日を迎える。祭りが始まれば辻々が固められ、祭りが終るまでは道を横切ることさえまかりならぬという「御固め」となるのである。

十六日深夜、丑の刻には片端長者町辺より西の方、御園《みその》御門前（県図書館南側あたり）へ提灯のゆらめく山車九輌が威勢良く曳き出される。この後、御園御門枡形（城内への入口門）へ山車を引き入れるので、これら前夜の行事を「引込（ヒキコミ・ヒッコミ）」と称した。これはいわば前夜祭であり、これを一目見ようとする群集で深夜の片端はごったがえした。

夜明けの開門とともに、山車も警固行列の町人たちも三の丸郭内へ入城する。順列に従って東照宮（現・能楽堂の東側あたり）へ参拝の後、南へ下って御厩に設けられた藩主の御覧所（現・名城病院のあたり）で拝謁に浴する。そして本町御門を抜け、いよいよ本町通りを南へ若宮八幡宮まで華麗な行列が進むのである。この行列を一目見たさの見物人をあてこみ、本町通り両側の御店はこの日いずこも本業そっちのけで有料桟敷と化した。が、しかし…。こんな徳川の世の華やかな話は、明治維新とともに夢物語となってしまった。

2　明治維新の混乱と断絶

幕末の大政奉還と王政復古、それによる明治維新と廃藩置県、さらにそれに続く尾張徳川家第十六代義宜《よしのり》の知藩事辞任により、同家は東京へ転居を余儀なくされた。名古屋城下で東照宮には一人の氏子もいなかったため、氏神としての存続は許されず、尾張徳川家が私的に祀る社として扱われた。その尾張徳川家も名古屋を去るのであるから、この一連の大変革によって、徳川家康を祀るという東照宮は存続そのものがきわめて危うい状態となってしまった。当然、祭礼も開催の大義名分を失ってしまい、中断を余儀なくされた。

徳川幕府を否定した上に成り立つ明治新政府の治下にあって、徳川家康を顕彰する東照宮祭は、行政府の支援を得られないばかりか、存続すること自体も不可能なご時世となってしまったのである。藩政時代に賦与されていた一千石の神領も取り上げられ、無禄となった東照宮の神官は嘆く。曰く「御宮神官共…無禄困窮…是迄之旧弊断然与相改…実以難渋…御宮御社領御引揚相成候…中々以難行届迷惑仕候」（尾張徳川家文書「御祭礼留」二、他、『愛知県史』資料編23に翻刻掲載）。

幕末から明治維新に至るこの混乱を、『東照宮御祭礼濫觴之記』所収の「編年大略」（「東照宮御祭礼記」所収）は、「慶応三丁卯年迠ハ、古来之通リ、御祭礼有之」云々に続いて、状況を次のように記す。

一、慶応四戊辰年明治元年ト改暦、正月舊幕府徳川慶喜《ノブヨシ》君反逆、同三日伏見戦争、京都不穏、主上震構〆、被悩《サレ》候折柄ニ付、四月十七日東照宮御祭礼車并警固子供等、為差出候儀、御遠慮被遊、神輿御旅所へ渡御モ無之。十六日舞楽バカリ御執行相成候。

一、明治二己巳四月モ同断。

一、同三庚午年四月ハ、若宮并三之丸天王祭礼同様ノ無御布令、有之候付、十七日朝六ツ時過ニ御園御門へ車挑燈ハトモサズ曳込、志水甲斐守屋敷本門東向ナリ前通リ之小路内、片端南ヨリ御宮前へ曳渡、夫ヨリ本町御門ヲ出、若宮迠下リ、帰リハ、車并警固子供、勝手次第、各町へ帰リ、十六日舞楽ハ例ノ通御執行有之。尤神輿御旅所へ渡御ハ無之候。若宮并天王祭同様之休車。壱輌、市改方卒弐人ツヽ附添、帰リ改候元町奉行同心ヲ市改方卒ト改。

同記事からは、明治元年と二年は舞楽のみ執行して祭礼車・警固行列はすべて中止、同三年は祭礼車と警固行列のみ若宮まで渡御するが往路はなし、神輿は渡御しなかった。東照宮はまさに先に述べた通りの混乱と困窮のさなかにあった。

尾張藩士・小寺玉晁の著した『御祭礼全書』では、この後、明治六年には伝馬町・長者町・桑名町の三輌、同七年には本町・長者町・伝馬町の三輌、同八〜十年は九輌が旧暦四月十七日に曳かれた。しかしこれは山車を所有する町内が自主的に曳行しただけのもので、神輿が渡御する神幸行列が復活したものではなかった。また翌十一年は京町・中市場町の二輌が曳かれたのみという、きわめて不安定な状況にあった。当然のことながら、維新以後は御祭礼領も召し上げとなり、収納米が支給されることはもはやありえなかった。

3　祭礼再興への足取り

伝統ある東照宮祭再興のため、尽力したのが旧尾張藩士で、維新後士族惣代となった志水忠《ただ》平《ひら》（同家は代々尾張藩家老職、忠平は後に第二代名古屋市長も務めた）である。東照宮祭の復活には、明治維新後の世情を踏まえた上で、周到な理論武装と下準備が必要であった。

彼が考えた再興の対策は、まずは鳥取池田藩の先例にならった尾張藩祖の合祀であった。明治七年（一八七四）に尾張藩初代藩主義直および二代光友の合祀願いを愛知県庁へ提出し、翌八年六月二十日、晴れて願いが許可されて無事に合祀が執り行われた。

『東照宮御社へ徳川義直卿神霊御合祀之次第並附録』（「東照宮御祭礼記」所収）には、明治七年、尾張藩士族惣代を勤めていた志水忠平より東照宮宛の合祀願書と同年七月十一日付東照宮からの返答書、翌八年四月から六月にかけての県庁からの許可書及び一連の添書（いずれも写）が収録されている。[1]

こうして明治八年（一八七五）、無事に藩祖二名の東照宮合祀が認められ、翌明治九年十月、東照宮が長島町の旧明倫堂跡地（現在地）へ移転した時期にあわせて合祀が執り行われた。

藩祖の合祀は、名古屋を離れ、東京へ転居してしまった尾張徳川家が、以後再び長く名古屋と関わりを保つ大きなよりどころとなった。すでにこれ以前、神社領を召し上げられて無禄となった東照宮の神官たちが維新直後に頼ったのも元の主、尾張徳川家であった。明治四年（一八七一）、神前に供える蝋燭にも事欠く神官たちから嘆願を受けた徳川家は、東照宮に対して当面の費用として金三十三両余を支出している（尾張徳川家文書「御祭礼留」一）。

供物の調進、舞楽の奉納などはその後も引き続きおこなわれ、合祀後は折あるごとに同家の当主や家族、あるいは同家の名代が例祭に参列した。さらに後年、東照宮祭そのものに衰潮のきざしのみえた大正十年（一九二一）には、尾張徳川家が基本財源を拠出して、その運用利益を各山車の町内へ配り、祭りを維持する取り組みも始められている。尾張徳川家は、藩主の座を退いた後も、長く東照宮祭を側面から支援していたのである。

東照宮の遷座は、従来の名古屋城内全域が陸軍用地として接収された余波であったが、これについて、愛知県士族小田切春江は、明治十七年（一八八四）五月十一日出版した一枚の刷り物『愛知県社東照宮之図』（図2）に明治維新後の経過を記述し、長島町へ移転した後の境内図

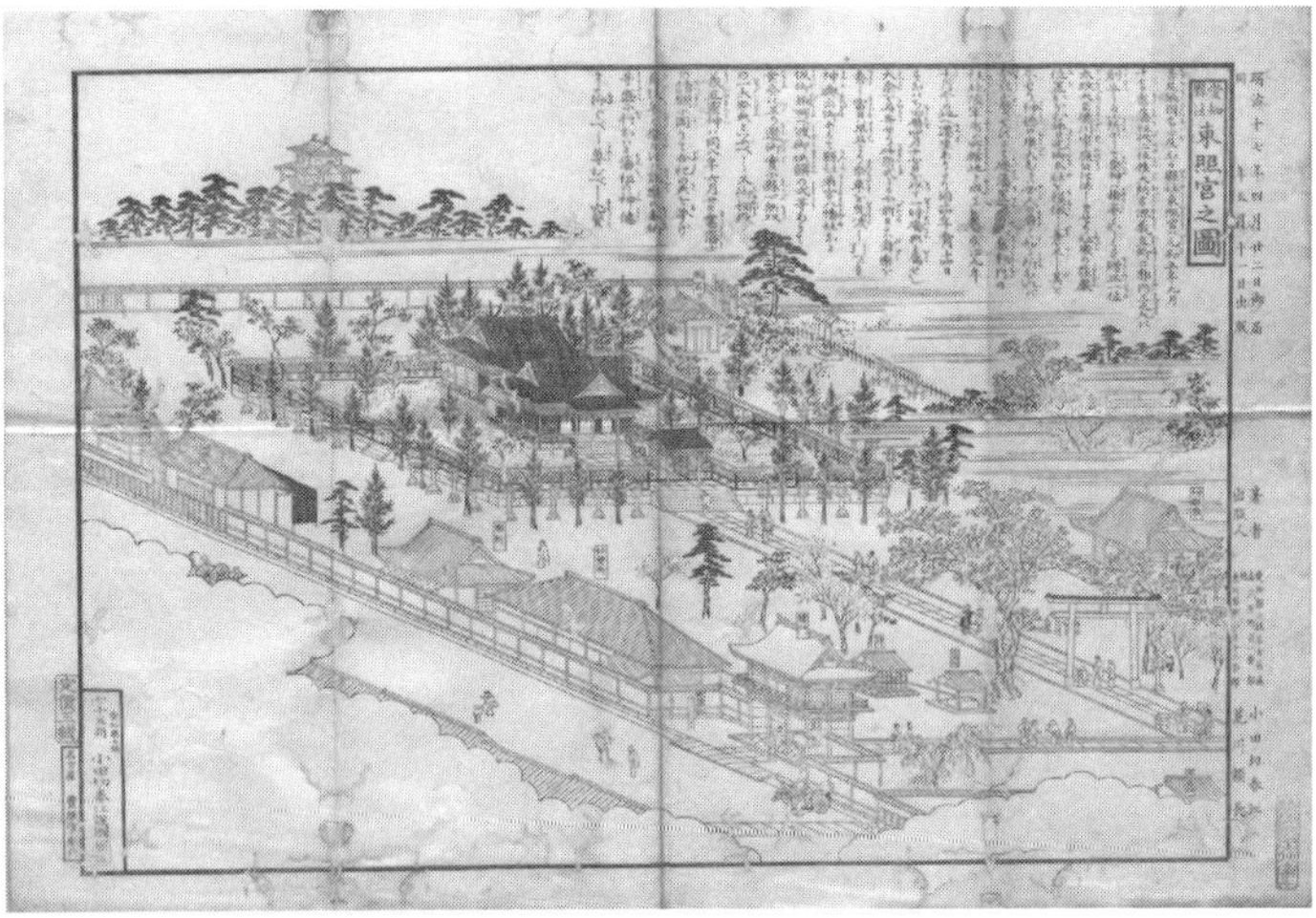

図2　愛知県社東照宮之図（明治17年）名古屋市蓬左文庫蔵

を描く。

吾尾張国名古屋なる縣社東照宮ハ、元和五年九月十七日、旧藩祖従二位権大納言源義直卿の郭内三之丸に創立したる所にして、祭神ハ掛巻もかしこき贈正一位太政大臣徳川家康公にましませり。社殿の荘厳位置おほむね日光御本社を模倣し、善を尽し美を尽せり。神徳の広大なる世人の普く知る所なれバ、今茲に贅せず。さて廃藩置県の後、旧郭内の社地、陸軍省の所轄地と成たるに因り、明治九年十月今の地へ遷座ありたり。同十四年五月十四日すなハち旧暦四月十七日を以て一時廃典に属せし大祭を再興せり。此祭式たるや前日にハ舞楽を奏し、当日ハ早旦より祭車《まつりくるま》を曳渡し、引つゞき神輿出御ありて縣社若宮八幡社なる仮御旅所へ渡御供饌の式等ありて黄昏に至り、還御実に縣下無双の一大祭典といふべし。又御相殿義直霊神ハ、同八年六月廿日旧藩士の請願に因りて合祀の典を挙げ、爾後年々祭日にハ能楽の奉納等盛に行なハる。藩祖の神徳また仰ぐべし尊むべし穴賢。

この記述のとおり、明治十四年（一八八一）に東照宮祭は再興されたが、その前年、いかなる考え方に基づいて再興を進めるのか、意見をまとめるための重要な打合せが東照宮祠官掌社務所でおこなわれていた（尾張徳川家文書「御祭礼留」二）。

明治十三年十月二十八日、士族惣代の志水・生駒両氏をはじめ、当時の名古屋区長（市制施行前の行政長）吉田禄在、経済界から銀行役員、祭りに関わる各町から戸長などが一堂に会した中で、吉田区長は次のように述べた（傍線・句読点筆者）。曰く、

抑御相続ノ本タルヤ、先祭典ヲ盛大ナラシムルニアリ、原此東照宮祭タルヤ、各町村氏神祭トハ異ニシテ、名古屋区内挙テ祭典ニ従事シ、盛ニ祭日ヲ祝スルコトナリキ、而ルニ維新已降時世ノ変遷止ムヲ得ス、今日ノ形況ニ至レリ、豈遺憾ノ次第ナラズヤ、債惟ルニ、吾名古屋市街今日ノ旺盛ヲ致スヤ他ナシ、東照大神ノ当初　敬公ヲ此土ニ封シ玉ヒシニ是因ル、而レハ区内人民タル者深ク昔日ノ恩恵ヲ思ヒコレカ報謝ヲ成サヽルヘカラス、依テ今回区内人民ト議リ、神輿渡御之古式ヲ復シ、漸次従前ノ姿ニ立至ランコトヲ希望ス云々、

再興あたっての「各町村氏神祭トハ異ニシテ、名古屋区内挙テ祭典ニ従事」という区長の考えは一同の賛同を得て、構想が次のように具体化された。まず、経費については、

其費用タル、区長ノ見込ヲ以テ各町へ分賦シ、各町ニテ適宜ノ方法ヲ設ケ、有志輩ヲ誘導スルコトニ決ス。
本年ハ先形ノ成ルヲ主トシテ、費用ハ成丈節減ノ見込也。

神輿渡御と警固の行列は、

神輿渡御ノ大体ハ必永世動カス可カラサルモノトナシ、其盛大厳粛ナル御行粧ノ若キハ漸ヲ以テ具備セシムルモノトス。

また、各町内や旧尾張藩士の協力を仰ぐために、

警固其他　神輿附白張ニ至ルマテ、成丈従前ノ通出スヘキ様各町へ依頼セリ。
御当日供奉ハ　幹事及講中之輩トス、其他士族有志輩ハ尤苦シカラス。

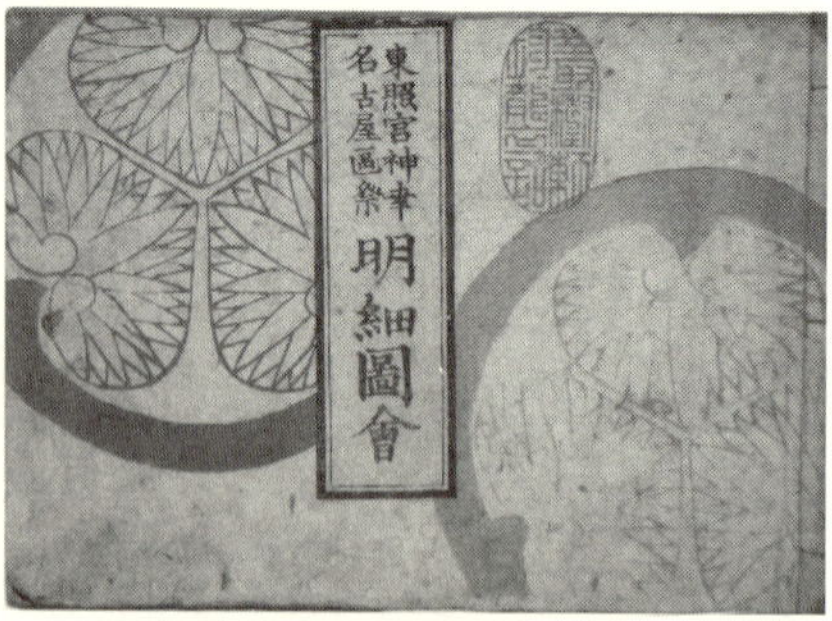

図3　東照宮神幸名古屋区祭明細図会（明治14年）名古屋市博物館蔵

とされた[2]。

会合の趣旨は、この後は東照宮祭を名古屋という地域の祭りとして、地域全体で支えていこうという意志統一が区長の先導でなされたことにあり、その地域というのが、この時点では「名古屋区」であった。これは江戸時代の「名古屋城下及び町続き」を引き継ぎ、明治二十二年（一八八九）十月の市町村制施行によって、名古屋市が成立する母体となった行政区域である。

明治十四年再興なった東照宮祭にあわせて刊行された絵草紙の表題は『東照宮神幸名古屋区祭明細図会』（傍線筆者・図3）であった。また、その後、明治十八年に東照宮が発行した多色刷の刷り物には『名古屋祭』の名称が大きく表記された（図4）。近代の東照宮祭は、名古屋の地域住民の祭りとして再出発したのである。東照宮自らが東照宮祭を「名古屋祭」と称したことが影響したのか、以後の新聞には毎年恒例のように「名古屋まつり」の名で東照宮祭の記事が掲載されるようになり、その名が広く定着していった。

あわせて、明治十三年の決意表明の中で「苦シカラス」とされた士族有志による甲冑姿の供

図4　名古屋東照宮神事山車引出之図（明治18年）名古屋市博物館蔵

奉が、藩政時代を偲ぶ武者行列として以後連綿と執り行われるようになった。この武者行列は、これ以後、昭和十年代末の戦災に至る直前まで絶えることなく続けられ、春の名古屋の風物詩となっていった。

しかしながら、である。東照宮祭は復活したものの、藩政時代とは異なり、先に述べたとおりに御祭礼領は新政府に召し上げられてすでになく（上知）、少なくとも祭りに関してお上のご威光は皆無となった。人を雇う経費、食事代や酒代、山車や道具の修理費用等々、毎年祭に要する経費をどうするのか…。山車を所有する町内は何処もとまどうばかりであったらしい。

早くも再興翌年、明治十五年五月三十一日付（旧暦四月十五日）の『愛知新聞』には以下のように各町内のとまどいを伝える（傍線筆者）。再興できたのは良いが、これからは経費全額を自力で調達する必要に迫られたのである。

東照宮の祭礼もいよいよ明日明後日の両日となりしに付き、昨日ハ各町とも皆な曳初めをなし、祭礼の当日ハ警固を出さんと各町申合せしも、如何にせん、銭出して車曳くの類なればとて、速かに協議も整はず、其由該社の事務所へ申出てたりとか、

明治二十年代、三十年代に至ると、また別の事情で山車の巡行に難題が立ちはだかった。笹島の停車場前から久屋町の県庁前まで、広小路通りに路面電車が開通した明治三十一年（一八九八）、東西に伸びる広小路通りに対して、山車は南北に直交する本町通りを毎年行き来していたが、この年以降は電車架線が大きな障害となった。開通初年の明治三十一年は祭礼の日のみ架線を切断して山車を通したが、これは毎年とはいかず、その後は通行の難所となった。実際に明治三十六年（一九〇三）には山車の屋根が架線に引っかかり、乗っていた子供が脚を折る事故が発生した（同年五月十五日〔旧暦四月十九日〕付『新愛知』）。電柱、電線、電車の架線等々、当時街中に広がりつつあった文明開化の利器が、山車巡行の妨げとなったのである。

明治維新以後、社格が村社から県社へ昇格したままであった名古屋の東照宮は明治四十年（一九〇七）晴れて国幣社へ昇格した。これにあわせて、東照宮祭の催行日は従来の旧暦から新暦へと変更され、毎年期日がまちまちとなるそれまでの事態が避けられることになった。た

だ、従来の旧暦四月十七日から新暦の四月十七日へは、ほぼ一か月半ほど早まることとなり、季節感としては、夏の蒸し暑さをほのかに感ずる走り梅雨の頃合から、春たけなわ、といいつつも夜はまだ若干肌寒さも感じる時期に変わった。また警固を出す町内も、茶屋町の唐人行列や呉服町の普化僧《こも》など、わずか十種類ほどに激減してしまった。

このように明治以前とは異なることも多々生じたが、東照宮祭の再興によって、祭り当日の風物詩ともいうべき、おなじみの光景も復活した。祭りの行列や山車の刷り物を売り歩く絵草紙売りである。古い記録例としては、江戸時代中期、宝暦・明和頃（一七五一〜七二）の状況を記す『張州雑志』所収の「名古屋東照宮祭礼図」で、行列の最末尾に描かれる見物人たちの中に絵草紙売りの姿が描かれている（図5）。細い竹に横長の山車行列図と思われる刷り物を何枚もぶら下げている様子がよくわかる。明治再興後も一枚物や冊子など、各種の絵草紙が売り出されたようで、庶民にとっては祭り当日の土産物として欠かせないものであった。

図5　東照宮祭の絵草紙売り（出典：内藤東甫著『張州雑志』）名古屋市蓬左文庫蔵

図6　茶屋町の唐人行列　明治43年東照宮祭（出典：写真アルバム『名古屋名所』）名古屋市博物館蔵

4　開府三百年へむかって

その後、名古屋は明治四十三年（一九一〇）、開府三百年という記念すべき年を迎えることになった。もっとも大規模な催しとしては、新たに開園した鶴舞公園を会場として、第一〇回関西府県連合共進会が開催された。関東以西の三府二十八県が参加するという、内国勧業博覧会に匹敵する全国規模の一大イベントであった。また、開府三百年を祝う記念式典が名古屋城内の広場（練兵場）で挙行され、その余興行事として名古屋市内所在の山車を一堂に曳き出すという、かつてない行事も企画されることになった。このために、

図7　広小路本町交差点にさしかかった京町の小鍛冶車　明治43年東照宮祭（出典：「東照宮祭典実況絵葉書」）名古屋市博物館蔵

前年の明治四十二年には当時市内に所在した山車の所在調査もおこなわれている。これは行政による初の山車調査であった（「祭礼車取調書」）。

明治四十三年四月十二日、名古屋開府三百年の紀念祭当日は、最も詳しい名古屋新聞の記事によれば、本町御門に車楽二輌（高砂・住吉車）が据え付けられ、七間町（橋弁慶車）を先頭に伝馬町（鶴車＝林和靖車）、和泉町（雷車）、上長者町（二福神車）、桑名町（湯取車）、京町（小鍛冶車）、神楽町（旧町名宮町・唐子車）、中市場町（獅子車）、本町（猩々車）、車ノ町（和布刈車）、筒井町（神王《ママ》車）、同町（湯取車）、新出来町（中之切・石橋車）、同町（西之切・鹿の子車）、古出来町（東之切・石橋車）、花車町祭車（紅葉狩車または二福神車）計十六輌が本町御門から三の丸郭内へ入場、東練兵場（現在の名古屋市役所北側、国立名古屋医療センターのあたり）に勢揃いした。なお、『開府三百年紀念会報告』および新聞

『新愛知』記載の記事では、詳しい内訳は明記しないが総数は二十五輌とあり、先の数値とは一致しない。(3)いずれにせよ、この時の山車行事は、同年の『第十回関西府県連合共進会記念写真帖』にも「山車集合」の名で収録されており、新聞でも大々的に報道されて、名古屋市民には長く記憶に残る行事となった。

また、この明治四十三年の東照宮祭には茶屋町の唐人行列（図6）をはじめとした警固のほか、京町の小鍛冶車（図7）など山車九輌が揃って曳き出され、本町通りは立錐の余地もないほどの観客でにぎわった。同年発行された東照宮祭典の記念絵葉書はその喧噪を今に伝えている。しかしながら、この後、同じく九輌が揃って曳き出されたのは、経済界からの支援が得られた明治四十五年（一九一二）、東照宮四百年祭が催された大正四年（一九一五）、皇太子誕生を祝した昭和九年（一九三四）のわずか三回のみであった。

山車を所有する町内は、いずれも碁盤割の中でも伝馬町通り以北のいわゆる「上町《うわまち》」に立地し、藩政時代はここが経済の中心地であった。しかし、明治十年代末の広小路通り開通、明治三十一年の電車開通等により、広小路通りが名実ともに名古屋の経済的な中心となっていった。結果として上町の相対的な地盤沈下は覆うべくもなかった。明治四十五年に「興北会」なる団体が東照宮祭を支援して九輌の山車が曳き出されたのもこのような経済事情のためであろう。明治末以降は、よほどの大義名分がなければ、山車九輌が揃って東照宮祭で曳かれることはなかったのである。後年の推移から振り返ってみれば、開府三百年祭と引き続いての東照宮祭で盛大に山車祭りが執り行われた明治四十三年は、戦前もっとも山車が華やかに市中に曳き出され、人々の記憶に残る年となった。

戦後昭和二十九年（一九五四）十月十七日、翌年から始まる「名古屋まつり」の先駆けとして「名古屋商工祭」が開催された折、戦災を免れた山車八輛が市役所前に勢揃いした。この催しは「明治四十三年から四十五年ぶりの勢揃い」という表現で新聞報道された。遠い明治の山車華やかなりし時の記憶が、戦災復興半ばにあった名古屋の人々に鮮やかによみがえったのである。

注

（1）全文を平成二十九年三月名古屋市教育委員会刊『近世・近代山車祭礼関連記録資料』に翻刻掲載。

（2）全文は平成二十七年刊岸野俊彦編『尾張藩社会の総合研究六』所収清水禎子「名古屋東照宮祭礼における町人及び藩主の対応」に掲載。

（3）この違いは若宮祭と、かつて「町続き」とよばれた地域の山車が曳き出されたかどうかにある。『名古屋開府三百年紀念会報告』には「門前町陵王車、末広町黒船車等、合計二十五輛ノ祭車」と記される。この二十五輛の内訳について、開催前の予告記事ではあるが、新聞『新愛知』の明治四十三年四月九日付第七面に「開府紀年祭と祭車　十二日に曳出す数々」と題して全容が紹介されている。

【コラム】名古屋の「ええじゃないか」

武藤 真

幕末の名古屋で大騒ぎとなったできごとに「ええじゃないか」がある。「ええじゃないか」は、神仏の札が空から降るのを契機として、これを祀る祭礼が引き起こした騒動だ。札降りが連続して祭礼が名古屋城下各地へ伝播していくと、町中の日常生活が麻痺する騒ぎへ発展していく。ここでは、幕末名古屋の「ええじゃないか」の様子をのぞくとしよう。

名古屋の「ええじゃないか」

名古屋の「ええじゃないか」は、慶応三年（一八六七）八月二十八日の降札を発端として十一月にかけて流行した。札を降らせた人物について詳しくはわからない。ただ、特定の目的のもとに組織された人々の仕業ではなく、祭りを期待した人々の仕業とみるのが自然だろう。

人々は降下した札を神仏の出現としてとらえ、祭壇を拵えて賽銭箱を設置し、神酒や飲食物を供え、提灯や笹竹を軒に立てた。細野要斎の『感興漫筆』には、「官に達すれば、七日の間祀るべし、但、奢ヶ間敷事を禁ぜらると云」（『感興漫筆』『名古屋叢書』第二二巻）とあり、名古屋の「ええじゃないか」では七日間の祭礼をおこなった。

水野正信が記した「青窓紀聞」巻一七九（名古屋市蓬左文庫蔵）には、町奉行に届けられた約

図1 「ええじゃないか」の祭礼で賑わう名古屋城下（出典：「青窓紀聞」）名古屋市蓬左文庫蔵

三四〇〇枚の降札が集計されている。最も多いのが秋葉山で、伊勢神宮と津島神社がこれに続く。名古屋で信仰が篤かった寺社が多く、「ええじゃないか」の地域性を示している。

尾張藩は、降札に供え物をする信仰面を認めながら、多人数が集まっての遊興や華美な衣装で参詣することを禁止した。「ええじゃないか」の祭礼を家内にとどめ、流行の拡散を防ぎたかったのだが、降札の連続で、「(九月)八日・九日頃に至ては城南縦横《タテヨコ》の町々祀らざる町なく、一町に一二家より、多きは両側にありて六七軒に及ぶ」(「感興漫筆」)という有様で規制の効果はあまりなかった。騒ぎが沈静化した十一月になって、ようやく人目にふれる店先での祭礼を禁止し、家内の祭礼のみを許可するという触が出されている。

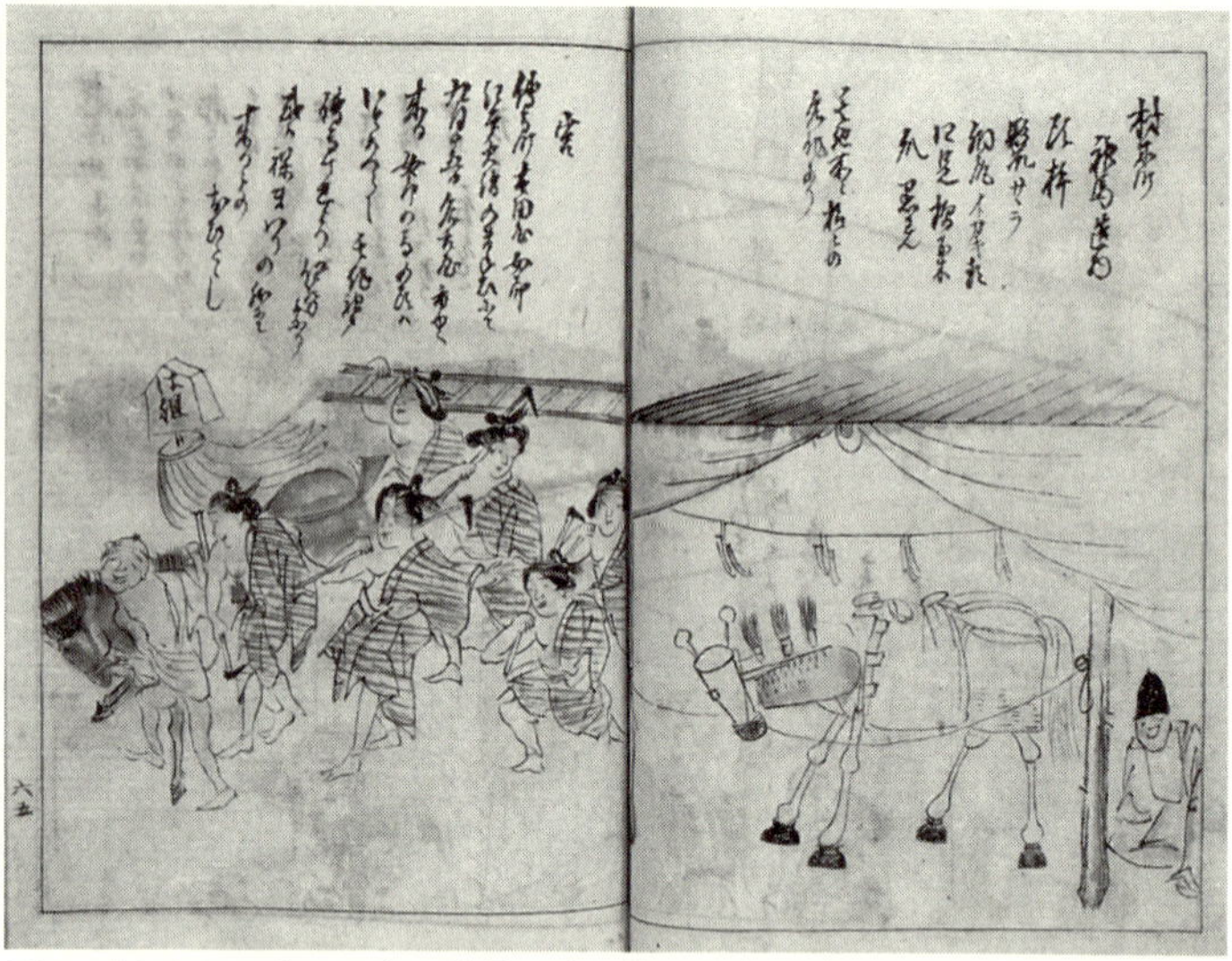

図2 「ええじゃないか」の神馬の造り物と遊女の馬の頭（出典:「青窓紀聞」）名古屋市蓬左文庫蔵

呉服商伊藤次郎左衛門家があった茶屋町の様子をみると、「ええじゃないか」の祭礼を町単位でおこなっている。祭礼が終わると、札を町単位で祀る屋根神へとうつし、札に関連する寺社へ町内の者全員もしくは代表の者が参詣するという形式が定まっていた。

茶屋町の事例から考えるに、「ええじゃないか」の祭礼は、決して無秩序に騒いだのではなく、領主の規制の枠は超えてはいるものの、地域の伝統的な祭礼秩序のなかで行われたとみるべきだろう。

伝統的な祭礼の影響

「ええじゃないか」の祭礼は、突発的に新しく始まった訳ではない。名古屋の「ええじゃないか」の祭礼には伝統的な祭礼の影響が強く出ている。

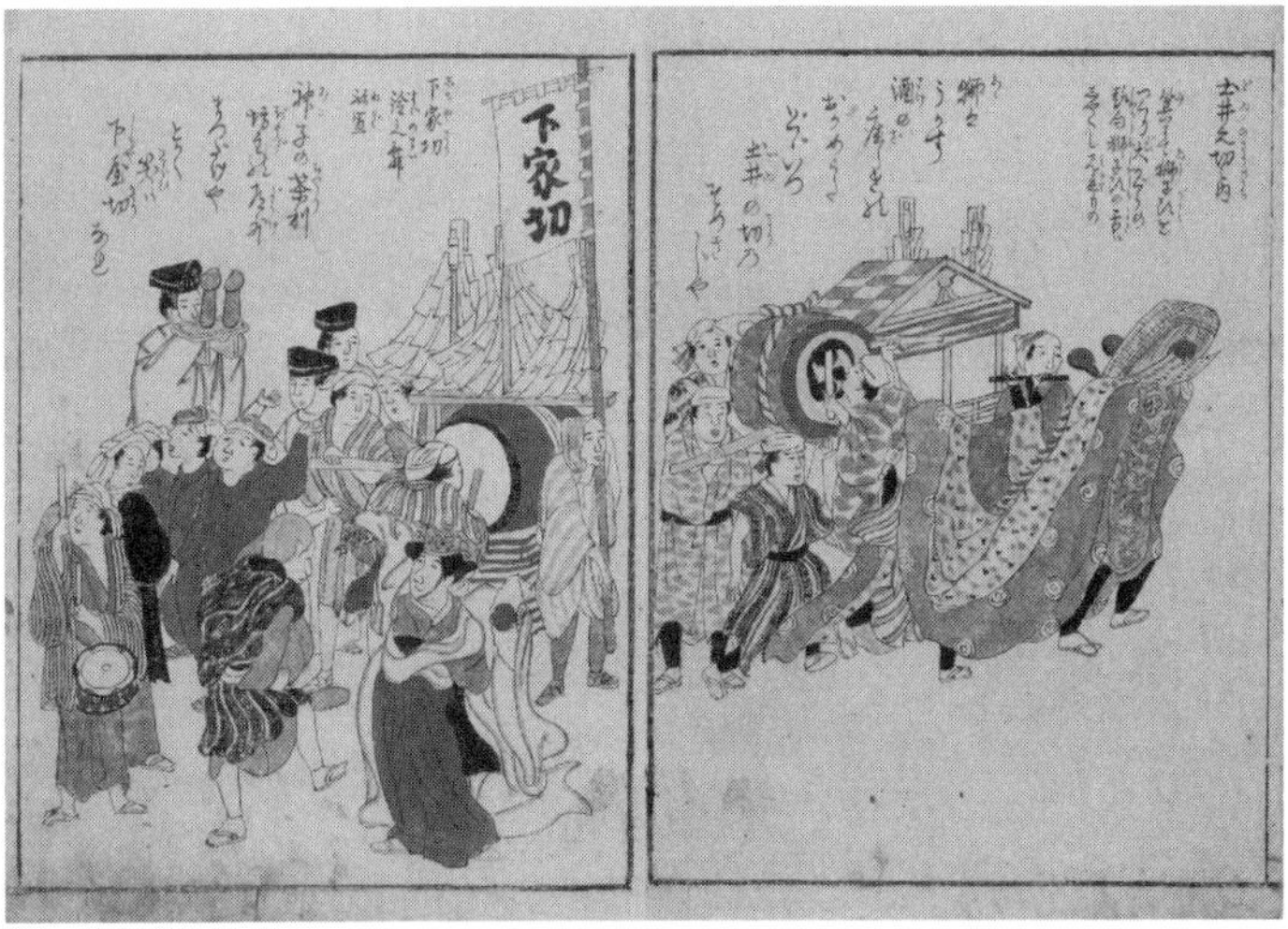

図3　お鍬祭りの太神楽と鈴の舞（出典：『御鍬祭真景図略』）名古屋市博物館蔵

名古屋の「ええじゃないか」祭礼に登場するものに馬の頭がある。飾り付けた馬を寺社に奉納するもので、毎年馬を出す訳ではなく流行性が強いものだ。決まった形式の本馬と自由な飾りや衣装で、世相や流行を取り込むことに長けた俄馬《にわかうま》がある。

熱田伝馬町の遊女が、片肌脱いだ裸参りの体で名古屋城下へ俄馬を出した。これは江戸火消しの仮装で、髪を剃って男装する凝りようである。一見、日常や性からの解放ともとれる行動であるが、髪の毛がもとに戻るまでの費用が負担された計画的演出であった。

約六十年周期で流行したお鍬祭りも「ええじゃないか」に影響を与えている。伊勢神宮や伊雑宮の御師が配る鍬神を村ごとに継ぎ送って祭りは伝播した。祭りの行列は、造り物、仮装、踊りで構成され、「ええじゃないか」とも共通する。『御鍬祭真景図略』（名古

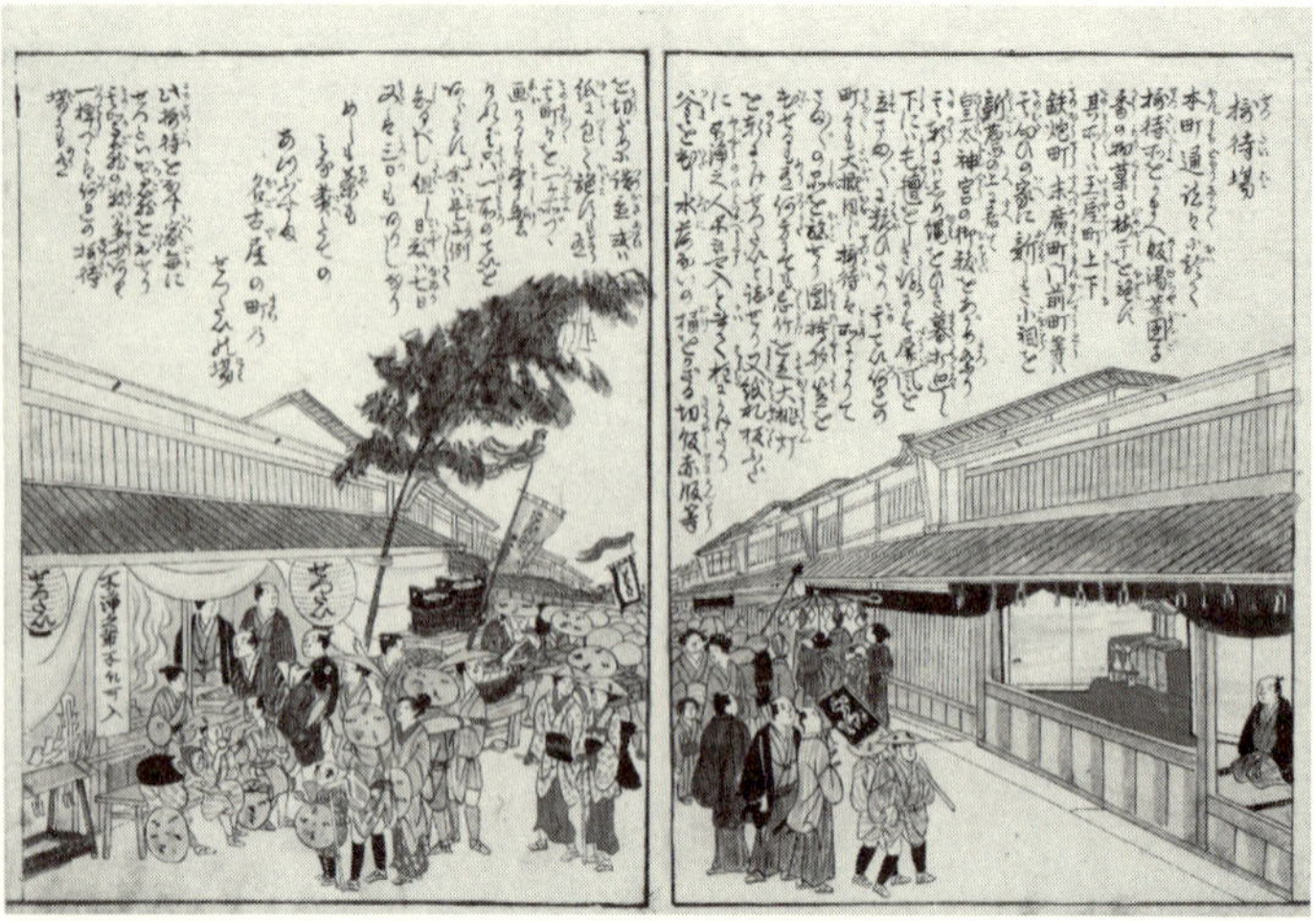

図4　おかげまいりの降札の祭壇と接待場（出典：『画誌卯之花笠』）名古屋市博物館蔵

屋市博物館蔵）によると、文政十年（一八二七）の東枇杷島村のお鍬祭りでは、日用品で見立てた獅子の太神楽が登場し、「ええじゃないか」でも日用品で見立てた神馬の造り物が登場した（「青窓紀聞」）。また、徳利に見立てた松茸を三宝に据えて神官姿の者が持ち、女装の神子がおどけるといった「ええじゃないか」の遊女の馬の頭に通じる性的趣向も確認できる。

降札をきっかけに始まるものとして、お鍬祭り同様、六十年周期で流行したおかげまいりの影響も大きい。伊勢神宮の降札をきっかけに人々が大挙して伊勢神宮へと詣でたために大騒ぎとなった現象だ。文政十三年の流行時、人々は功徳として城下を通る参宮人へ駕籠や飯、わらじなどを施行した（『画誌卯之花笠』名古屋市博物館蔵）。降札を町単位で祀り、町で接待場を運営するなど「ええじゃないか」と共通する町の秩序が機能してもいる。

馬の頭やお鍬祭り、おかげまいりが「ええじゃないか」の祭礼と共通する要素を持ち、「ええじゃないか」に影響を与えたことは間違いない。人々はこれらの経験を生かし、地域の祭礼秩序を活用して、「ええじゃないか」祭礼に取り組んだのである。

祝祭空間としての「ええじゃないか」

名古屋の「ええじゃないか」は、連続する降札で流行が拡大し、城下のそこかしこで祭礼がおこなわれる状態となった。『雑談記』（名古屋市博物館蔵）によると、「ええじゃないか」祭礼の影響で見物人がいなくなり、清寿院、若宮八幡の浄瑠璃が、九月十日頃から二十日まで休止となった。清寿院や若宮八幡がある城下南寺町は芝居や見世物興行で賑わう盛り場で、まさに「ええじゃないか」の熱狂が盛り場を凌駕する賑わいをみせたのである。

『感興漫筆』には、「ええじゃないか」の祭礼で利益をあげた商売として、ろうそく屋、酒屋、提灯屋、呉服屋、魚屋などがあげられている。「青窓紀聞」の「おめてたつくし」では、神仏が降ることで御利益が得られ、商売繁盛で世の中がよくなると歌われた。

つまり、名古屋の「ええじゃないか」は、降札を祝うめでたいもので、江戸時代後期に流行した祭礼の集大成ともいうべき賑わいをみせた。「ええじゃないか」に参加した人々のエネルギーは、まさに名古屋城下を祝祭空間へ変えてしまうほど強力だったのである。

付録　尾張藩の職制

種田祐司

【凡例】

一、尾張藩のおもな役職を役方・番方・幕末維新期に分け、さらに役方は、便宜的に「要職」、「地方支配」、「江戸・京都・大坂屋敷」、「木曽山・木曽川・木曽材」、「側近」、「その他」に分けた。

二、存在期間、定員、役高、簡単な解説の順で記したが、一部記載がないものや記載の順序を変えたものもある。「定員一名」は省略した。

三、支配する役職（役所）や下級役人もできるだけ載せたが、役方の同心・足軽・調役などは省略した。

【参考文献】

名古屋市役所『名古屋市史　政治編二』一九一五年

林董一『尾張藩公法史の研究』一九六二年

松村冬樹「尾張藩役職者の変遷について」『名古屋市博物館研究紀要』二八巻、二〇〇五年

松村冬樹「尾張藩役職者の変遷について二」『名古屋市博物館研究紀要』二九巻、二〇〇六年

松井雅文「『御役人支配分』の紹介　文政期の尾張藩の官制」尾張藩社会研究会報告レジュメ、二〇一七年

役方

要職

年寄（家老）　慶長〜　役高四千石　成瀬・竹腰両氏は両家年寄といい、幕府から附属させられたので、俗に御付家老ともいう。この両家に、渡辺・志水・石河の三家を加えた万石以上の五家の当主は、成人して家督を継いでから隠居あるいは死去するまで、年寄職を務めた。また五家の当主は諸大夫（受領名を名のる）となる。名古屋の下屋敷や江戸屋敷が与えられた。五家の城（在所）、知行高は次のとおり。

成瀬家　尾張犬山城　三万五千石
竹腰家　美濃今尾城　三万石
渡辺家　三河寺部　一万四千石
志水家　尾張大高　一万石
石河家　美濃駒塚　一万石

年寄の定員はないが、この五家以外に数千石の家からの数名を加え、合計五〜十人程度であった。

年寄を退任すると加判の列と称した。ほかに元文以降、年寄列という役職があり、常設ではなかったが文化以降は常設となり、安政以降は数名が任命される。尾張藩で年寄の制度がどのように機能したかは、よくわからない。もともと藩内の実務は、城代・側用人・用人や勘定・町・寺社の三奉行が分担しているので、年寄は重要事項を評決するのみであったようだ。幕末の政局激変時には、佐幕派と称される渡辺新左衛門や勤王派と称される田宮如雲も年寄に任じられるなど、実力本位の人事であった。

城代　元和〜　定員二名　役高三千石　当初は藩主が城外に出る時のみ、志水・渡辺・石河家から二名が選ばれたが、寛永三年から常置となる。寛永以後は年寄から選ばれたり、年寄が兼務することはなかった。城代組・大坂御用達・城代用取扱役・伏見屋敷奉行・本丸番・本丸具足奉行・鉄炮玉薬奉行・天守鍵奉行・大筒役・掃除中間頭・伏見中間頭・武器製作職人を支配する。

側用人　宝永二年〜　定員二、三名　役高二千石

安政二～五年は御側大寄合と改称。藩主の側に侍して年寄以下の上申を取次ぐ。寄合・白鳥材木奉行・麹町屋敷奉行・戸山屋敷奉行・築地屋敷奉行・杁奉行・林奉行・細工頭（奉行）・定府小普請・定府触出役・蔵奉行等を支配する。納戸役・鷹匠頭・鷹場改役を用人と共同で支配する。勘定吟味役頭取を勘定奉行と共同で支配する。

用人　寛永十年～　定員三名　役高千↓千二百↓千石　享保七年、大目付廃止後は、その役も兼ねる。公武に対する礼式・音信・贈答・供番を担当する。小姓頭取・明倫堂督学・御小納戸・奥医師（役高三百石）・使番・使役・右筆頭取・用人側懸り・書院番・在京用達・馬預・台所頭・賄頭・細工頭・数寄屋頭（役高百俵）・同朋・小人頭・中間頭・御用絵師・小姓頭取等を支配する。納戸役・鷹匠頭・鷹場改役を側用人と共同で支配する。

国用人　万治二年～寛政三年　定員二↓三名　藩主が在城していない時、いわゆる城代の用務を担当する。

大目付　元禄七年～享保七年　その後は側用人が兼務する。役高四百↓五百石　藩内を巡見し、藩士を監察する。

目付　元和二年～　定員十↓十五、六名　目見得以上の藩士を監察する。蔵目付・勝手目付・地方目付を担当する。徒目付組頭・徒押・火の番・小人目付・小人押・火の番等を支配する。徒目付・小人目付は目見以下を監察する。

寺社奉行　寛文五年～　役高五百石　定員二名だが、享和以降三名のことも多い。吉利支丹奉行の職を引き継ぐ。再任や御用人・大番頭との兼任が多い。寺社十人組（徒士十人）・吟味役（役高百石）・定光寺中間頭・定光寺廟番を支配する。門前町も支配するが、享保一三年、町奉行所の支配に移る。役所があり、城の内外を移転した。

勘定奉行　定員三～五名　役高三百↓五百石　藩財政の責任者。地方支配の代官・奉行を統括し、切米手形の交付、領民の訴訟を担当する。一名は江戸に勤務する。天明以降、地方（国方）・公事・勝手に分かれ、評定所や国方役所内に役所があった。大代官・各代官・円城寺奉行・評定所番・支配勘定・杁大工棟梁・杁作場・鳶頭・七宗山守などを支配する。勘定吟味役頭取を側用人と共同で支配する。

町奉行　開府～　定員二名　役高五百石　名古屋城下町の民政の責任者。役所が城下にあり。享保一三年、周辺の村々（町続村々、年貢収納は除く）・寺社門前町も支配する。吟味役・与力・牢奉行・道奉行・隠密廻り・定廻り・伝馬町問屋・鋳物師頭・扶持を拝領している町人等を支配する。

地方支配

国奉行　忠吉期～寛政六年　以降は地方懸り兼公事方勘定奉行（地方勘定奉行）が引き継ぐ。定員一→二、三名　役高五百石　熱田奉行を兼ねる。手代（三十四→三十→二十名）を率いて領内を巡見する。城下に役所あり。領内村々の訴訟・徴税・宗門改等を担当する。天明期以前は大代官・三ヶ村代官・郡奉行・水奉行・山方野方奉行・杁奉行を支配する。

大代官　元和～　役高百五十石　天明元年以前は三ヶ村代官・郡奉行等とともに全藩領支配を分担する。以後は愛知郡・春日井郡の一部、近江国・摂津国の藩領を支配する。寛政三～十一年一時廃止となり、その間のみ庄内代官に職務が移る。文化八年、鳴海代官支配の愛知郡の一部が支配下となる。城下に役所あり。山廻り・杁守・万場村船頭等を支配する。

三ヶ村代官　寛永七年～寛延　美濃国恵那郡川上・付知・加子母村（いわゆる裏木曽三ヶ村）を支配する。実際は大代官・郡奉行等とともに全藩領の支配を分担する。

郡奉行（尾州郡奉行・濃州郡奉行）　忠吉期～天明三年　寛文六年、尾州郡奉行・濃州郡奉行に分かれる。大代官・三ヶ村代官とともに、二ヶ国の藩領を支配する。それぞれ定員二名。

水奉行（用水奉行）　慶長～天明三年　村方の用悪水を管理する。古くは用水奉行という。

杁奉行　享保十二年～　定員二名　役米十三石＋三人扶持＋雑用金五両　杁（用水）・橋の普請を担

当する。天明期に杁・橋の修復のみとなる。

山方野方奉行　慶安四年～　奉行を代官といったり、山方・野方が分離することもあり。百姓林・荒野を管理する。村民がそれらを開発した田畑を見取地とし、見取年貢を徴収する。

岐阜奉行　元禄八年～　定員一→二名　役高三百→四百→三百石　岐阜町を支配。それまで岐阜は国奉行の支配下。天明期、近隣の村々を支配するが、享和三年に中止する。

熱田奉行　慶長十六年～　当初は国奉行が兼ね、寛永十六年、専任となる。熱田の町・熱田社領を支配する。延享二年、船奉行を兼ね、天明二?年～享和二年、熱田付近の村々も支配した。役高五百石。朱印改役江崎家・船会所等を支配する。

犬山町奉行　万治～宝暦　成瀬家の犬山城の城下町を支配する。

林奉行　寛永～　定員二名　役高六十七俵　元文三年以前は水野氏の世襲。天明元年以降は水野代官と兼務。知多郡・春日井郡などの山林を管理する。山廻り同心等を支配する。

次の佐屋代官から庄内代官までは、それぞれ陣屋（代官所）に赴任し、管轄の蔵入地の年貢徴収・宗門改や、蔵入地・給知を問わず村触の伝達・訴訟などを担当する。

佐屋代官　天明元年～　役高七十七俵　寛政まで佐屋奉行と兼任。海東郡・海西郡の一部を支配する。陣屋は海西郡佐屋村にあり。津島と佐屋の船会所、川目付・杁守等を支配する。

北方代官　天明元年～　役高七十七俵　北方川並奉行を兼務する。陣屋は葉栗郡北方村にあり。葉栗全郡、丹羽郡・中島郡・美濃国の藩領の一部を支配する。長良川の鵜匠、墨俣川と起村の船頭、井廻り役等を支配する。

水野代官　天明元年～　役高七十七俵　御林奉行を兼務する。陣屋は春日井郡上水野村にあり。愛知郡・春日井郡・美濃国の藩領の一部を支配する。赤津村竃屋を支配する。

鳴海代官　天明二年～　役高百五十石　陣屋は愛知郡鳴海村にあり。愛知郡・知多郡の一部、三河国の藩領を支配する。文化八年、愛知郡の一部が大代官支配となる。文化二〜八年、横須賀代官支配の村々も支配する。

横須賀代官　天明二年〜　文化二〜八年、一時廃止。役高七十七俵　陣屋は知多郡横須賀村にあり。知多郡の一部を支配する。

小牧代官　天明二年〜　役高七十七俵　陣屋は春日井郡小牧村にあり。丹羽郡・春日井郡の一部を支配する。入鹿木津杁守・小牧御殿等を支配する。

鵜多須代官　天明二年〜　役高七十七俵　陣屋は海西郡鵜多須村にあり。中島郡・海東郡・海西郡・美濃国の藩領の一部を支配する。杁守・船頭等を支配する。

太田代官　天明二年〜　役高七十七俵　陣屋は美濃国加茂郡太田村にあり。美濃の藩領の一部を支配する。蜂屋村柿庄屋・上之保村番人・抜荷守・太田村船頭等を支配する。

神守代官　天明三年〜享和三年　役高七十七俵　陣屋は海東郡神守村にあり。海東郡・海西郡の一部を支配か。廃止後は大代官・佐屋代官に移管されるか。

清須代官　天明三年〜　役高七十七俵　陣屋は春日井郡清須村にあり。中島郡・春日井郡・海東郡の一部を支配する。杁守等を支配する。

上有知代官　天明三年〜　役高七十七俵　陣屋は美濃国武儀郡上有知村にあり。美濃国の藩領の一部を支配する。山守・番所等を支配する。

円城寺代官　天明二〜五年　陣屋は美濃国羽栗郡円城寺村にあり。美濃国の藩領の一部を支配する。

庄内代官　寛政三〜十一年　大代官所支配の村々全部が移管される。廃止後は元に復す。

江戸・京都・大坂屋敷

本丸城附・西丸城附　義直期〜　定員二、三名　役高四百石＋役料金＋土産金　毎日江戸城の本丸・西之丸に詰めて、幕府の尾張藩に関する雑務を担当する。

使役　文化八年〜　定員二名　役高二百五十俵　江戸で使者の役を務める。

市買屋敷奉行（上屋敷奉行・上屋敷留守居・江戸屋敷奉行）　義直期～安永　市谷の尾張藩邸を管理する。

四谷下屋敷奉行　元禄～元文　四谷の尾張藩邸を管理する。

麹町屋敷奉行（麹町向屋敷奉行・新屋敷奉行・新屋敷留守居役・御成御殿奉行）　寛永十四年～　新屋敷御成奉行は元禄十一年～正徳三年　定員一、二名　役高百五十石　麹町の尾張藩邸を管理する。

戸山屋敷奉行　寛文九年～享保十一年　定員一、二名　役高百五十石　戸山の尾張藩邸を管理する。廃止後は蔵奉行が交代で務める。

築地屋敷奉行　築地の尾張藩邸を管理する。

赤坂屋敷奉行　赤坂の尾張藩邸を管理する。

築地屋敷奉行　役高百五十石　赤坂の尾張藩邸を管理する。

八丁堀蔵屋敷奉行（江戸蔵奉行・深川蔵奉行）　寛永十四年～享保十一年　廃止後は尾張の蔵奉行が管理する。

西屋敷奉行　元禄～宝永　職務不詳

中屋敷奉行　寛永～慶安　職務不詳

向屋敷奉行　寛永～宝永六年　職務不詳。

江戸材木奉行（深川材木奉行）　元禄十三年（実は寛永）～享保八年　定員一、二名　八丁堀材木奉行・深川材木奉行を兼ねるものあり。深川の木場で尾張から送られた材木を処理する。廃止後は尾張の蔵奉行が管理する。

江戸作事奉行　寛永～享和　江戸屋敷の建築・修復を担当か

京都買物奉行（買物奉行）　元和～寛政六年　その後、在京用達役と改称。京都で品物を調達する。

在京用達役　寛政六年～　役高二百石　定員一、二名　京都買物奉行から改称。

伏見屋敷奉行　慶安～　定員一、二名　役高百五十石　初め伏見留守居と称する。伏見の尾張藩邸を管理する。

天満屋敷奉行　明和四年～寛政十一年　その後、大坂用達役と改称。大坂で藩が必要な品物を調達する。

大坂用達役　寛政年十一年～　定員一、二名　天満屋敷奉行から改称。役高規定なし。

木曽山・木曽川・木曽材

川奉行　天和～享保

川並奉行（北方川並奉行）　延宝元年～　定員五名
　役高二百石　当初錦織に置かれる。牧野・上松・駒塚に役宅を置く。後、円城寺・宮田・駒塚に役屋敷を置く。後、錦織・円城寺奉行を分離し、北方（葉栗郡北方村）のみ支配する。享保一一年、宮田奉行の兼務となる。天明以降、北方代官の兼務となる。寛文五年、山村氏が管理していた木曽の山林、木曽川の流木を管理し、川役銭を徴収する。北方・神明津・藤ヶ瀬の川番所を支配する。

上松奉行　寛文五年～享保十一年　木曽の山林を管理する。当初、川並奉行の役宅。廃止後は木曽材木奉行に引き継ぐ。

駒塚奉行　延宝六年～　享保十一年、宮田奉行兼務。
　天明以降は北方代官兼務。川並奉行の支配下。

宮田奉行　延宝六年～享保　川並奉行の支配下。天明以降は北方代官兼務。

牧野奉行　寛文五年～　川並奉行の支配下。

錦織奉行　寛文五年～享保十二年・享保十七年～天明　錦織役所は宝永期から置かれる。錦織綱場、太田・犬山の川番所を管理。木曽材木奉行と兼務。太田と大湫の番所、錦織と芦渡の桴乗頭等を支配する

木曽材木奉行　享保十一年～　役高二百五十石　上松奉行の業務である木曽山林の管理を引き継ぐ。元文五年、木曽御材木奉行と改める。当初、福島にあったが、元文五年、上松に移る。文化期から錦織奉行を兼ねる。吟味役・加子母の山守等を支配する。

円城寺奉行　延宝元年～　役高の規定なし。川並奉行から分離するが、兼務。北方代官と兼務する者あり。陣屋は美濃国羽栗郡円城寺村にあり。野々垣氏の世襲。

佐屋奉行　元禄八年～享保十一年　天明元年～寛政一一年　佐屋の渡しの船番所を管理する。

白鳥材木奉行（材木奉行）　寛文六年～　定員四↓

二名　役高百五十石　最初は材木奉行、江戸中期に白鳥材木奉行に改称か。熱田白鳥の材木場を管理し、材木の出納を担当する。御木の者等を支配する。

側近

側同心　元和九年〜寛政四年　頭が統括する。寛政四年、側大寄合と改称する。

側大寄合　元禄　寛政四年〜　役高二千石　側同心頭が改称する。大目付と兼務。

小姓　明和八〜　定員二名　統括者は頭取（役高三百石）。小姓（定員十名、役高二百五十石）を支配する。藩主の側に仕える。

伽　寛政一二年〜　定員二名　役高百五十石　小姓のうち前髪がある者がなる。

中奥小姓　〜安政二年　定員二十人以上　役高二百石

小納戸　寛延元年〜　定員約七十人　役高二百五十石。統括者は頭取（定員十名　役高三百石）。寛政七年、広敷物頭・側物頭を兼ねる。御殿の奥を管理し、藩主の衣装・調度を用意する。一部は江戸屋敷でも務める。新田金・三役銀等の一部を管理し、藩士・町人・農民に御小納戸金として貸し付ける。奥同朋・奥坊主・庭番・御用絵師等を支配する。

納戸役　元和九年〜　定員約七十名　役高百五十石　藩主の金銀・調度を管理するため、金方・腰物方・呉服方に分かれる。慶応三年、金方のみとなる。御用の研師・鞘師を支配する。

中奥番　綱誠期〜享保八年　復活後〜安政二年　定員約二十余名　中奥小姓とともに御殿中奥で雑用を担当する。

広敷用人　寛政七年〜　物頭（役高三百石）が統括する。御殿の表で雑用を担当する。広敷番・坊主・比丘尼・台所人・賄人などを支配する。

側右筆　元禄五年〜文化以前　役高五十石　定員二名か。藩主の文書を書く。

右筆　忠吉期〜　定員十一名、右筆格と合わせ二七名　統括者は頭取、後に組頭（役高百八十→百五十石）　それ以外は役高百五十↓百三十俵　藩の文書を記す。

その他

大曽根下屋敷奉行　元禄～宝永　大曽根の下屋敷を管理する。

屋形奉行　延宝四年～正徳四年

下屋敷奉行　役高百五十↓百石　延宝六年～文政　城下東部にある下屋敷を管理する。

留書奉行　寛文四年～　寛政一二年、日記所留書頭と改称　定員二↓九名　役高三百↓四百↓三百石　老中に従って記録を管理する。留書二十人、同並役十六人を支配する。

日記所　寛政～安政二年　歴代の事蹟を編纂する日記所を支配する。統括者は留書頭。留書数人を支配する。廃止後は留書並一名が日記所懸りとなる。

腰物奉行　寛永十八年～享保十二年　定員二名　廃止後は納戸役が引き継ぐ。

弓矢奉行　寛永十二年～　定員二↓数名　役高百五十石　藩の弓矢を管理する。

幕奉行　寛永十年～寛文元年　寛文四年～　定員二↓三名　役高百五十石　のち具足奉行の兼帯。藩の陣幕を管理する。

具足奉行　寛文～　定員二～三名　本丸番を兼ねる。藩の具足を管理する。

鉄砲玉薬奉行（鉄炮奉行・玉薬奉行）　寛永十年～寛文四年　享保十年頃再興。定員三名　役高百十石　当初鉄炮玉頭と称する。藩の諸役所の鉄炮玉や上野煙硝場を管理する。本丸番を兼ねる。

天守鍵奉行　万治～　定員二名　役高百三十石　天守の鍵を預り、備蓄食糧の管理をする。本丸番を兼ねる。

船奉行　寛永～　延享三年、熱田奉行が兼ねる。役高三百石　藩の船や船番所を管理する。船頭・水主・大野村廻船惣庄屋等を支配する。

畳奉行　寛永～享保　御殿の畳を管理・調達する。元禄期、江戸にもあり。

細工頭（小細工奉行）　寛文元年（実は承応二年）～延享四年、寛政一二年～　定員二名　役高不詳

細工所・御用の時計師・指物師等を支配し、調度品を用達に納めさせる。

督学　天明三年～　役高三百石　藩校明倫堂の学長。初代細井平洲をはじめ岡田新川・細野要斎ら学者の役職。教授（役高百五十石）・主事（役高百五十石）・典籍（役高五十九俵）を支配する。

金奉行　万治二年～　定員二→八名　役高二百石　金庫の出納、木曽山を担当する。両替商平田家を支配する。

蔵奉行　元和五年～　定員は後に六名　役高九十八俵　広井御蔵・深井御蔵などの蔵を管理し、藩士に切米を支給する。もと国奉行の支配、後に側用人の支配。

書物奉行　万治元年～慶応三年　定員二～三名　役高百五十石　文庫の書籍を管理する。松平君山・深田香実ら学者の役職。

船奉行　慶長～　延享三年、熱田奉行と兼務となる。役高三百石　熱田の御船蔵・御船を管理する。

作事奉行　寛永～　定員二名　役高三百石　城内外の建物の建築・修繕を担当する。城下に役所あり。石場改役・下奉行・大工頭、御用の差図師等を支配する。江戸にもあり。

普請奉行　忠吉期～　定員二名　役高三百石　屋敷奉行を兼ねる。土木事業を担当する。城下に役所あり。役割役・調方・往還方大工棟梁・味鋺村洗堰守・枇杷島橋の橋守等を支配する。

屋敷奉行（小路奉行・城下道奉行）　寛永十年～　役高百五十石　藩士の屋敷・水道を管理する。当初、小路奉行と称する。厨門番人・本町大手枡形番人・両鉄門外番人・扶持辻番人等を支配する。

大道奉行　寛永十年～享保九年　定員二名　街道を管理する。

簡略奉行　元禄六年～享保　藩内の倹約を担当する。

明知奉行（空地代官）　元禄～寛政　元禄一五年、空地代官を明知奉行と改称する。改易、減封などで給人がいなくなった土地を管理する。

吉利支丹奉行　寛文元～五年（実は元禄）　宗門人別改を担当する。廃止後は寺社奉行に職務が移る。

宗門奉行　元禄～宝暦　寺社奉行との職務分担は不詳。

押奉行　忠吉期〜寛文元年
牢奉行　宝永〜　入江町の牢を管理するか
札奉行　寛文〜寛文八年
薬園奉行　宝暦五年（実は享保か）〜明和二年、文政〜　御下屋敷の薬園を管理する。
運上奉行　元禄〜享保二年
鷹匠頭　慶長一七年〜　役高百五十石　鷹匠（役高七十二俵）・鷹医・餌差・獠牽等を支配する。
触出役　「御金被下候婦人」を担当する。
馬預　役高二百五十石　藩の馬を管理する。馬乗並・御口の者等を支配する。
台所賄頭　役高百五十石　藩主の家族の食事を用意する。台所人・賄人・菓子師、檜者師など御用の食品・食器商人等を支配する。
留守居　寛永〜元禄　江戸八町堀屋敷・新屋敷・二之丸屋敷等にいたが不詳。
四谷家番頭・用人　寛政〜　分家の高須松平家の役職。尾張藩から出向。
家老（高須家）　天和三年〜　高須松平家に尾張藩から出向。
高須郡代　正徳〜　分家の高須松平家の領地を支配する。尾張藩から出向し家老を兼ねる
四谷家番頭・用人　寛政〜　分家の高須松平家の役職。尾張藩から出向。

番方

大番組　慶長一九年〜　五→十組（一組五十名）各組、番頭（役高千五百石）・二名の組頭（役高二百五十石）が統括する。四谷家にも出向。城の護衛、奏者の役を担当する。弘化元年、文久三年、慶応二年、編成替えが行われる。
寄合組　慶長十九年〜　四→五組（一組五十名内外）各組、二名の組頭（役高二百五十石）が統括する。大番組に次ぐ重要な軍役。
馬廻組　元禄〜　九→二組（一組四十→七十〜百名）各組、頭（役高千石）・二名の組頭（役高二百五十石）が統括する。一時、大番頭が組頭を務める。藩主外出の際、警護にあたる。尾張徳川家の分家にも出向。

書院番（小姓）慶長〜 寛文元年、小姓を書院番に改める。六〜八→四組（一組五十名）各組、番頭（役高五百→六百→五百石）、二名の組頭（役高二百五十石）が統括する。組員の役高は百五十石。城内で進物・使者・賓客の接待等を担当する。

長囲炉裏番 正保二年〜寛文四年 その後新番と改称。寛政九年〜安政二年、元に復す。三→二→六組（一組十二名）各組、番頭二名（役高四百石）、二名の組頭（当初は小頭、役高二百五十石）が統括する。番衆の役高はなし。城内長囲炉裏の間を詰め所とする。

新番組 寛文四年〜 長囲炉裏番が改称 寛政九年、小十人組を新番組とし、長囲炉裏番と併存する。四→三組（一組十二名）各組、番頭（役高四百石）、二名の組頭（役高百五十石）が統括する。番衆の役高はなし。藩主が外出の際、警護にあたる。

小十人組（五十人組）慶長十九年〜 万治四年、五十人組と改称するが、寛文十年、元に復す。五→六→三組（一組二五、六名）各組、頭（役高四百石）と二名の組頭（当初は小頭、役高百五十石）が統括する。藩士の子弟から選ばれ、日常は武芸を練習し、藩主が外出の際、雑用・警護にあたる。

徒組（歩行組・三十人衆）慶長十九年〜 四→三組（一組三十五、六名）各組、頭（役高四百石）、組頭（役高七十二俵）が統括する。

小普請組 万治二年〜 二→三組 寛文四年、御深井丸番・本丸番の職務を引き継ぐ。各組、組頭（役高三百石）、二名の小頭（寛政四年から与頭、役高百石＋雑用金）が統括する。御目見以上の非役の藩士よりなる。小普請医師数名を支配する。寛政七年から世話役（後に小普請頭筆役も兼ねる）が置かれる。

本丸番（城代組）慶長十六年〜 寛文四年に廃止され城代組に職務が引き継がれる。二組 各組、組頭二名（役高百五十石）が統括する。具足奉行・鉄炮玉薬奉行・天守鍵奉行が兼ねる。本丸を警備する。

本丸足軽　寛永三年～　初めて城代同心三十人が任ぜられる。頭が統括する。先手足軽頭が兼務。寛政五年、本丸詰組と改称する。

深井丸足軽　正保四年～寛文四年　番頭が統括する。御深井丸を警備する。廃止後、城代組が職務を引き継ぐ。

本丸詰組　城代組とともに、本丸を警備する。寛文四年以後は御深井丸も警備する。物頭（役高三百石　定員不定）が統括する。後に組頭二名を置く。

定詰組（定詰先手組）　元禄七～十四年　享保十四年～　先手足軽組が職務を引き継ぐ。頭が統括する。

薬込組　寛永十年～寛文四年　以後は役割足軽組に引き継がれるか。頭が統括する。

黒門足軽組　元和九年～寛政　以後、持筒組に改称か。頭（物頭）が統括する。

庭足軽（庭奉行・側物頭）　寛永～寛政五年　頭が統括する。延宝二年、庭奉行を庭足軽頭と改称。寛政五年、側物頭と改称。多くが御小納戸を兼帯する。役方に分類されることあり。

旗奉行　慶長～寛永五年、寛永十年～　定員二～三名　役高三百石　名誉職としての性格が強い。分家鎗奉行もあり。藩主の参勤交代に従う（～正保二年）。

鎗奉行　慶長～不詳、寛永十年～　定員二～三名　役高三百石　藩主の参勤交代に従う（～正保二年）。分家にもあり。

近習組（側組・近習同心組・側足軽組）　寛文四年～寛政十一年　四組（鉄炮方三組・弓方一組、一組六名）　各組、物頭が統括する。後、御側御足軽組と改称し、統括する頭（役高三百石）は小納戸頭取を兼ねる。寛政五年、手筒組と改称。藩主の側を警護する。

手筒組　寛政十一年～　三組（一組十五名）　御近習組から改称。各組、頭（役高四百石）が統括する。

持筒組　寛政～　四組（一組二十八名）　各組、頭（役高三百石）が統括する。鉄炮を預り、藩主周辺を警護する。承応三年以前にもあったが、寛文四年に側組、寛政四年に近習組と改称する。

持弓組　慶長～　二組（一組二十八名）各組、頭（役高三百石）が統括する。弓を預り、藩主周辺を警護する。

役割足軽組（役割先手組）寛文四年～　寛政五年、役割足軽組が御先手組と改称する。頭が統括する。

先手組（先手足軽組）慶長一九年～　元禄～享保

　鉄炮方・弓方に分かれ、定員は鉄炮組二十八→二十六組、弓組十二→八組　一組同心十八名で頭（物頭　役高不定）が統括する。軍隊の先鋒を務める。常に熱田・枇杷島・川名・大曽根の四口を守る。

使番　忠吉期～　定員十二→二十名　役高三百石

軍陣で諸将に命令を伝え、それが守られているかを監視する。

門足軽（四門足軽・三之丸足軽・五門足軽）元禄十四年～　五つの門それぞれに足軽一九人おり、頭が統括する。

川並足軽　元禄七年～享保八年

幕末維新期

明治元年十月、朝廷は藩治職制を定め、各藩の職制は原則として廃止となった。次の三総管制度は、明治元年八月に名古屋藩（尾張藩から改称）が独自に定め、十月以降も機能していたのでここに載せる。明治二年、「総管」を「部宰」に改める。

南方（南部）総管　知多郡横須賀に置く。志水忠平が任ぜられる。参謀・屯田兵を支配し、藩領南部を守備する。

東方総管　春日井郡水野に置く。間宮外記が任ぜられる。参謀・屯田兵を支配し、藩領東部を守備する。

北方（北地）総管　美濃国加茂郡太田に置く。田宮如雲が任ぜられる。参謀・屯田兵を支配し、藩領北部を守備する。

本書の関連年表

年号	西暦	月日	事項
文政7年	1824	3月15日	高須松平家十代義建に二男誕生、幼名は秀之助（のち義恕・慶恕・慶勝）
天保2年	1831	5月2日	松平義建に五男誕生、幼名は鎮三郎（のち義比・徳川茂徳・玄同・茂栄）
天保6年	1835	12月29日	松平義建に六男誕生、幼名は銈之丞（のちの会津松平容保）
天保10年	1839	3月20日	尾張徳川家十一代斉温没、家斉の十一男斉荘を跡継ぎに決定
		3月23日	斉荘、尾張徳川家十二代襲封
		11月	幕府、尾張家七代宗春の罪を許し、従二位権大納言を追贈
天保15年	1844	2月	『尾張名所図会』刊行
弘化2年	1845	8月6日	慶臧、尾張徳川家十三代襲封
弘化3年	1846	12月2日	松平義建に八男誕生、幼名は銈之助（のちの桑名松平定敬）
弘化4年	1847	この年	藩撰地誌『尾張志』完成
嘉永2年	1849	4月	尾張家十三代慶臧逝去
		6月4日	高須松平家の嫡子義恕、尾張徳川家十四代襲封。のち、「慶恕」と改名
嘉永3年	1850	2月	大番組伊藤三十郎（のち茜部伊藤吾）、『防禦一巻』を成瀬正住に上呈
		4月	上田帯刀、船奉行千賀与八郎と知多の異国船防御場所の検分を実施
		5月13日	隠居の尾張家十代斉朝、名古屋にて逝去
		9月	上田帯刀、西洋砲術修業のため辻仲の江戸留学を建言
		10月16日	高須松平家当主の義建隠居、義比（鎮三郎）が襲封
嘉永4年	1851	3月14日	慶恕、尾張に初めて入国
		5月	付家老成瀬正住・用人滝川忠貫・船奉行千賀らが知多半島を巡検
嘉永5年	1852	2月26日	年寄佐枝将監（種武）の江戸詰解任
		8月9日	年寄中西筑前守（長穀）の江戸詰解任
嘉永6年	1853	5月	両家年寄の江戸詰一年交代制を実施

	5月	砲術家の辻弥平・仲、西洋砲術修業のため江戸に出立
	6月3日	ペリー、浦賀に来航
	7月	慶恕、ペリー来航後の対応について幕府に建議
	9月14日	慶恕、軍法改正を年寄らに布告
	12月	熱田宮、ペリー来航に際して十七日間の特別祈祷をおこなう
嘉永7年 1854	4月1日	慶恕、老中阿部正弘に幕府の外交姿勢についての詰問書提出
	この頃	慶恕、幕閣への面会謝絶と諸大名との交流遠慮を内諭される
	5月25日	日米和親条約調印
	11月4日	東海道沖を震源に大地震発生（翌5日にも発生。安政東海地震）
	この頃	知多半島の師崎と内海に台場が完成
安政2年 1855	2月9日	慶恕、寛政度復古改革を布告
	9月28日	安政東海地震の最大余震発生
	10月2日	江戸で直下型の大地震発生（安政江戸地震）
	10月	上田帯刀、御台場砲術研究方を解任される
安政3年 1856	9月	領民に五十九万両の調達金を賦課
	11月	松井丹右衛門・辻仲らの西洋砲術・玉薬製造・教育関係者が解任される
安政4年 1857	5月	慶恕、士風刷新につき家中に直書を与える
	10月22日	植松茂岳、明倫堂教授次座に就任
安政5年 1858	4月23日	井伊直弼、大老に就任
	6月19日	日米修好通商条約調印
	6月24日	慶恕、徳川斉昭・慶篤と共に不時登城し大老井伊直弼を詰問
	7月5日	慶恕、幕府に隠居を命じられ、江戸戸山屋敷に謹慎
	7月6日	高須松平家当主義比、尾張家十五代襲封（10月に「茂徳」と改名）
	7月21日	阿部清兵衛ら三十七名、慶恕の無事を熱田宮に祈願
	8月8日	孝明天皇「戊午の密勅」を水戸藩に降下

		8月	清須宿本陣林惣兵衛以下六十五名、慶恕謹慎解除を求める嘆願書を清須代官茜部伊藤吾に提出
		10月25日	家茂に十四代将軍宣下
安政6年	1859	5月	尾張藩の軍制を西洋流に転換
		9月	長谷川惣蔵・田宮弥太郎らが相次いで処分される
		10月11日	茂徳、初めて尾張に入国
安政7年 万延元年	1860	3月3日	大老井伊直弼、桜田門外で暗殺される（桜田門外の変）
		9月4日	慶恕、幽閉を解かれる（茂徳との面会、慶喜・春嶽らとの文通は禁止）
		9月26日	慶恕、「慶勝」と改名
		10月25日	慶勝三男の元千代（徳成）、茂徳の養子となる
文久元年	1861	10月20日	皇女和宮、十四代将軍家茂に降嫁のため江戸へ向かう
		10月25日	伊藤圭介、幕府の蕃書調所出仕のため江戸参府
文久2年	1862	4月25日	慶勝、幕府より正式に赦免される
		6月3日	慶勝、一橋慶喜とともに江戸城に登城して将軍家茂と用談
		6月17日	茂徳、幕政改革等について意見書を幕府に提出
		閏8月	尾張藩士八十名、付家老成瀬正肥に慶勝の藩主再任、西洋砲廃止・国学復活の上書を提出
		9月10日	竹腰正富、幕府から隠居を命じられる（14日謹慎）
		9月～10月	田宮弥太郎・長谷川惣蔵・尾崎八右衛門らが赦免され、要職に就任
		12月1日	慶勝、翌年二月の将軍家茂上洛に先立って上京を命じられる
文久3年	1863	1月8日	慶勝、初めて入京。15日、孝明天皇に拝謁して天盃を賜わる（25日に茂徳も入京）
		2月27日	将軍家茂、上洛の途上で熱田に宿泊
		2月晦日	茂徳、将軍家茂上洛中の留守を守るため江戸に参府
		3月4日	将軍家茂が上洛
		5月3日	茂徳、外交交渉について説明のため京都を目指すが、途上で制止され名古屋に帰城
		5月20日	老中小笠原長行、兵を率いて上京するが入京を拒絶される
		8月18日	尊攘派公家・長州藩などが朝廷から排除される（八月十八日の政変）

	9月13日	茂徳、幕命により隠居、「玄同」と改名
	9月13日	慶勝三男の徳成（元千代）、尾張家十六代襲封、慶勝が後見
	11月20日	田宮弥太郎が明倫堂惣裁に就任
	12月27日	伊藤圭介、幕府開成所（旧蕃所調所）を辞任
元治元年 1864	7月19日	長州兵、上京して御所を襲撃するが撃退される（禁門の変）
	8月7日	慶勝、征長総督に任命される
	10月22日	大坂城において長州征討の軍議
	11月16日	慶勝、広島に着陣（17日、自刃した長州藩三家老の首実検）
	12月27日	征長総督慶勝、撤兵令を布告
	この頃	明倫堂内に学寮を設け、医師・町人らに入門を許可
元治2年 慶応元年 1865	2月	慶勝、朝廷へ攘夷実現のための横浜鎖港を建白
	5月	上級家臣の在所土着制度を実施
	閏5月11日	長州戦争のための西上途上、将軍家茂が名古屋城に着城
慶応2年 1866	2月2日	尊攘派尾張藩士、名古屋城下本町広小路下の洋物商紅葉屋を襲撃
	7月20日	将軍家茂、大坂城で逝去
	12月5日	慶喜、十五代将軍宣下
	12月25日	孝明天皇崩御
	12月27日	茂栄（玄同）、一橋家を相続
慶応3年 1867	1月	洋物改所を設置、鈴木惣兵衛ら商人を元〆役・世話役・勘定役に任命
	4月23日	一橋茂栄（玄同）と徳成（元千代）の養父子関係を解消
	5月6日	鷲津毅堂、明倫堂督学に就任
	8月	神仏の御札降りが名古屋周辺に広まる（ええじゃないか）
	10月15日	将軍慶喜、大政奉還を上表
	12月9日	王政復古の大号令
	12月16日	田宮如雲（弥太郎）、参与に任じられ京都市中取締を担当

慶応4年	1868	1月3日	鳥羽伏見の戦いで幕府軍敗北
		1月6日	将軍慶喜、大坂を退き海路で江戸に敗走
		1月15日	慶勝、京都を出て名古屋に向かう（20日着）
		1月20日	名古屋城内で渡辺新左衛門ら十四名を斬首、以後25日までに多数の藩士を処罰（青松葉事件）
		1月21日	徳成、名古屋を発し京都に向かう（25日着）
		1月24日	成瀬・竹腰の両家、朝廷より大名に列せられる
		4月11日	江戸開城
		閏4月29日	北越戦争に尾張藩兵が出兵（7月24日、会津戦争にも出兵）
		5月14日	大雨により入鹿池破堤（死者七百余名、流失家屋六百軒余）
		8月	尾張国内の地方支配を改編、三総管所を設置
明治元年		9月8日	元号を「明治」に改元
		9月27日	明治天皇の東幸途上、熱田西浜御殿を行在所とし、八丁畷で農事を天覧
		10月～11月	戊辰戦争に出兵した尾張藩の部隊、名古屋に凱旋
明治2年	1869	1月	名古屋藩、行政官布達「藩治職制」に準じた藩制改革を実施
		1月20日	長州・薩摩・肥前・土佐の各藩、版籍奉還を建白
		2月14日	徳成、朝廷へ版籍奉還を上表
		6月17日	版籍奉還が認められ、徳成が名古屋藩知事となる
		9月26日	慶勝、尾張徳川家歴代で初めて従一位に叙任
明治3年	1870	3月	徳成、義宜と改名
		閏10月	名古屋藩、太政官布告「藩制」に準じた藩制改革を実施
		12月3日	義宜が藩知事を辞し、慶勝が藩知事に就任
		12月5日	青松葉事件の遺族を赦免し、家名を復興
		12月23日	美濃高須藩、名古屋藩に併合
明治4年	1871	4月10日	慶勝、名古屋より東京浅草瓦町邸に移住
		7月14日	廃藩置県により名古屋藩を廃し名古屋県設置

参考文献（著編者五十音順）

愛知県教育委員会『愛知県　中世城館跡調査報告Ⅳ（知多地区）』（愛知県教育委員会、一九九八年）
青木歳幸『在村蘭学の研究』（思文閣出版、一九九八年）
家近良樹『幕末維新の個性1　徳川慶喜』（吉川弘文館、二〇〇四年）
同『西郷隆盛と幕末維新の政局』（ミネルヴァ書房、二〇一一年）
同『老いと病にみる幕末維新』（人文書院、二〇一四年）
石井孝『増訂　明治維新の国際的環境』（吉川弘文館、一九六六年）
井上勲『王政復古』（中公新書、一九九一年）
入鹿池史編纂委員会『入鹿池史』（入鹿用水土地改良区、一九九四年）
岩下哲典「改革者慶勝の思想的背景――慶勝直筆「目録」の分析をもとに」、「慶勝筆者本「阿蘭陀機密風説書」――ペリー来航後の対外献策の背景として」（『幕末日本の情報活動』雄山閣、二〇〇〇年）
同『改訂増補版　幕末日本の情報活動「開国」の情報史』（雄山閣、二〇〇八年）
植松茂『植松茂岳』第一部・第二部・第三部（愛知県郷土資料刊行会、一九八二年・一九八五年・一九八八年）
大石慎三郎「入鹿池新田の成立」（徳川林政史研究所『研究紀要』昭和四十二年度、一九六八年）
太田正弘『補訂版　尾張著述家綜覧』（太田正弘、二〇〇五年）
尾佐竹猛『新聞雑誌の創始者　柳河春三』（湖北社、一九八五年復刻）
岸野俊彦『幕藩制社会における国学』（校倉書房、一九九八年）
同「尾張藩・青松葉事件」（『歴史読本』二〇〇三年十一月号）
同「ペリー来航時の尾張藩国学情報―尾張藩国学者・山田千疇の情報記録を中心に」（『名古屋芸術大学研究紀要』三十号、二〇〇九年）
同「尾張藩十四代藩主徳川慶勝の初期藩内権力」（『名古屋芸術大学研究紀要』三十五号、二〇一四年）
木村慎平「柳河春三は伊藤圭介の養子だったのか？」（『蓬左』九十五号、二〇一七年）
久住真也『長州戦争と徳川将軍』（岩田書院、二〇〇五

年）
同『幕末の将軍』（講談社、二〇〇九年）
同『王政復古　天皇と将軍の明治維新』（講談社現代新書、二〇一八年）
斎田作楽編著『花南丹羽賢』（太平書屋、一九九一年）
笹川尚紀「土佐藩白川邸・尾張藩吉田邸にまつわる覚書」（『京都大学構内遺跡調査研究年報 二〇一六年度』京都大学文化財総合研究センター、二〇一八年）
篠﨑佑太「幕末期大坂城における儀礼」（松尾正人編『近代日本成立期の研究　政治・外交編』岩田書院、二〇一八年）
清水禎子「名古屋東照宮祭礼における町人及び藩主の対応」（岸野俊彦編『尾張藩社会の総合研究　六』清文堂、二〇一五年）
白根孝胤「尾張藩における幕藩間交渉と城附・『取持』」（岸野俊彦編『尾張藩社会の総合研究　二』清文堂、二〇〇四年）
同「尾張家における『両敬』の形成と将軍権威」（岸野俊彦編『尾張藩社会の総合研究　四』清文堂、二〇〇九年）
同「尾張家十二代徳川斉荘めぐる幕藩関係と領国意識」（徳川林政史研究所『研究紀要』第五十号、二〇一六年）
新修名古屋市史編集委員会『新修名古屋市史　第四巻』（名古屋市、一九九九年）
同『新修名古屋市史　第十巻』（名古屋市、二〇〇一年）
鈴木雅「枇杷島橋の水計杭と小田井人足」（『名古屋市博物館研究紀要』第四〇巻、二〇一七年）
高木不二『横井小楠と松平春嶽』（吉川弘文館、二〇〇五年）
塚本学「尾張藩の水支配機構について」（徳川林政史研究所『研究紀要』昭和四十五年度、一九七一年）
土井康弘「尾張藩士間瀬権右衛門が勝海舟から入手した情報」（『一滴』十一号・十二号、二〇〇三・二〇〇四年）
同『日本初の理学博士　伊藤圭介の研究』（晧星社、二〇〇五年）
徳川美術館『徳川慶勝――知られざる写真家大名の生涯』（徳川美術館、二〇一三年）
同『天璋院篤姫と皇女和宮』（徳川美術館、二〇一七年）
徳川林政史研究所編『写真集　尾張徳川家の幕末維新』（吉川弘文館、二〇一四年）
名古屋市『名古屋市史　政治編一』（名古屋市、一九一五年）、『同　政治編二』（一九一五年）、『同　人物編

第一・二』（一九三四年）
名古屋市博物館『名古屋と明治維新――徳川慶勝とその周辺』（名古屋市博物館、一九七九年）
同『尾張史料のおもしろさ　原典を調べる』（名古屋市博物館、二〇〇四年）
同『大須観音展』（名古屋市博物館、二〇一二年）
名古屋市蓬左文庫『名古屋市蓬左文庫所蔵資料目録（1）『青窓紀聞』目次「幕末維新書簡集」内訳目録』（名古屋市蓬左文庫、二〇一八年）
羽賀祥二「尾張藩の『幕末文化』と地誌編纂」（羽賀祥二編『近代日本の地域と文化』吉川弘文館、二〇一八年）
原口清『幕末中央政局の動向』（原口清著作集1、岩田書院、二〇〇七年）
檜皮瑞樹『仁政イデオロギーとアイヌ統治』（有志舎、二〇一四年）
福田和彦『東海道五十三次将軍家茂公御上洛図』（河出書房新社、二〇〇一年）
藤田英昭「慶応元年前後における徳川玄同の政治的位置」（『日本歴史』六五八号、二〇〇三年）
同「文久二・三年の尾張藩と中央政局」（家近良樹編『もうひとつの明治維新』有志舎、二〇〇六年）
同「幕末の徳川将軍家と尾張家十五代徳川茂徳」（徳川林政史研究所『研究紀要』第四十八号、二〇一四年）
同「徳川慶勝の上京と京都体験――文久三年上半期を中心に」（徳川林政史研究所『研究紀要』第四十九号、二〇一五年）
同「徳川慶勝の政治指導と尾張徳川家」（明治維新史学会編『幕末維新の政治と人物』有志舎、二〇一六年a）
同「慶応三年における尾張徳川家の政治動向」（徳川林政史研究所『研究紀要』第五十号、二〇一六年b）
同「嘉永・安政期における徳川慶勝の人脈と政治動向」（徳川林政史研究所『研究紀要』第五十一号、二〇一七年a）
同「明治初年の尾張藩と徳川宗家」（徳川美術館編集・発行『天璋院篤姫と皇女和宮』二〇一七年b）
同「慶応四年前後における尾張徳川家の内情と政治動向」（徳川林政史研究所『研究紀要』第五十二号、二〇一八年）
麓慎一『開国と条約締結』（吉川弘文館、二〇一四年）
水谷盛光『尾張徳川家明治維新内紛秘史考説』（水谷盛光、一九七一年）
宮地正人『幕末維新期の社会的政治史研究』（岩波書店、

一九九九年）
同（研究代表者）『「夜明け前」の世界の歴史学的解明』（平成十一年度〜平成十四年度科学研究費補助金研究成果報告書、二〇〇三年）
同『幕末維新変革史』上・下（岩波書店、二〇一二年）
母里美和『井伊直弼』（吉川弘文館、二〇〇六年）

刊行史料（著編者五十音順）

愛知県史編さん委員会編『愛知県史　資料編21　近世7　領主1』（愛知県、二〇一四年）、『同　資料編23　近世9　維新』（二〇一六年）
一宮市史編さん室編『新編　一宮市史　資料編八』（一宮市、一九六八年）
市澤鐸磨編『入鹿切聞書』（愛知県小牧中学校校友会、一九三一年）
犬山市史編さん委員会編『犬山市史　史料編五　近世下』（犬山市、一九九〇年）、『同　史料編六　近代・現代』（一九八九年）
茨城県立歴史館史料学芸部編『茨城県立歴史館史料叢書16　否塞録　悔慚録　明志録』（茨城県立歴史館、二〇一三年）
小笠原壱岐守長行編纂会編『小笠原壱岐守長行』（土筆社、一九四三年刊・一九八四年復刻）
尾崎忠征・良知編『旅雁秘録』（尾崎知光、二〇〇三年）
河内八郎編『徳川斉昭・伊達宗城往復書翰集』（校倉書房、一九九三年）
北原雅長『七年史』上・下（臨川書店、一九七二年）
宮内省先帝御事蹟取調掛編『孝明天皇紀』（宮内省、一九〇六年）
黒板勝美編『新訂増補国史大系　続徳川実紀　第四篇』（吉川弘文館、一九三六年）
侯爵細川家編纂所編『改訂肥後藩国事史料』（侯爵細川家編纂所、一九三二年）
小学館編『日本名城集成　大坂城』（小学館、一九八五年）
新修名古屋市史資料編編集員会編『新修名古屋市史　資料編　民俗』（名古屋市、二〇〇九年）、『同　近世3』（二〇一一年）
関博直『姉小路公知伝』（博文館、一九〇五年）
第十回関西府県聯合共進会愛知県協賛会『第十回関西府県聯合共進会記念写真帖』（一九一〇年）
太政官編『復古記』一（内外書籍、一九三〇年）
東京都江戸東京博物館都市歴史研究室編『勝海舟関係資料　海舟日記（二）』（東京都、二〇〇三年）

永井荷風『下谷叢話』（岩波文庫、二〇〇〇年）
名古屋市教育委員会編『名古屋叢書　第五巻　記録編（2）』（名古屋市教育委員会、一九六一年）、『同　第七巻　地理篇（2）』（一九六〇年）、『同　第二十一巻　随筆篇（4）』（一九六一年）、『同　第二十二巻　随筆篇（5）』（一九六二年）
同『名古屋叢書続編　第三巻　寛文村々覚書・地方古義』（名古屋市教育委員会、一九六六年）
同『近世・近代山車祭礼関連記録資料』（名古屋市教育委員会、二〇一七年）
名古屋市博物館編『博物館資料叢書3　猿猴庵の本　画誌卯之花笠』（名古屋市博物館、二〇〇一年）、『同　御鍬祭真景図略一・二』（二〇〇四年・二〇〇五年）
名古屋市蓬左文庫編『名古屋叢書　三編　第九巻』（名古屋市教育委員会、一九八四年）、『同　第十巻』（一九八六年）、『同　第十二巻』（一九八一年）、『同　第十三巻』（一九八七年）、『同　第十四巻』（一九八六年）
日米修好通商百年記念行事運営会編『万延元年遣米使節史料集成』第三巻（風間書房、一九六〇年）
日本史籍協会編『東西評林』一・二（一九一六年）、『東西紀聞』一・二（一九一七年）、『甲子雑録』一〜三（一九一七年）、『幕府征長記録』（一九一九年）、『近衛家書類』一・二（一九一九年）、『会津藩庁記録』一〜六（一九一九年・一九二六年）、『昨夢紀事』一〜四（一九二〇〜二一年）、『再夢紀事』（一九二二年）、『連城紀聞』一・二（一九二二年）、『続再夢紀事』一〜六（一九二二年）、『朝彦親王日記』一・二（一九二九年）、『尾崎忠征日記』一・二（一九三二年）
本多修理『越前藩幕末維新公用日記』（福井県郷土誌懇談会、一九七四年）
松平春嶽全集編纂刊行会編『松平春嶽全集』第四巻（原書房、一九七三年）
『尾張名所図会』前編・後編（臨川書店、一九九八年）
『西洋雑誌』（湖北社、一九八五年）
『昔夢会筆記』（東洋文庫・平凡社、一九六六年）
『水戸藩史料』（吉川弘文館、一九一五年）

未公刊史料（所蔵者別・五十音順）

東京大学史料編纂所
「尾張名古屋徳川家譜」「将軍上洛東海道行列図」「大日本維新史料稿本」「長防州御征伐広島宿陣附」

徳川林政史研究所
「江戸御小納戸日記」「尾州御小納戸日記」「学校御用留」「御祭礼留（尾張徳川家文書）」「藩士名寄」「尾参士族名簿」「文公自書類纂」「みやこ日記」「葎之滴見聞雑剳」

名古屋市鶴舞中央図書館
「安政年間大須新地遊廓之図」「入鹿河内屋堤再興一巻」「植松文書」「嘉永録」「祭礼車取調書」「諸願達留・御触書込」「東照宮御祭礼記」「名古屋開府三百年紀念会報告」「（文久三年大納言様）御供上京中諸記録」「（葎の滴）見聞雑剳」「椋園安政録」「椋園雑記」「椋園時事録」

名古屋市博物館
「尾張明細図」「御祭礼領納米割符覚」「雑談記」「大道寺玄蕃殿家来　水野三四郎蔵書目録稿写（安井家文書）」「長防征伐首実検図」「野口道直六十宴之図并賛」

名古屋市蓬左文庫
「青松葉事件関係書」「安政五年雑記録」「郁李園随筆」「蝦夷地割図」「御鉄砲御用留（嘉永・安政）」「急御用ニ而東下一条（文久三年）」「慶応元年書翰集」「慶応二年書翰集」「慶応三年書翰集」「芸州広島城下巨細図絵　全」「江城請取顛末」「公武御一和（文久三年）」「稿本　藩士名寄」「御年表（慶長至明治）」「在京記録（尾州茶屋家文書）」「在京雑記（尾州茶屋家文書）」「資治雑笈」「諸用留（天保至文久）」「士林泝洄」「青窓紀聞」「青窓謾筆」「青牖叢書」「大納言様御供上京中諸記録（山田千疇旧蔵書・寄託）」「手許記録　文久三年（尾州茶屋家文書）」「督府征長紀事」「文久二年雑記録」「文久三年聞書」「文公自書類纂（嘉永・安政）」「密日誌（慶応四年）」「明治元年書翰集」「明治元年雑記録」「毛利大膳御追討之節御軍令下知状」

その他
「近聞雑録」（江馬寿美子家文書・岐阜県歴史資料館寄託）、「御上洛御用掛御供奉御役人附」（国文学研究資料館蔵）、「続通信全覧」（外務省外交史料館蔵）、「風説書」（松平文庫・福井県立図書館蔵）、「文久三年亥二月御上洛御用掛供奉御役人附」（早稲田大学図書館蔵）、「平穏録」（西尾市岩瀬文庫蔵）、「御影の記写」（茨城県立歴史館蔵）

おわりに

名古屋市蓬左文庫には徳川家康の遺品として九男義直に分与された「駿河御譲本」約三千点があり、内外の注目を集めています。しかし、この駿河御譲本ほど知名度は高くありませんが、水野正信の風説留「青窓紀聞」を代表として、幕末維新期の史料が充実していることは特筆すべきことであると思います。そして、これらの史料が尾張藩のみならず、幕末維新期の研究に有効であることは、本書の叙述から十分ご理解いただけたことでしょう。

現在、蓬左文庫では「青窓紀聞」二〇四冊の解読に取り組んでいて、そこで得られた題材をもとに、平成二十七年度から四年つづけて幕末尾張の動向をさぐる講演会や講座を開催していますが、回を追うごとに聴講希望者が増え、この時期への関心の高まりを感じているところです。

本書はそうした流れのなかで誕生したもので、名古屋大学の羽賀祥二氏が風媒社の林桂吾氏から、明治維新一五〇年をむかえる年に「明治維新と名古屋」をテーマにした一書の出版を打診されたことに始まります。同じころ、蓬左文庫の講演会を羽賀氏にお願いしたことも後押しして、所蔵資料の活用促進の点からも蓬左文庫が編集に加わり、明治維新に向かう尾張藩の動向を政治と社会の両面から捉え直すこととしました。

編者の羽賀祥二氏、幕末維新期の尾張藩研究を精力的に続ける徳川林政史研究所の藤田英昭氏、幕末維新期の資料調査をすすめる蓬左文庫の木村慎平氏の三人が、骨組みとなる幕末尾張藩の政治の流れを構成し、幕末長州藩研究で著名な広島大学の三宅紹宣氏と、さまざまな形で尾張名古屋の研究に携わってきた名古屋市博物館の学芸員諸氏が多様に肉付けし、本書が出来あがりました。

本書には新たな視点でとらえた幕末尾張の動向が叙述されています。その当否は今後の地域研究の進展にまちたいと思います。あわせて、本書に対するご意見がこれからの尾張藩や名古屋の研究の発展につながれば幸いに思います。

二〇一八年十月吉日

鳥居和之

［執筆者一覧］（50 音順）

井上善博（いのうえ・よしひろ）名古屋市蓬左文庫調査研究員

木村慎平（きむら・しんぺい）名古屋市蓬左文庫学芸員　＊本書の編集担当

桐原千文（きりはら・ちふみ）名古屋市博物館調査研究員

鈴木 雅（すずき・まさし）名古屋市博物館学芸員

種田祐司（たねだ・ゆうじ）元名古屋市博物館学芸員

鳥居和之（とりい・かずゆき）名古屋市蓬左文庫長　＊本書の編集担当

藤田英昭（ふじた・ひであき）徳川林政史研究所研究員

松村冬樹（まつむら・ふゆき）元名古屋市博物館学芸員

三宅紹宣（みやけ・つぐのぶ）広島大学名誉教授

武藤 真（むとう・まこと）名古屋市博物館学芸係長

山本祐子（やまもと・ゆうこ）名古屋市博物館調査研究員

［編著者紹介］
羽賀祥二（はが・しょうじ）
1953年、岐阜県生まれ。1979年、名古屋大学大学院文学研究科博士後期課程中退。京都大学助手、立命館大学助教授、名古屋大学大学院文学研究科教授を経て、名古屋大学名誉教授。著書に『明治維新と宗教』（筑摩書房、1994年）、『史蹟論―十九世紀日本の地域社会と歴史意識』（名古屋大学出版会、1998年）、『近代日本の地域と文化』（編著、吉川弘文館、2018年）などがある。

名古屋市蓬左《ほうさ》文庫
尾張徳川家の旧蔵書を中心に、約11万点の古典籍・古記録などを所蔵する文庫。1935年、尾張徳川家19代義親が東京目白の邸内に「蓬左文庫」を開館。1950年、名古屋市に移管されて現在地に移転し「名古屋市蓬左文庫」となる。現在は蔵書の閲覧公開、調査研究をおこなうとともに、隣接する徳川美術館と共同で大名文化を紹介する展示を開催している。
住所　〒461-0023　名古屋市東区徳川町1001番地
電話　052-935-2173
FAX　052-935-2174
http://housa.city.nagoya.jp/

名古屋《なごや》と明治維新《めいじいしん》

2018年11月15日　第1刷発行　（定価はカバーに表示してあります）

編著者　羽賀祥二　名古屋市蓬左文庫

発行者　山口 章

発行所　名古屋市中区大須1丁目16番29号
電話 052-218-7808　FAX052-218-7709
http://www.fubaisha.com/
風媒社

乱丁・落丁本はお取り替えいたします。　＊印刷・製本／シナノパブリッシングプレス
ISBN978-4-8331-0579-8

溝口常俊 編著

古地図で楽しむ尾張

地図から立ち上がる尾張の原風景と、その変遷のドラマを追ってみよう。地域ごとの大地の記録、古文書、古地図に描かれている情報を読み取り「みる・よむ・あるく」。過去から現在への時空の旅に誘う謎解き散歩。

一六〇〇円＋税

小松史生子 編著

東海の異才・奇人列伝

徳川宗春、唐人お吉、福来友吉、熊沢天皇、川上貞奴、熊谷守一、亀山巌、松浦武四郎、江戸川乱歩、小津安二郎、新美南吉…なまじっかな小説よりも奇抜でおもしろい異色人物伝。

一五〇〇円＋税

井上善博

名古屋絵はがき物語

二十世紀のニューメディアは何を伝えたか

近代都市名古屋のパノラマ風景、名古屋初のデパートメントストアー、アメリカ人曲芸飛行士の名古屋城上空大飛行、ドイツ人俘虜作品展覧会、戦争プロパガンダ……、絵葉書の裏に秘められた近代名古屋の姿。

一八〇〇円＋税